谨以此书

献给浙江大学金融研究院（AFR）

10周年华诞！

"支农支小"金融服务创新丛书编委会成员

"支农支小"
金融服务
创新丛书

AFR微贷
项目运行与案例

严谷军 何 琛 何嗣江 等著

ZHEJIANG UNIVERSITY PRESS
浙江大学出版社

图书在版编目(CIP)数据

AFR 微贷项目运行与案例 / 严谷军等著. —杭州：
浙江大学出版社,2021.4(2025.7 重印)
ISBN 978-7-308-21257-1

Ⅰ.①A… Ⅱ.①严… Ⅲ.①中小企业－贷款管理－
研究－中国 Ⅳ.①F832.42

中国版本图书馆 CIP 数据核字(2021)第 062442 号

AFR 微贷项目运行与案例

严谷军　何　琛　何嗣江　等著

策划编辑	吴伟伟
责任编辑	丁沛岚
责任校对	陈　翾
封面设计	十木米
出版发行	浙江大学出版社
	(杭州市天目山路 148 号　邮政编码 310007)
	(网址：http://www.zjupress.com)
排　　版	浙江大千时代文化传媒有限公司
印　　刷	杭州钱江彩色印务有限公司
开　　本	710mm×1000mm　1/16
印　　张	20.5
字　　数	336 千
版 印 次	2021 年 4 月第 1 版　2025 年 7 月第 5 次印刷
书　　号	ISBN 978-7-308-21257-1
定　　价	68.00 元

序 一

党的十九大以来,党中央、国务院围绕服务实体经济、防控金融风险和深化金融改革三项任务做出了一系列重大战略部署,要求建设普惠金融体系,加强对小微企业、"三农"和偏远地区的金融服务,推进金融精准扶贫,鼓励发展绿色金融。农商银行作为农村金融的主力军,服务小微企业、"三农"和偏远地区,践行普惠金融服务理念,既是履行社会责任的必然要求,也是开拓自身发展空间的重大机遇。近年来,农商银行在服务"三农"和小微企业方面做了许多探索和创新,但相对于其所肩负的在服务"三农"等领域其他金融机构不可替代的使命而言,仍存在着不少短板和不足。如何更好地把握战略机遇,提升金融服务质效,有效破解农村金融供给和需求之间的矛盾,不断提高金融服务乡村振兴的水平,是摆在农村中小金融机构面前的一项重大任务。

省级农村信用联合社作为农商银行的行业管理部门,在贯彻落实党中央决策部署、谋求自身发展方面做了大量的工作。山东省农村信用联合社(以下简称山东省联社),在坚守市场定位和推进金融服务创新工作上做了大量努力,山东省联社党委提出"123456"总体工作思路。在山东省联社的领导下,山东泗水农村商业银行股份有限公司牢固树立"面向'三农'、面向中小微企业、面向社区家庭"的市场定位,按照"回归本源、专注主业"的要求,围绕新形势下农村经济转型发展和农业供给侧结构性改革调整优化信贷结构,创新惠农产品,满足多元需求,在金融更好服务"三农"和地方经济方面展开了积极探索,取得了一定的成效。

泗水农商银行于2016年3月30日在原泗水农村信用合作联社的基础上改制成立。目前,泗水农商银行辖设15个职能部室(中心),21处营业网点,其中14家支行、6家分理处、1个营业部、6处离行式自助网点、7处社区金融服务网点,在岗职工302人,已成为泗水县服务范围最广、从业人员最多、业务规模最大的金融机构。改制以来,泗水农商银行坚持以党建为统领,紧紧围绕"经营特色化、管理精细化、培育良好企业文化"的发展战略,扎实推进"绩效考核体系建设、微贷技术推广、用人机制改革、网点转型深化"四项转型创新,主动作为、攻坚克难,机制转型、业务拓展、风险管控和队伍建设等各项工作稳步发展。

在发展战略上,面对当前宏观经济复杂多变、县域金融机构在客户领域的争夺不断白热化以及传统信贷管理粗放、客户经理队伍结构性失衡等一系列日趋严峻的问题,泗水农商银行在山东省联社党委和济宁审计中心党委的领导下,主动探索信贷结构,调整工作措施,最终于2016年3月与浙江大学AFR微贷项目组进行接洽,积极寻求突破,以期尽快实现在规模领域与国有大中型银行的"错位竞争"、在产品领域与小微金融机构的"优势竞争"。通过考察学习并与传统贷款对比发现,农商银行拓展微贷业务具有非常明显的优势。这些优势集中表现在:一是微贷易于形成标准化、可复制的运营体系;二是通过标准化的风控及大数定律优势可以有效降低贷款集中度和风险水平;三是做微贷本身就是在践行普惠金融理念,且利用微贷技术可以发掘大量潜在客户,在做服务、创效益的同时更有利于巩固市场并提升银行的品牌形象。2016年5月,泗水农商银行与浙江大学AFR微贷项目组正式开展合作携手打造微贷项目,旨在解决微小客户"融资难、担保难"问题,弥补面向中低收入群体和微小企业的金融产品支持空白。同年12月,泗水农商银行小微贷事业部成立并发放首笔"惠民微贷"。

在经营管理上,泗水农商银行在山东省联社党委和济宁审计中心党委的正确领导下,认真贯彻落实上级工作部署要求,坚守服务"三农"和实体经济的经营宗旨,持续推进深化改革,加快转型发展,突出风险防控,总体上实现了业务发展、效益增长、风险可控的良好局面。截至2019年年末,各项存款余额66.15亿元,较年初增长6.43亿元,增幅

10.77%，存款市场份额 29.56%，较年初提升 0.31 个百分点，新增存款市场份额 32.8%，均稳居县域金融系统首位；实体贷款余额 32.44 亿元，较年初增长 6.37 亿元，增幅 24.43%，居全市农商银行前列；不良贷款化解能力逐年提升，资产质量持续优化，经营效益稳步增长，拨备覆盖率、资本充足率等监管指标持续达标。2016 年以来，在山东省 110 家农信法人机构考核中排名逐年提升，并先后被授予省级精神文明单位、省级先进基层党组织、全国巾帼文明岗、全国十佳绩效管理先进单位等荣誉称号，开创了业务发展、管理提升和品牌打造等齐抓共赢的良好新局面。

在队伍建设上，泗水农商银行认真落实山东省联社党委及济宁审计中心党委人才发展战略，借助与浙江大学 AFR 微贷项目组合作契机，通过连续三年开展不间断微贷培训工作，已逐步建立起以微贷培训为主体、各岗位员工全面参与、且不脱离本岗位的本土化培训流程体系，从根本上解决了长期以来制约和困扰全行业务发展的客户经理人员短缺问题。在 2016 年之前，泗水农商银行员工任客户经理岗位主动性、积极性不足。一方面是不敢干，担心发放贷款质量不高，影响个人职业生涯和工资收入；另一方面是不会干，因为没有经过系统化、流程化的培训，客户经理队伍在人员、技能和文化方面存在断层问题，并进一步加剧了全行贷款营销困难和信贷资产质量难提升等问题。为提高客户经理素质，发挥微贷客户经理培训基地作用，泗水农商银行下大力气建立了以微贷培训为主体、各岗位员工全面参与且不脱离原岗位的本土化培训流程体系。在浙江大学 AFR 微贷项目组主导的一期培训所形成的内训师微贷团队基础上，培训按照"微贷团队为主导＋微贷内训师实施＋浙江大学 AFR 微贷项目组指导＋每名内训师带 6 名左右学员"的"1＋1＋1＋N"传帮带式模式开展，参训人员全部为不脱岗兼职培训，即在不耽误本职工作的前提下，利用工作之余、晚上休息等时间兼职完成培训，培训内容主要围绕浙江大学 AFR 微贷项目组"六不准纪律""为金融弱势群体提供强势服务""贷不贷看人品、贷多贷少看还款能力"等核心理念以及"扫街营销""自编报表""交叉验证"等微贷技术展开。目前，全行已有来自柜员、客户经理、大堂经理和部室科员等六大类岗位的人员以及包括会计主管、业务行长和支行行长等在内的中层管理岗 175 名干部职工参加了学习培训，累计参训 3575 人次。通过培训，全行员工的整体职业心态、敬业精神和工作能力等均有了明显提升,经过微贷培训的员工,整体素质明显提高,在"春天行动""网格化营销""整村授信""清收风暴"等各项活动中取得显著进步,为全行的员工管理和业务发展奠定了坚实基础。

在微贷业务运行上,泗水农商银行严格遵循浙江大学 AFR 微贷理念,始终做到"三个坚持",即坚持把为金融弱势群体提供强势服务的核心宗旨贯穿始终,坚持把"微小贷款＝弱势群体＋强势服务＋零隐形成本＋可持续发展利率＝微'笑'贷款"的敬业理念贯穿始终,坚持做别人不愿做、不敢做、来不及做的微微型企业和个体工商户。具体体现在五个方面:一是专注于做金额 30 万元(含)以内的小额贷款;二是将目标客户定位为原生态客户(金融弱势群体),也就是从来没有在银行贷过款的客户,这部分客户有强烈的劳动意愿却长期被正规金融机构边缘化,需要资金帮助,也是最值得帮助的,具有鲜明的"四有四无"特征("四有":有时间、有劳动意愿、有交易痕迹、有信用;"四无":无报表、无抵押担保、无规范管理、无与银行打交道的经验);三是推广"主动上门"营销模式,通过反复扫街宣传营销客户,同时改变客户经理对抵押和担保的严重依赖,坚持"贷与不贷看人品,贷多贷少看还款能力";四是除贷款利息外不收取客户任何手续费,并以"不喝客户一口水,不抽客户一根烟,不吃客户一顿饭,不收受客户任何礼品,不泄露客户任何信息,不增加客户除利息外的任何费用"的严苛纪律保证客户经理办理贷款时的廉洁与高效;五是坚持可持续发展利率与整贷零还还款模式。自 2016 年 12 月发放首笔微贷至 2019 年年底,4 名微贷客户经理通过扫街营销方式,累计拓展个人类零售客户 1376 户,发放贷款 1.75 亿元,户均贷款 12.7 万元。所有发放贷款中 10 万元(含)以下贷款 1125 户,共计金额 7508 万元,占全部发放贷款户数的 81.76％;86.43％的客户采取信用或亲情贷方式办理,90％以上的客户是微贷客户经理扫街主动营销获得的,65％左右的客户为平生首次获得正规金融服务的原生态客户,客户涵盖超市百货、农资购销、居民服务和运输物流等各行各业。微小客户特别是首贷客户、原生态客户的发掘以及信用贷款业务的成功开展,既大大增强了全行员工从事客户经理岗位的信心,也有效提升了全行服务小微客户的质效。

在金融创新上,泗水农商银行坚持立足县域经济实际,遵循浙江大学 AFR 微贷项目组致力于把微贷项目打造成为"原生态客户孵化基地、新客户经理培训基地和支农支小金融产品创新基地"的三大功能定位，在产品创新方面寻求突破。在业务运行过程中，城镇下岗职工社保缴费难的问题引起了较多关注。在走访调研中发现，这些下岗职工受时代及环境影响大多朴实且重视信用，但是由于受自身条件所限，生活水平又大多不高，多从事路边摆摊、经营小店或提供直接劳动方式获取报酬，一般年收入在四五万元左右，而又多处于子女读书、结婚或买房等开支旺季，较难有大额储蓄，一次性补缴困难，但具备分期还款能力，是非常典型的符合微贷理念但被传统贷款严重边缘化的客户。经过前期调研、全行产品论证等过程，泗水农商银行与浙江大学 AFR 微贷项目组共同研发推出"惠民微贷——养老公益贷"（简称"惠民养老贷"），旨在解决下岗失业职工社保缴费难问题。作为继"惠民微贷——经营贷"之后的第二款特色产品，2017 年 6 月"惠民养老贷"迅速面向市场推广，自 2017 年 6 月 15 日发放首笔"惠民养老贷"至 2019 年年底，已为全县 565 户社保缴费困难家庭提供专项资金支持 3425 万元，其中单笔最大金额 8 万元，最小金额 9000 元。"惠民养老贷"的成功推出既解决了广大下岗职工的燃眉之急，又让他们感受到社会的关爱并重拾生活信心。该业务自推出之日起就得到了社会各界的高度关注，济宁市人民银行、临沂市人民银行、济宁市银保监局、山东省工会等领导先后到泗水进行调研，并将"惠民养老贷"作为当前金融机构关注民生、践行普惠金融的一项重点工程向人民银行济南分行、山东银保监局报送了专题信息，同时将"惠民养老贷"的推广作为金融服务实体、支持民生的典型案例向省内外政府单位、金融监管部门等进行了重点介绍。"惠民养老贷"的创新为政府解决了难题，为困难群众送去了温暖，得到了社会各界的广泛赞誉。2019 年度，泗水农商银行先后被山东省农村信用社联合社授予"全省农商银行劳模（先进工作者）创新工作室"，被山东省财贸金融工会授予"全省财贸金融系统劳模与工匠人才创新工作室"荣誉称号，被泗水县委县政府评为"全县职工之家"。

从长远来看，开展微贷业务既是泗水农商银行坚定不移地推进"网点全面转型、信贷结构调整、风险防控提升、机制转型创新"四项重点工作的必由之路，也为县域小法人金融机构推广普惠金融、重拾"三水精神"与"挎包精神"、向社区银行转型以及应对互联网金融和同业竞争提供了差异化发展的思路。未来,泗水农商银行将进一步推进浙江大学AFR 微贷的先进理念与本行的发展定位相融合,一如既往地在微贷领域进行探索和深耕,尽力将 AFR 微贷的先进理念与技术在齐鲁大地上生根开花,成为推动地方经济发展和促进城乡居民增收的有力引擎。

徐清华

2020 年 8 月

序　二

村镇银行系我国银行体系内法人数量最多、支农支小特色最为突出的"微小银行",其发展已成为深化金融供给侧结构性改革的一个重要抓手,对于填补"三农"和小微"最后一公里"金融服务有着不可替代的作用。作为村镇银行大家庭中的一分子,玉山三清山村镇银行成立于2011年11月,地处风景秀美的长江中下游平原。长江至此,平和而博大,皆因一路行来,不拒微流,终成其大。作为微小型银行,也须以微小贷款成就自己。但要做好微小贷款,还离不开好的技术支撑。从我行的实践来看,浙江大学AFR微贷技术就是好技术。

2014年11月,三清山村镇银行与浙江大学AFR微贷项目组团队结缘,成功引进浙江大学AFR微贷技术和理念,用以指导我行信贷生产。截至2019年年底,我行主要经营数据较2014年增长迅速:各项贷款20.95亿元,增长3.85倍,其中30万元以下贷款共计3.68亿元,增长4.54倍;贷款户数2636户,增长5.61倍;客户经理27人,增加了20人;缴纳各项税收2093万元,增长4.32倍;资本利润率22.24%,提高6.39个百分点;不良贷款率0.88%。整体经营状况位列江西村镇银行前列。

当前,我行以浙江大学AFR微贷技术统驭全行信贷工作,并将普贷、微贷融合作为社区银行文化建设的核心组成部分。总结起来,浙江大学AFR微贷技术与我行经营实践相融合的主要成效及经验有以下几项。

一是信贷经营理念实现突破。我行由城商行发起设立,发起行主要致力于城市经济中间阶层的金融服务,受当地金融文化影响,偏重追求物保,经营理念拘谨,技术单一。在进入农村市场时,我行顿觉无所适从,信贷业务裹足不前。2014 年年末,我行信贷余额仅为 5.44 亿元,存贷比例为 73.57%。引入浙江大学 AFR 微贷技术后,我行破除之前"重抵押、轻经营、重财务、轻旁证、重大户、轻微小"的理念,重建了"做小、做散、做补充"的经营理念,以及与之相适应的"重经营、重旁证、轻抵押"风控技术,并明确提出了信用保证类贷款在各项贷款中的占比应高于 40%的目标。经过多年的实践,我行客户经理在新理念的指引下轻装上阵、信心倍增,信贷生产呈现"数量与质量齐飞,个人共单位增效"的向上态势。近三年,我行贷款余额年均增量达到 3.8 亿元,户数年均增长 837户,客户经理年人均收入增长 52%,不良贷款率稳定控制在 1%左右。三年时间,再造了一个村行。

二是员工成长更加顺利。浙江大学 AFR 微贷技术有一套完整的员工培训体系,适合对员工进行标准化培训,我行对此深有体会。2014 年之前,玉山三清山村镇银行信贷培训尚未形成系统,皆以"师傅带徒弟"的形式培养新客户经理,培养的内容也基本根据"师傅"的经验进行,培训老师不专业、要求不统一,培训学员靠自身、靠悟性,导致客户经理成长速度较慢。2014 年 10 月引入浙江大学 AFR 微贷技术后,完全改变了玉山三清山村镇银行信贷培训体系。通过信贷人员日常行为规范、"六不准"(不喝客户一口水,不抽客户一根烟,不吃客户一顿饭,不泄露客户任何信息,不收受客户任何礼品,不增加客户除利息外的任何费用)纪律要求、信贷调查的"二十字"(主动营销、双人调查、眼见为实、自编报表、交叉检验)要求等,初步实现客户经理孵化基地功能。截至 2019 年年末,共完成四期信贷培训,参加培训人员累计 70 人次,涉及客户经理、信贷经理、风控人员和机构负责人等所有信贷从业人员。通过培训,学员的工作习惯、工作能力、职业规划、整体素质等都有了很大提高。同时,优秀客户经理成长更加快速,个别学员仅入职两年就已经从一个信贷"小白"成长为管理 300 余客户的客户经理。

三是产品创新日新月异。玉山三清山村镇银行在引入浙江大学AFR 微贷项目后,从原来风控措施以第二还款来源为主的方式逐步向注重第一还款来源转变,为产品创新打开了一扇窗,截至 2019 年年末,共推出信贷产品 35 个。我行的信贷产品紧紧围绕"服务三农、支持小微、钟情社区"的经营定位。一方面,以行业批量类客户进行产品创新,如"家具贷""橱柜贷""园区贷"等,通过协会、行业领头人等的推广,取得了很好的效果。截至 2019 年年末,家具贷产品贷款余额 13030.7 万元,橱柜贷产品贷款余额 14558.56 万元,园区贷产品贷款余额 10095.98 万元。另一方面,以原生态客户为基础,创新"入门贷"系列产品,如"入门—抗疫贷""入门—万能卡""入门—商圈贷"等。其中"入门—抗疫贷"是新冠疫情发生后为助力抗疫推出的授信额度 5 万元以内的信用贷款,授信期限6 个月,办理手续方便。截至 2020 年 6 月末,共发放抗疫贷 1000.4 万元,发放户数 234 户,有效帮助客户渡过疫情难关。"入门—万能卡"主要针对县域农户、小微企业主、个体工商户、社区居民等客户,授信金额在 2万元以内的信用贷款产品,结合手机自助放款发放。产品推出仅半个月,即办理授信 276 户,授信金额 498.2 万元,用信余额 236.93 万元,有效拓宽了基础客户群体。

四是业务模式趋于优化。小微客户金融需求"短、小、频、急"的特点,导致单位地域面积内的有效金融需求较少,若采取传统零售型生产方式,客户经理四处奔波,往往收益不高,容易打击其积极性。浙江大学AFR 微贷项目组为我行带来了服务小微客户的新思路、新方式,促进我行调整思维,转为批量方式,集约化生产。我行当前的批量生产方式主要有三种,分别以行业、地域和衍生为主线,串联式生产。如行业批量生产,通过行业关键人或协会,将某一片区内同一行业的客户,经过收集、筛选、定制、走访、授信等流程,对其中符合我行要求的客户进行分级授信,从而达到批量生产、批量贷后、批量管理的目的,提升了客户经理的生产效率。

五是服务理念得到重构。经过浙江大学 AFR 微贷项目组的培训,我行服务理念也发生了很大转变,由"等"转变为"跑"。原来客户经理都是在办公室做材料,现在每个客户经理(包含部门负责人)都需要到外面跑业务。我们主动营销,不断给自己打气。我们没有优势,唯一的优势就是"勤"。我行的定位就是社区银行,就是服务小微客户,给小微客户提供家人般的关怀。通过主动营销,客户对我行非常认可,黏度很高。

如我行的挖掘机客户群体,由于长期在外地承接业务,信息不对称问题使其在家乡和外地都很难获得银行的支持。我们主动深入客户经营场地,为客户提供上门服务。经过近两年的不懈努力,我行共积累挖掘机客户389户,授信金额7095万元。

回首来路,浙江大学 AFR 微贷技术助推我行夯实了信贷工作的基础,进一步坚定了支农支小的战略定位。当前,党的乡村振兴战略正在如火如荼地展开,政策红利不断涌现。相信在建设"小而美"村镇银行的道路上,我行将凝聚更多客户、谱写更美篇章!

吴　晖

2020 年 8 月

前　言

　　微小贷款是国际上普遍认同的解决贫困问题的新型工具。我国近些年来在打赢脱贫攻坚战、实施乡村振兴战略的背景下,发展小微贷款也在国家政策层面上得到大力鼓励和倡导。如《中共中央　国务院关于打赢脱贫攻坚战的决定》中提出:"支持农村信用社、村镇银行等金融机构为贫困户提供免抵押、免担保扶贫小额信贷"。又如 2020 年中央一号文件(《中共中央　国务院关于抓好"三农"领域重点工作确保如期实现全面小康的意见》)中也提出:"稳妥扩大农村普惠金融改革试点……推出更多免抵押、免担保、低利率、可持续的普惠金融产品。"然而,国内外实践表明,如何平衡好盈利与风险、兼顾覆盖面和财务可持续性,是微小贷款发展中的难题。破解该难题需要多个层面的制度创新,其中离不开的一环在于从事微小贷款的金融机构构建起体系化的微贷人才培养体系,掌握先进的微贷技术,从而有效提升金融机构为微小客户和低收入群体提供微贷服务的能力。

　　在长期跟踪研究国内外先进的微贷理论、成功经验并结合浙江等地县域农村金融现实的基础上,浙江大学 AFR 微型金融研究中心于 2011年 3 月推出了"AFR 微贷",并与浙江、广西、江西、安徽、山东、甘肃 6 省的 16 家县域小微法人金融机构开展微贷项目合作,复制推广 AFR 微贷技术,为各合作机构打造了具备自主复制能力、独立放贷能力、市场开拓能力的微贷团队,构建了完整的微贷运营、培训、管理和考核体系。本书就是在对我们近些年来对外开展微贷项目合作的阶段性总结的基础上完成的,主要内容涉及 AFR 微贷项目的运营过程、实践意义、在有关金融机构的发展与创新、信息处理机制等。

第一章"AFR 微贷项目的产生与发展"。首先,阐述了微小贷款的发展过程及主要微贷技术类型;同时,梳理了 AFR 微贷项目的产生、演进过程,并重点论证了 AFR 微贷项目的功能定位、基本特征、主要运营阶段及各阶段中的主要任务与目标。最后,以 A 省 X 农商银行 AFR 微贷项目运营为例,较完整地展现了 AFR 微贷项目运营的三个阶段,以及各阶段任务与目标的实现过程,提供了 AFR 微贷项目一期培训生、内训师、二期培训生、三期培训生践行 AFR 微贷项目三大功能定位过程中的感悟与心得。

第二章"AFR 微贷项目的理论与现实基础"。首先,基于社区银行与关系型贷款、穷人经济学与信贷机会均等、我国农商银行业务回归本源等的分析,认为 AFR 微贷项目的产生与发展正是源于上述理论并有利于践行我国农商银行业务回归本源,具有雄厚的理论与现实基础;其次,从"助推微贷本土化的实践与理论发展、助推农商银行精准定位与可持续发展、助推精准扶贫与社会和谐发展"三个方面论证了 AFR 微贷项目发展的现实意义。

第三章"AFR 微贷与信息获取"。首先,阐述了开展微小贷款中需要获取的信息种类及不同种类信息之间的特征比较;其次,梳理了软信息和硬信息各自所需获取的具体内容;再次,分析了 AFR 微贷信息获取的主要途径与方式,指出了信息获取过程中的注意事项;最后,针对微贷信息获取,提供了一些案例和客户经理的心得。

第四章"AFR 微贷与信息识别"。首先,分析了"交叉检验"这一AFR 微贷最常用的信息识别方法的逻辑基础,归纳了开展交叉检验的主要角度;其次,总结了财务信息交叉检验所涉及的主要内容,以及软信息交叉检验的主要方法,并着重阐述了对软信息作组合分析的不对称偏差分析法的基本原理;最后,针对微贷信息识别,提供了一些案例和客户经理的心得。

第五章"AFR 微贷与信息分析"。首先,阐述了小微客户资产负债表和损益表的编制应遵循的原则,以及编制过程中采用的基本规范,并提供了相关的编制示例；其次，讨论了怎样在汇总梳理信息的基础上编写小微客户授信调查报告，重点梳理了调查报告的主要内容和编制过程中的注意事项；最后，针对微贷信息分析，提供了相关案例和客户经理的心得。

第六章"两家小微法人银行 AFR 微贷项目的实践与启示"。首先，阐述了位于欠发达地区的 A 省 X 农商银行、B 省 Y 村镇银行的可持续发展困境及其现实需求；其次，分别重点论证、总结了两家小微法人银行 AFR 微贷项目本土化固化、优化发展过程及员工内训、微小贷款产品研发、微弱客户发掘培育及"微贷、普贷"融合发展过程中的正反面经验；最后，基于上述两家小法人银行 AFR 微贷项目运营合同合作期及后续跟踪服务，总结了浙江大学 AFR 微贷项目在欠发达地区小法人银行本土化固化、优化发展中的经验与启示。

附录是 A 省 X 农商银行 AFR 微贷项目运营中项目组主导的微贷理念、技术本土化固化阶段中的相关通知、请示报告、制度等部分原始运营资料汇总(各合作单位具有较多的共性)，旨在展现浙江大学 AFR 微贷项目本土化固化运营阶段的真实过程。后续的优化、"微贷、普贷"融合发展过程中的资料因涉及相关单位较多隐私且各单位之间差异较大，此处从略。

面向微弱客户提供微小贷款是一项富有挑战性的工作。由于各种因素的限制，AFR 微贷技术难免存在不少待完善之处，敬请读者不吝指正。希望本书的出版能够对微贷技术的本土化创新和优化发展起到抛砖引玉的作用。

作　者
2020 年 8 月于杭州

目　录

第一章　AFR 微贷项目功能定位与发展

"AFR 微贷项目"由浙江大学经济学院、浙江大学"中小金融机构可持续发展研究"课题组、浙江大学金融研究院(Academy of Financial Research,Zhejiang University,AFR)、浙江省金融研究院、浙江大学 AFR 微型金融研究中心长期跟踪研究浙江台州小微金融发展和国内外小额信贷理论、实践的研究成果,结合浙江等地县域农村经济、金融实际需求于 2011 年 3 月正式推出。截至 2019 年 12 月底,先后与浙江、广西、江西、安徽、山东、甘肃等 6 省区 16 家县域小微法人金融机构合作推进 AFR 微贷项目,其中 14 家合作单位如期完成合同预期的各项任务。由浙江大学 AFR 微贷项目组主导的一期培训及合作单位微贷中心主导或独立的二、三、四期培训,共培养新生代微贷客户经理近 800 名,累计发放符合 AFR 微贷项目要求的微小贷款 50 多亿元,累计发放贷款 5 万余笔,其中首次获得贷款的"原生态客户"占比达 40%,14 家合作单位微贷中心基木具备了微小贷款技术白主复制和市场开拓能力,较好地实现了微贷项目的"新生代客户经理培训基地、原生态客户发掘与孵化基地、支农支小金融服务产品创新试验基地"三大功能定位。浙江大学 AFR 微贷项目组已出版《微型金融:理论与实践》《统筹城乡发展背景下农村新型金融组织创新研究》《区域金融发展战略》等学术专著 4 部;《微小企业小额贷款创新发展研究》《微"笑"贷款、为民富民:加快发展甘肃微型金融的政策建议》《"小营生"微贷创新发展及启示》《探索普惠金融新模式、精准服务"三农"和"小微"》《回归本源,提升小微金融服务质效:台州小微金改经验与启示》5 份研究报告先后获浙江省原常务副省长、甘肃省原常务副省长、浙江省副省长等领导批示;多家合作单位的微贷理念与微贷技术自主复制团队建设、员工内训成效及微贷产品服务创新绩效等多次得到所在省工会、省市银(保)监局、人民银行地市中心支行、省农信联社等部门的高度肯定和颁奖,相继联手合作单位推出的"小营生微贷""合家快微贷""起家好帮手微贷""星贷通微贷""心易微贷""新芽微贷""惠心微贷""亚邦微贷""鱼峰微贷""好邻居微贷""诚易微贷""惠民微贷""好帮手微贷""沂蒙微贷""融易微贷"等 AFR 系列微贷产品深受各地金融弱势群体的欢迎,取得了良好的社会经济效益。

第一节　微小贷款发展及主要微贷技术

长期以来,"小额信贷""小微贷款""微小贷款"通常习惯性地不加区分地称呼或使用,多指贷款额度较小,需求主体抵质押物、财务报表等硬信息缺乏,需求过程多呈现"短、频、急"等特征的金融产品(何琛,2015)。纵观我国小额信贷发展研究过程[①],微小贷款是小额信贷商业化与专业化、可持续发展的产物,小额信贷每个阶段的变化往往伴随着小额信贷发展的目的与目标、承载的功能及其实际效应的变化,其表述也从小额信贷过渡到小微贷款或微小贷款。

一、我国微小贷款发展

就微小贷款[②]内容而言,早在 20 世纪 80 年代末之前,我国就有了遍布乡村的农村信用社并承载着生产大队及广大农户基本的信贷等金融

[①]　国外小额信贷发展过程国内总结较多,本丛书第一本已有涉及,此处结合 AFR 微贷项目特征与产生过程,仅就国内小额信贷发展过程进行简要分析。

[②]　本书的微小贷款指的是:30 万元及以下的经营性贷款,服务对象主要是农户、个体工商户、微小企业等微小客户,贷款方式是信用或准信用(道义担保),运营技术是"系统内训、双人调查、眼见为实、自编报表、交叉检验、整贷零还"。尽管称呼不同,但就其服务对象、产品特点和内容而言,相差无几。

服务。到了 90 年代,小额信贷产品渐渐被人们所熟悉并在不断地尝试、探索、总结和创新后,进入为金融弱势群体提供一系列金融服务的微型金融阶段。2005 年 11 月 23 日,浙江台州银行、内蒙古自治区包头市包商银行(2019 年 5 月被人行接管,经重组于 2020 年 5 月更名为蒙商银行)同时引进德国 IPC 微贷技术并在两年后得以本土化与优化发展,自此以后 IPC 微贷技术等众多微贷技术流派相继在城商银行、农商银行、村镇银行等银行类金融机构落地生根。就微小贷款内涵、外延及其技术而言,我国微小贷款实践的发展过程大致可分为萌芽、初步发展、突破性发展和全面发展等四个阶段。

(一)萌芽阶段(20 世纪 80 年代末以前)

长期以来,我党一直重视农村合作金融的发展。早在抗日战争和解放战争时期,根据地和解放区就积极探索与发展信用合作社。新中国成立以来,我国信用合作社发展过程虽充满曲折和争议,但发展仍较为迅速。尤其是在 20 世纪 60 年代前后,农信人走村串户,深入田间地头,积极了解广大农民的生产、生活资金需求状况并为其提供便捷的金融服务。尽管由于当时特定的政治经济社会背景,经济体制和经济发展水平等因素所决定的金融并未遵循一般意义上的金融运行方式,但从某种意义上而言,该阶段信用合作社遍布我国县域乡村,农户的小额存、贷等基本金融服务需求能便捷地得以满足,"普"得以充分体现。值得关注的是,该阶段老一辈农信人形成的乐于奉献、勇于拼搏,不怕苦、不怕累的光荣传统和"挎包"银行、"三水"精神①已成为我国农村金融发展史上一笔珍贵的财富,并将永远激励一代又一代的农金人。

20 世纪 80 年代初,我国一些贫困地区纷纷成立农村扶贫互助储金会,尝试开展小额信贷扶贫项目。此阶段的小额信贷主要承载扶贫功

---

① "挎包"银行指的是第一代农村合作金融工作者(多是 40 后、50 后)经常背着背包通过步行走村入户吸存、收贷并普及金融、生活等小常识;"三水"精神即第一代农村合作金融工作者甘冒露水、甘流汗水、甘蹚泥水的精神。露水,是指第一代农村合作金融工作者善于吃苦耐劳,起早摸黑,蹚着露水走村入户,了解群众的金融服务需求;汗水,是指第一代农村合作金融工作者勇于拼搏,不怕苦、不怕累的精神;泥水,是指第一代农村合作金融工作者甘于奉献,深入农户的田间地头,与广大农民群众交朋友。

能,离商业化、专业化、可持续发展的小额信贷(微小贷款)虽十分遥远,其受众面也较为有限,但"惠"得以较充分的体现。

(二)初步发展阶段(20 世纪 90 年代初至 2000 年)

进入 20 世纪 90 年代,我国小额信贷在运行机制、服务对象等方面均有了实质性创新。1993 年,中国社科院农村金融发展研究所研究员杜晓山借鉴孟加拉乡村银行模式,在河北易县倡导建立第一家小额信贷机构——扶贫经济合作社,拉开了我国小额信贷服务农村贫困人口的序幕。并在 1996 年以后逐渐得到政府的重视,随后小额信贷进入以政府扶贫为导向的发展阶段。1999 年至 2000 年,我国开始重视对小微企业(微小企业)、农民、个体工商户等微型主体的贷款问题并得到相关金融机构的高度支持,农村信用社、农业发展银行、农业银行、邮政储蓄银行和城市信用社等正规金融机构纷纷介入小额信贷领域;人民银行等管理部门也先后出台多种指导性意见。如提出采取"一次核定、随用随贷、余额控制、周转使用"的小额农贷管理办法,由此促进了基于农户信誉的无抵押和无担保贷款的广泛兴起,使得农户小额信贷得以较快地开展。

该阶段通过引入正规金融机构创新小额信贷产品与服务,并开始朝市场化、商业化、可持续发展目标迈进,改善了农户、个体工商户、小微企业主或潜在的小微企业主的经济状况并提高了其社会地位,小额信贷功能从早期的单一"输血"功能转向了"造血"功能,金融帮扶弱势群体理念、方式和途径有了一定的创新发展,少数发达地区金融机构初步显现了小额信贷(微小贷款)帮扶微弱客户,助推微小金融机构员工、客户互动成长及其业务结构优化的基本功能。

(三)突破性发展阶段(2000 年至 2010 年)

随着市场的不断深化,我国政府、正规金融机构渐渐认识到弱势群体既需要微融资用于简单的经营或微小创业活动,也需要微投资、微支付、微保险等基本金融服务,由此极大地促进了微型金融的快速发展。在这一阶段,"三农"问题受到中央政府的高度重视。为了解决农户贷款难与贷款贵等问题,农村合作金融机构在人民银行支农再贷款的支持下,"农户联保贷款"这种团体贷款模式又得以发展起来,缓解了农民和低收入群体的资金困难,促进其生活水平提升;同时以德国IPC微贷技术为代表的商业化可持续发展的个体贷款也得以本土化发展①,微贷技术得以突破,有效地促进了对具有强烈劳动意愿和一定劳动能力却长期被传统金融服务或正规金融机构边缘化的个体工商户、微型企业主或潜在微型企业主的融资服务的发展。值得一提的是,2010年4月28日正式运营的中国浙江阿里巴巴电子商务小额贷款有限公司极大地激发并带动了民营资本创业发展线上业务的积极性,一个依托互联网、移动互联网技术,包括微支付、微保险、微投资和微融资等微型金融得以突破性发展,为弱势群体提供的金融服务产品更加多元化。

这一阶段的明显特征是:农商银行、农合行、农信社(三者合称"农行社")等县域小微法人金融机构全面积极探索微小贷款实践并成为服务"支农支小"的主力军;小额贷款公司、农民资金互助社、村镇银行、贷款公司和农村资金互助社等小额信贷组织的设立为民营资本进入金融市场创造了条件,成为服务"三农"和支持"小微"的有益补充;由国家金融管理部门(人民银行或者中国银行业监督管理委员会)推动,由商业性资金或者正规商业银行投入和经营,微小企业的资金需求开始引起关注并逐步被纳入正规金融机构的服务范围中,我国微型金融在政策性目标和商业性发展之间走出了一条新路,在业务的覆盖面和机构发展的可持续性两个方面同时获得进展。

(四)全面发展阶段(2010年以来)

2010年中央一号文件《关于加大统筹城乡发展力度进一步夯实农业农村发展基础的若干意见》着力强调:"城乡基本公共服务须均等化发展,实现城乡、区域协调发展,使广大农民平等参与现代化进程、共享改革发展的成果。"很明显,普惠金融应是其中不可或缺的内容之一。2013年11月12日,党的十八届三中全会明确提出要"发展普惠金融",体现了让发展成果更多、更公平地惠及全体人民的理念,标志着普惠金融在我

_____

①　2005年11月23日,浙江台州银行、内蒙古包商银行同时引进德国IPC微贷技术并得以成功地本土化,我国微小贷款技术取得突破性进展,随后法国沛丰技术、德国GTZ技术、美国国际行动技术纷纷落地我国城商行、农信社、农合行、农商银行等地方小微法人银行;2010年上半年,中国浙江阿里巴巴电子商务小额贷款有限公司正式运营。

国进入一个全新的发展阶段。

在党中央、国务院的高度重视下,近年来,人民银行、银监会、证监会和保监会积极推进普惠金融发展,普惠金融正持续地朝向"宽内涵""多维度"目标迈进。微投资、微融资、微支付、微保险、微担保等微型金融领域不断得以拓展;完善征信和支付体系、加强金融诚信体系建设、推进数字化金融创新以及加强金融消费者保护和金融消费者教育等日趋加强,视角越来越广泛。尤其是创新性互联网金融正日益受到基层百姓的喜爱,并成为普惠金融的重要内容。通过利用互联网平台,服务对象的覆盖面更广,提供的金融产品更加多元化,模式也由单一的线下拓展为线下线上并行、融合发展。由此,更多的人享受到了诸如支付宝类的互联网微支付、余额宝类的互联网微投资、微贷宝类的互联网微融资以及互联网微财富管理的便利,不仅降低了信息不对称风险和交易成本,还能使那些不能从正规金融机构获得借贷资金的农民和低收入人群以及急需借贷资金周转的人群获得一定的金融服务,一个融合互联网思维的具有平等、开放、便利、协作、分享、体验的草根性和创新性的"线下、线下与线上融合、线上"微小贷款体系正在逐步形成与完善中。

二、微小贷款主要技术

按照技术衡量标准、客户特点及运营机构的不同,微小贷款可分为福利派和商业派(制度派)两种。

(一)福利派的信贷技术

根据项目的宗旨和目标、资金来源和组织机构,福利派中国小额信贷项目可分为三大类型。

第一类,国际机构捐助或贷款资助的项目,即用国际机构捐助的资金或贷款的资金,以民间或半官半民组织为运作机构的小额信贷试验项目。其信贷技术主要采用群组信贷技术中的信用联保技术,一般由5个人组成互助组,贷款申请人在同一期间不得超过2人,其他3人作为信用联保。我国在这一阶段推行小额信贷时人为地扩大或缩小了群组的规模,又多用在贫困地区,且没有很好地把握生产性用途,随着项目结束信贷机构与业务也就结束了,整体而言以失败而告终。

第二类，国内财政贴息的扶贫贷款项目，即以政府机构和金融机构（早期为农业银行）为运作机构，借助小额信贷服务这一金融产品，以实现扶贫攻坚和新世纪扶贫任务为宗旨，以国家财政资金和扶贫贴息贷款为资金来源的政策性小额贷款扶贫项目。具体运营中没有采用什么信贷技术，基本上是自作主张或以指令性的方式下发贷款，回收的寥寥无几，更多的是被权力机构变相地挪用了，整体上不能算作成功。

第三类，央行支农再贷款推动的农信社小额信贷项目，即农村信用社根据中国人民银行信贷扶持"三农"的要求，以农信社存款和央行再贷款为资金来源，在地方政府的配合下开展的农户小额信用贷款和联保贷款项目。因执行主体是农信社一级法人机构，相对前两类而言，资金大多能到达农户手中。但由于信贷软约束，信贷技术其实还是采用抵押、担保或软担保等手段，需求强劲的微弱农户仍难以获得小额信贷服务，冒名贷款、"垒大户"现象较为普遍。整体而言，这一阶段小额信代成功的经验与失败的教训均有效地支撑并促进了我国小额信贷后续的可持续发展。

（二）商业派的信贷技术

从20世纪80年代开始，补贴式的福利派小额信贷受到越来越多的批评，在此期间产生了诸如孟加拉乡村银行（Grameen Bank）、印度尼西亚人民银行农村信贷部（BRI-UD）、拉美行动国际（ACCION International）等较为成功的以市场机制为基础的小额信贷机构，它们成为商业派微贷技术的代表。业内总结并提炼出商业派小额信贷机构成功的两个要素——微小贷款覆盖的广度与深度，微小贷款机构财务的可持续性——在这些机构均得到较好的体现。

（三）国内主要微贷技术

国内微小贷款运作模式主要分为团体贷款模式和个体贷款模式两类。团体贷款模式是指以小组联保的形式发放微小贷款，其国际代表模式当属孟加拉乡村银行模式。我国农村信用社仿效孟加拉乡村银行模式实行的农户联保贷款也是一种团体贷款模式，部分地区依靠信用户、信用村、信用镇及整村授信等途径发放的农户微小贷款广义上而言也属于这种模式。个体贷款模式是指直接对个人发放微小贷款,其国际代表模式有印度尼西亚人民银行农村信贷部模式。我国部分城市商业银行、农商银行招标引入的德国 IPC 技术、法国沛丰技术、德国 GTZ 技术、美国国际行动技术等多属于个体贷款模式。

德国 IPC 微贷技术目前是我国农商银行(农合行、农信社)、村镇银行、城商银行使用的主流微贷技术,其技术主要体现在:正确评估客户的偿还贷款意愿和能力,十分注重客户经理的规范服务及激励、约束机制。它以客户的软信息为基础,将客户的还款意愿和还款能力作为放贷的唯一根据,将现金流作为认可的第一还款来源,并通过交叉检验的方法进行判断与决策。德国 IPC 微贷技术的本土化与优化发展,对推动我国微小贷款的发展起到了巨大作用,至今仍然是广大城商银行、农商银行发放微小贷款、服务微小客户的有效方式之一。

三、IPC 微贷技术本土化与优化发展:来自台州银行的实践

台州银行的前身是创立于 1988 年的路桥银座金融服务社;2002 年成为全国首家以市场化方式组建的城商银行,政府仅参股 5%,是全国首家政府参股不控股的城商银行;2005 年 11 月 23 日,率先引进德国 IPC 微贷技术并成功本土化;2010 年,更名为台州银行并开始跨区域发展。截至 2019 年 12 月底,台州银行员工近万名,共设有舟山、温州、杭州等 10 家分行和 274 家支行,并在北京、深圳、江西赣州等地发起设立了 7 家村镇银行和 105 家支行,共有各类分支机构 396 家;全行(含主发起设立的村镇银行)资产总额 2230.48 亿元,各项存款余额 1792.62 亿元,各项贷款余额 1516.09 亿元,户均 31 万元,不良贷款率 0.65%。2019 年,台州银行被评为最佳普惠金融城商银行、最佳品牌城市商业银行。国际权威财经媒体英国《银行家》杂志公布的 2019"全球银行 1000 强"中,台州银行位列 423 位。

10 多年来,我国地方中小法人银行中,国际先进微贷技术本土化较为成功且一直处于稳健优化发展的当属台州银行。其成功的关键不仅源于其 30 多年来坚守初心,始终奉行"简单、方便、快捷"以及与小微企业共成长的服务理念,以匠心情怀专注小微金融,还取决于其 2005 年引进的 IPC 微贷理念与技术年复一年地在新入职的新生代员工及年轻的客

户经理中得以固化与优化发展。追溯台州银行的发展历程,其发展主要可以分为以下四个阶段(何嗣江,史晋川,2009)。

(一)"扫楼"开拓市场,创新吸引客户

作为台州银行的前身,路桥银座金融服务社创建于 1988 年 6 月 6 日,建社时只有 6 名员工、30 平方米的营业场所和 10 万元资本金。服务社成立时便以其准确的市场定位、灵活的经营机制迅速为自己争得了一席之地。如初创人员以"扫楼"的方式挨家挨户上门宣传其经营理念及其不同于其他金融机构的金融服务;针对个体、私营小企业主白天工作时间长、生意经营繁忙的情况,主动调整服务时间,于 1989 年在浙江金融界最早推出了"夜市银行",每天营业 13 小时,精准地对接并服务于个体私营小企业主等弱势群体,很快赢得了广大个体私营小企业主等弱势群体的信赖并取得了较好的社会效益和经济效益。经过三年多的发展,服务社积累了一定的金融从业经验并借此得到社会的认可。1992 年,经中国人民银行批准,"黄岩路桥银座金融服务社"更名为"黄岩市路桥城市信用社";1996 年,又更名为"台州市路桥城市信用社"。

在这一时期,该信用社牢牢抓住邓小平南方谈话后的有利时机,深化各项改革,进一步完善经营机制。1992 年,服务社改革工资分配制度,实行等级工资与计件奖金相结合的九级行员制,有效突破了建社初期的"家庭化"管理模式;1993 年,首推"存贷挂钩、利率优惠"办法,建立了一条银企间长期相互依赖、相互支持的纽带。有利的外在发展环境加上不断创新的服务吸引了众多客户,并使路桥城市信用社接连跨越了几层台阶,存款余额从 1992 年年底的 4051.96 万元增至 1997 年的 10.3 亿元,突破十亿元大关,壮大了实力,为其规模扩张奠定了坚实的经济基础。

(二)坚守工匠精神,持续服务微小

1998 年,台州市路桥城市信用社凭借其丰富的经营管理经验与雄厚的经济实力,在当地政府的指导下通过市场化运作成功兼并了严重资不抵债的椒江区港口城市信用社,并更名为"台州市银座城市信用社",有效化解了金融风险。这一时期,银座城市信用社成功导入了 ISO 9002 国际质量管理体系,并顺利获得认证,在管理组织结构上形成了决策、实施、监督、反馈四大体系。2000 年年底,银座城市信用社存款余额、贷款余额、利润和不良率分别为 24.39 亿元、16.89 亿元、2959 万元和 0.993%;而同期台州市路桥区中、农、工、建四大支行中相应最好的指标分别是农行 11.67 亿元、工行 5.34 亿元、农行 1078 万元、建行 3.22%。在其贷款发放对象中,个体户、微小企业主等弱势群体占比 83.3%,有效承载并实现了金融帮扶弱势群体的功能与责任。2001 年,地方政府和监管部门为规范城市信用社发展,决定组建以银座城市信用社为主体的台州市商业银行。经过一年的紧张筹措,台州市商业银行终于在 2002 年 3 月 23 日正式挂牌营业。

台州市商业银行从最初被动式的"扫楼"营销开始,历经 10 余年发展,虽也具备了与同行竞争大中客户的实力,但决策层经过慎重思考,依然选择秉承服务微小企业、个体工商户的市场定位,在坚守"简单、方便、快捷"服务理念与服务标准的基础上又提出了打造"我们可以信赖"的"中小企业伙伴银行"①的市场战略。其间,民营微小企业、个体工商户贷款占全行贷款余额均保持在 98% 以上,单笔贷款均值呈逐年下降趋势,由 2003 年的约 60 万元下降到 2006 年的 52 万元,2007 年更是降到 46 万元,远低于其他商业银行户均额度,真正成为微小企业的伙伴银行。

(三)瞄准国际技术,规模推进微小贷款业务发展

2005 年 11 月 23 日,台州市商业银行成为国家开发银行首批微小贷款项目合作银行。合作方式主要有两种,即提供资金与技术援助。国家开发银行向台州银行提供一定数量的人民币转贷款,专项用于支持微小企业发展。在技术援助方面,国家开发银行帮助台州市商业银行引进了一套能够实现良好运作的信贷技术,同时也帮助台州市商业银行提高了新生代员工培训能力,以满足其按照商业化原则大范围开展微小企业贷款业务的需要。通过两年的合作及持续的实践摸索,IPC 微贷技术、人员培养模式与台州银行固有的微贷工匠精神融合形成了台州市商业银行本土化的可自主复制的标准化微贷技术,能够快速培养出掌握标准化微

①　当时,企业均笼统地分为大型企业和中小企业,直至 2011 年 6 月 18 日,工信部、国家统计局、发改委、财政部联合颁布并实施了《中小企业划型标准规定》,首次将中小企业细化为中型、小型和微型三种类型。

贷操作技术的高质量信贷人员,解决了长期以来业务发展靠"熟人经济"的问题,突破了地缘、血缘和亲缘的限制,对陌生客户也能做出"快速反应",为向更广泛区域的弱势群体提供可持续金融支持奠定了坚实基础。

面向失地离土农民、个体工商户、小微企业主等金融弱势群体和初始创业者,台州银行在"小本贷款"①基础上创新推出了"小本微贷款、小本小贷款、小本信用贷款、小本兴农贷、小本联合保证贷款"等小本系列微小贷款产品。自 2006 年 1 月发放首笔"小本贷款"以来,其发放的网点不断增加,遍布浙江省辖区。截至 2019 年 3 月末,台州银行"小本贷款"余额 181.18 亿元,累计发放"小本贷款"1186.77 亿元,支持了 74.06 万户小微客户,其中 60% 以上系第一次获得正规金融机构的贷款服务,取得了良好的经济社会效益。

(四)固化优化微贷技术,形成"线上、线下"融合互补的微贷服务体系

台州市商业银行的"银座金融培训学院"一直重视新生代员工内训及其微贷理念技术固化与优化的培训工作。基于 2005 年引入 IPC 信贷技术,结合自身的成功经验进行本土化改造,总结提炼出了"十六字"微贷调查技术(下户调查、眼见为实、自编报表、交叉检验)和"三看三不看"风险识别技术(不看报表看原始,不看抵押看技能,不看公司治理看家庭治理)为核心的本土化培训教材;基于 IPC 微贷培训理念、技术本土化与持续优化的经验,分条线开发培训课程,建立了高密度、标准化的培训体系,并设计出科学合理的上岗资格认证机制,以及融合互补的"线上、线下"微贷服务体系(黄军民,2019)。

第一,从严的信贷客户经理准入机制。所有入职台州银行的员工必须经过系统的入职内训。台州银行的"银座金融培训学院"将在 3 个月内将一个毫无工作经验的应届毕业生培养成为能独立上岗的前台柜员,6个月内培养成为能独立发放贷款的信贷员,为业务发展提供强有效的人

---

① 小本贷款指 2005 年年底台州市商业银行与德国复兴信贷银行合作时开发的微贷产品,是国内首个在工商总局注册商标的信贷产品,旨在对初次向正规金融机构申请金融服务的客户强调贷款只能用于生产性目的。近年来,在"小本贷款"基础上又形成了系列服务微弱客户的"小本小贷款、小本微贷款、小本信用贷款、小本兴农贷款、小本联合保证贷款"等"小本贷款"系列产品。详见台州银行网站。

力资源保障。

第二,清晰严格的信贷客户经理分级管理制度。对客户及信贷人员进行分级管理,信贷人员经办业务权限与其风险控制专业技能等级直接挂钩。如刚入职信贷岗位的"原生态客户经理"须做实一定量的原生态客户,具备微贷资格的信贷人员方可经办30万元以下的信贷业务,小贷资格的信贷人员可经办100万元以下的信贷业务,初级资格的信贷人员可经办300万元以下的信贷业务,中级和高级资格的信贷人员可经办所有信贷业务。

第三,激励和约束并举的考核制度。台州银行一方面建立了清晰的绩效考核和晋升机制,将业务目标层层落实,直到每位员工,绘制出全行员工的职业发展路径,严格的尽职免责措施,帮助客户经理克服"恐贷""惧贷"心理,与小微服务导向相适应,强调户数和户均,淡化余额规模因子;另一方面建立了非常完善的激励约束机制,明确每笔小微贷款的责、权、利,奖罚分明,既有非常明确的"尽职免责"鼓励措施,也有非常严格的不良追责约束。

第四,融合互补的"线上、线下"微小金融服务体系。一方面,台州银行持续加大金融科技的投入,注重线上服务,升级传统做法,创新推出"一站、一分行、一平台、一中心"运营架构,朝着"数据驱动、线上流程、行业专家、现场交叉"的模式推进。推出客户服务移动工作站,客户经理携带设备上门,为部分客户实时办理金融业务,实现客户"一次不用跑"即可办理贷款等业务;建立线上分行,客户在线申请贷款或信用卡,最短办理时间仅需一分钟;搭建大数据平台,开发小微企业信用风险内部评级项目,充分利用台州市金融服务信息共享平台,应用大数据建立风险模型,进一步提升客户风险识别、检测、计量、控制能力;搭建后台作业支持中心,建立前端批量获客、中后台集中作业的"半信贷工厂"模式,提高一线营销和授信效率。另一方面,台州银行始终坚持以人才为核心竞争力的理念,高度关注原生态客户经理的内训、成长与辖区内原生态客户的发掘、培育工作,持续培养本土化实用型人才与忠诚客户的培育与成长,建立薪火相传的人才梯队与忠诚的客户群体。台州银行现有1万名员工中,客户经理就达到5000多名且均由"银座金融培训学院"自主培养,通过内部选拔的讲师、自主研发的教材、针对性强的方法,以讲案例、讲故事和讲原理的方式,不断强化培养"文化认同、技能过关、专业胜任"的小微人才队伍。截至2019年3月末,台州银行有贷款余额的近32万贷款户中,30万元及以下的贷款户占比近80%,500万元及以上的贷款户占比不到0.4%且多是十多年前首次从台州银行获贷的客户共同成长起来的忠诚客户。

第二节　AFR微贷项目概述

与国内其他微贷项目相比,浙江大学AFR微贷项目主要定位于经济欠发达的县域、规模较小的农商银行、农合行、农信社、村镇银行等小微法人银行,更注重这些小微法人银行新生代员工的培训与自主复制能力团队建设,更注重县域微小企业主、个体工商户尤其是其中原生态客户的发掘、孵化及银行忠诚客户的培育,优化小微法人银行客户经理队伍结构与信贷业务结构,提升小微法人银行可持续发展的活力。自2011年3月浙江大学AFR微贷项目正式启动以来,受到众多县域小微法人银行尤其是中西部地区小微法人银行与微弱客户的欢迎。截至2019年年底,浙江大学AFR微贷项目组已先后与浙江、广西、江西、安徽、山东、甘肃等6省16家县域小法人银行合作推进AFR微贷项目,取得了良好的社会经济效益。

一、AFR微贷项目的发展历程

AFR微贷项目起源于浙江大学"中小金融机构可持续发展研究"课题组,得益于浙江省丰富的民营经济金融发展经验,受助于浙江大学经济学院、浙江大学金融研究院、浙江省金融研究院强大平台的支撑及同事的支持。该项目先后经历了萌芽、探索与经验总结提升、走出浙江等阶段。

（一）萌芽阶段

1997—2010年,浙江大学"中小金融机构可持续发展研究"课题组相继跟踪研究了温州、台州等地城信社、农信社的运营与发展,以及县域、中心镇个体工商户、微微型客户信贷融资需求等情况。1998 年起与浙江台州银行前身浙江台州路桥城市信用社合作,1999 年起合作创办《银座金融论坛》①内部交流季刊;全程参与、跟踪研究台州银行发展史上有着重要影响的四项工作:1998 年,以承担支付椒江区港口城市信用社全部债务为条件实施兼并后更名为浙江台州银座城市信用社,并成功实现跨区经营;2002 年,成立全国首家以市场化方式组建的政府参股不控股的台州市商业银行;2005 年,全国首家引进德国 IPC 微贷技术并成功实现本土化;2010 年,更名为台州银行并开始跨区域发展。其间,德国 IPC 微贷技术在台州银行的成功本土化与优化发展引起了项目组浓厚的兴趣并为后来的 AFR 微贷项目的产生与持续发展奠定了雄厚的基础。2006 年年底开始,项目组开始思考县域小微法人银行如何本土化国内外先进的微贷理念、技术并开始广泛搜集、研究国内外微贷资料。

　　1997—2010 年,项目组对台州银行的发展历史,以及德国 IPC 微贷技术在台州银行的本土化、优化发展及其效应进行了系统的跟踪研究,相关研究成果(史晋川,孙福国,严谷军,1997;何嗣江,2007;何嗣江,史晋川,2009)分别发表于《经济研究》、《金融研究》(实务版)、《浙江大学学报》(人文社会科学版)等学术期刊;咨询报告《微小企业信贷服务中的金融创新:以台州市商业银行为例》获浙江省原常务副省长陈敏尔同志"此件有关建议值得重视研究,拟举办的小额贷款培训活动中可印发一些类似案例和参考材料"的批示;2008 年年初,项目组负责人受邀担任桐庐农村合行银行独立董事,得以深度接触农村金融市场,其间对县域农村金融供给与需求,农村金融主力军县域农村商业银行、农村合作银行、农村信用合作联社(以下简称"农行社")的管理制度及其员工队伍状况进行了广泛的调研和研究,得出:IPC 微贷技术及台州银行基于 IPC 微贷技术

---

　　① 《银座金融论坛》是台州银行支持合办的内部交流季刊,2010 年下半年完成了历史使命,当初的银座城市信用社相继成长为台州市城市商业银行、台州银行并开始跨区经营。40 多期的专家特稿栏目先后得到黄达教授、江其务教授、曾康霖教授、张亦春教授、白钦先教授等前辈及其弟子们的无私支持,纷纷撰文论证中小金融机构与地方经济发展、地方商业银行与民营经济发展、地方小法人银行可持续发展研究、微小贷款技术本土化与优化发展研究等主题。季刊主编是史晋川,副主编是王维安、黄军民(台州银行行长),编辑部主任是黄燕君,责任编辑是何嗣江、黄勇,美术编辑:吴为民、周月红;资深专业人士、原《浙江社会科学》责任编辑董希望先生亦在幕后一直予以最强有力的帮助与支持。

本土化的员工内训模式，对个体工商户、微微型企业等弱势群体的服务理念与服务方式非常适合农行社等小微法人银行发展之需求。

2009年7月5日，项目组负责人在给浙江大学经济学院继续教育培训中心（CCE）举办的"浙江省农村合作金融系统金融管理A210高级研修班"授课时系统阐述了"县域小微法人银行如何做小、做专、做精微贷业务"的内容，众多观点得到学员的广泛认可；2009年9月12日晚，项目组负责人组织A210研修班学员在浙江大学西溪校区主教学楼826教室举行了"农行社微小贷款发展现状与可持续发展困境"座谈会，与会的40余位农行社高管就农行社发展微小贷款的必要性、可行性及其挑战进行了广泛研讨，一致认为农行社可持续发展必须定位于微小客户、做实微贷业务，A210研修班学员时任江山农村合作银行行长Z先生当即表明了合作愿望，并详细介绍了江山农村合作银行发展概况与近期发展目标。多年的跟踪研究经验及浙江省农村金融的现实需求极大地坚定了项目组联手农行社共同推进微贷项目的信心与决心。

（二）探索与经验总结提升阶段

2010年8月，以"省校共建为基础、政产学研结合"模式组建的浙江大学校设新型科学研究平台浙江大学金融研究院（AFR）正式成立。AFR以"时代特征、中国特色、浙江特点"为办院方针，以面向"国际学术前沿和国家重大战略，服务于我国区域金融产业和金融市场（资本市场）的创新发展"为目标，以区域金融发展研究为特色，广泛整合浙江大学、浙江省乃至国内外学术力量，按照开放型、专业化的方式运营管理。基于浙江大学"中小金融机构可持续发展研究"课题组的前期研究经验、浙江大学金融研究院的发展定位及团队研究实力，浙江大学AFR微贷项目组正式成立。

2010年年底，项目组负责人受邀兼任江山农村合作银行独立董事。江山农村合作银行高层两年前已关注国内外微贷技术并多次赴国内几家合作单位进行考察交流，也曾与多家微贷咨询公司商谈过相关合作事宜，基于项目组2009年与"浙江省农村合作金融系统金融管理A210高级研修班"的深度交流及专题座谈会等基础性工作，在时任江山农村合作银行董事长S先生、行长Z先生的全力支持下，双方很快达成合作意向并于 2011 年 3 月 25 日正式启动了江山农村合作银行 AFR 微贷项目。在与江山农村合作银行为期 3 年的合作中相继完成了一至四期的微贷培训工作,基本形成了一套县域小微法人银行的微贷客户经理团队建设、微贷业务拓展及制度支撑体系建设。江山农村合作银行 AFR 微贷项目主要经历了以下三个发展阶段。

1. 项目组主导的微贷一期培训与技术试验固化(2011 年 3 月至 12 月)

这个阶段主要是首批微贷培训生兼职学习微贷资料、固化微贷理念与技术,具体包括:微贷市场调查,微小客户走访,微贷流程、业务考核与风控制度的建设等。总行成立微贷领导小组和学习小组,AFR 微贷项目专家团队对学习小组成员进行了多轮次驻地互动式培训,通过系统学习,让微贷的理念和技术、高效的学习效率以及严谨的工作作风融入小组成员中,小组成员在项目组的指导下开展微贷市场及客户调查,起草微贷流程、制度,初步打造出一个学习型、创新型微贷团队,为微贷业务的长期发展打下人才基础。近 9 个月中,由 AFR 微贷项目组主导打造了基本具备微贷技术自主复制能力与内训师素养的"1+3"微贷团队,积累了包括"资料篇""纪要篇""心得(周记)篇""案例篇"等 50 余万字的本土化内训辅助资料,开发了专为长期被传统金融服务边缘化的个体工商户、微微型企业等微弱客户量身定制的"小营生微贷"产品。

2011 年 11 月下旬,成立了"1+3"微贷中心并进入业务试运营阶段。这个阶段主要是微贷核心技术的试验、技术本土化的实践等,初期投放重在质量与试验性,实践中遵循先固化后优化的原则,先确保做成功,把基础打牢。一个多月的时间内,小组成员结合前期微贷培训及扫街获取客户情况,开始运用小营生微贷相关流程、三表编制技术进一步寻找、筛选目标客户,分别于 2011 年 11 月 30 日 9:20—11:00 和 2011 年 12 月 27 日 14:30—15:30 召开审贷会,微贷中心主任和 3 位微贷客户经理组织审贷会并分别投放了 6 笔"小营生微贷"业务,共计金额 50 万元,全为原生态客户。两次审贷会,总行主管业务的副行长、相关部室总经理均全程参与旁听,审贷会结束后召开现场交流会,会上行领导多次鼓励各位原生态客户经理认真学习、勇于实践、敢于担当,并再次强调:有关微贷培训、中心团队建设等工作,行党委授权并全权委托浙江大学 AFR 微贷项目组,要求各位在项目组的指导下,做实做好江山农村合作银行微贷"黄埔一期"的各项工作。

2.二期自主复制团队能力建设与业务小规模推广(2012年1月至12月)

这个阶段的主要工作是第二期微贷学员的培训、考核、风控管理机制建设及业务小规模推广。二期培训实行以"师傅带徒弟"为核心,定期交流、评估的"1+1+3"模式,通过广泛宣传、动员、报名、笔试,面向全行柜员挑选出9名二期微贷培训生,由微贷中心主导并实施每周一次的集中兼职培训交流,每名内训师具体负责3名培训生的日常作业、扫街、模拟调查及实地调查等指导,AFR微贷项目组定期评估、交流。6个多月后,经过AFR微贷项目小组、江山农村合作银行相关部门联合考核(理论阶段、实习阶段、结业前综合考核),9名培训生全部合格,其中综合评分90分及以上的优秀培训生4人,极大地充实了微贷中心后备力量。同期,"小营生微贷"业务也得以快速发展。2012年,微贷中心"1+3"团队受理调查"小营生微贷"客户510户,发放贷款254笔,累计支持微小经营客户243户(其中原生态客户占比近60%),共计金额3833.5万元,笔均15万元,余额2837万元,不良为零,日均贷款余额747万元,收息107.5万元,贷款收息率14.38%,高出全行3.6百分点,取得了良好的社会经济效益。员工内训方式、年轻员工成长、规范服务及客户评价等逐渐得到全行员工的认可并获得银行中高层领导的高度评价,基本形成了浙江江山农村合作银行微贷培训生选拔、培训、考核管理办法,浙江江山农村合作银行后备客户经理管理办法,浙江江山农村合作银行微贷管理条例、流程操作要点,浙江江山农村合作银行微贷业务绩效考核、风控管理办法,浙江江山农村合作银行微贷客户经理工作纪律等系列制度,为AFR微贷项目的可持续发展打下了坚实的基础。

3.三期独立培训与业务规模推进融合发展(2013年1月至2014年3月)

2013年1月起,微贷二期人员全部到位,由1位主管及12位客户经理组成的微贷中心"1+12"团队开始全面拓展微贷业务。当年,在二期培训的基础上,微贷中心基于"1+1+N"基础模式独立开展了第三期微贷生培训(同时尝试微贷社会营销人员培训管理),为全行输送了30名年轻的微贷客户经理,极大地改善了江山农村合作银行的客户经理队伍结构。其间受浙江大学AFR微贷项目组委托,微贷中心还相继指导了广西、江西等6家AFR微贷项目一期脱产培训生的实习培训指导工作,进一步强化了内训师素养与微贷技术的自主复制能力。在两年的合同合作期及一年的跟踪服务期结束的 2014 年 3 月底,"小营生微贷"产品累计发放 2277 笔,共计金额 4.63 亿元,季末贷款户数 1142 户,余额 2.28 亿元,户均余额 19 万元,累计收息 2300 多万元,年化利率水平 13.8%,四级不良 98 万元,不良率 0.36%。其中,2013 年度余额增长 1.8 亿元,占当年全行贷款新增量的 15%;户数新增 1140 户,占当年全行个人户数新增的 30%。

"小营生微贷"产品主要有以下特点:第一,定位弱势群体。"小营生微贷"的客户有以下明显特征:经济规模小、没有担保品和抵押物,没有或很少有与银行打交道的经历、文化水平不高,是典型的金融弱势群体,但他们有劳动能力、有劳动创业愿望,迫切需要正规金融机构的融资、金融知识等整体化服务支持。第二,免担保、高技术。"小营生微贷"突破抵押担保,以信用或准信用为主,它将客户经理须掌握了解客户的诚信状况和现金流真实情况放在首要位置,遵循"入户调查、眼见为实、自编报表、交叉检验"的原则,以客户的人品及其正常经营所形成的真实现金流(可支配收入)作为贷款依据和还款来源,综合判断其是否符合贷款条件,改变传统信贷对抵押担保的依赖,确保既有还款意愿又有一定还款能力的客户得到微贷专业团队的优质服务,大大降低了小微客户信贷准入门槛。第三,真便捷、好灵活。"小营生微贷"产品的核心竞争力是"简单、方便、快捷",办理一笔微贷,客户只需到银行 1～2 次,且 2～3 天内办好;贷款期限从 1 个月到 2 年都可,具体根据小微客户的生意情况和还款能力量身定制,采取按月、双月或按季等灵活的分期还款方式。第四,严纪律、强服务。"小营生微贷"有着严格的操作规范,严守"不喝客户一口水,不抽客户一根烟,不吃客户一顿饭,不收受客户任何礼品,不泄露客户任何信息,不增加客户除利息外的任何费用""六不准"铁纪律,以实际行动降低微小弱势群体的融资成本,除双方协商确定的贷款利息外,无其他任何费用,真正做到客户办贷无任何隐性成本,"阳光"信贷、"阳光"服务。第五,事业部、专营化。"小营生微贷"业务实行事业部管理,总行设立一级部室微贷中心,专营该产品的技术开发、市场拓展和培训服务,履行产品从营销、调查、审批到发放、跟踪及收回的全流程管理职责。2013 年 10 月,在本市重点集镇贺村镇设立了第一个微贷分中心,分中心专营"小营生微贷"产品,直接向总行微贷中心负责。微贷中心作为独立的管理部门对全行"小营生微贷"业务实施条线管理,确保该业务产品操作的专业性、标准化和规范化。第六,微平台、网络化。"小营生微贷"产品自2012年9月起自建"电子微贷平台"系统,并于2013年3月正式投入运行,实现了产品的"服务前端化、业务电子化、操作网络化与管理集约化"。微贷客户经理均自携移动式终端,开展上门营销和实地调查,客户可通过网络线上申请平台申请微贷产品,初步审核后有选择地进行线下调查,使得该产品的受理、操作进一步便捷化,为该产品高效的市场营销与专业化投放提供强有力的技术支撑。

在此期间,浙江大学AFR微贷项目组相继牵手省内5家农商银行或农合行推进AFR微贷项目,进一步检验、丰富了项目组培训资料和培训管理经验,坚定了AFR微贷项目的功能定位、运营原则和运营目标。而且,AFR微贷项目运营经验得到社会各界的关注与关爱。课题组负责人应甘肃省委办公厅邀请于2012年3月23日下午赴甘肃省委党校为"甘肃省市主要领导'学习研究政策、谋划推动转型跨越'"研修班做题为"激发小微金融、提振经济活力:来自浙江的若干经验"的专题报告,课题组撰写的《微"笑"贷款、为民富民:加快发展甘肃微型金融的政策建议》报告获时任甘肃省常务副省长刘永富同志批示;2012年5月,AFR微贷案例入选浙江省委组织部、中组部网络干部学院精品课程(组厅函字〔2012〕73号);2013年9月,浙江省银监局在"中宣部:加强小微企业金融服务主题宣传报道"中专题介绍了"江山合行:'AFR微贷'解决信贷技术难";课题组负责人于2013年11月19日下午受浙江省银监局农金处邀请通过电视电话会议为全省农金系统介绍分享AFR微贷项目发展概况与经验;江山农村合作银行微贷中心荣获浙江省银监局2012年度浙江省"支持县域实体经济发展先进集体"荣誉称号,江山农村合作银行的"小营生微贷"获"2013年度浙江省服务小微企业十佳产品"称号,2015年4月,"江山农商银行'小营生'微贷创新发展及启示"获浙江省副省长朱从玖同志批示。上述成果及众多主管部门的鼓励极大地增强了浙江大学AFR微贷项目组走出浙江、传播浙江小微金融、农村金融经验的信心与决心。

（三）走出浙江阶段

2014年下半年至2019年年底，浙江大学AFR微贷项目组相继与广西、江西、安徽、山东和甘肃等地8家县域小微法人银行合作推进AFR微贷项目，考虑到上述地区为数众多的小微法人银行过多关注抵押、担保贷款，有的甚至介入银团贷款，新生代客户经理岗前培训基本沿袭"岗前突击、以考代训、外包培训"等一贯做法，有效的员工、客户经理内训基本缺失，个体工商户、农户等微弱客户信用贷款不愿做或不敢做，客户断层、客户经理队伍断层等现状，AFR微贷项目组基于对浙江台州银行的长期跟踪研究经验、已完成的浙江省多家农商银行、农合行、农信社AFR微贷项目运营经验，在AFR微贷项目运营前增加了向银行中高层宣传微贷项目、培训生预培训和项目试运营环节，强化精准选人、精准用人的力度，突显AFR微贷项目"客户经理培训基地（新员工转岗客户经理必须经过微贷中心培训）、原生态客户挖掘与孵化基地、支农支小金融产品创新与试验基地"三大功能定位；正式培训环节增加了"赴浙江AFR微贷项目合作单位见习、实习"环节，重塑农行社定位与做小、做散、做精的信心，强化培训生使命感、责任感，提升内训师综合业务素养。项目合作期已完成的合作单位基本具备了微贷技术自主复制能力、微贷团队建设能力和微贷市场拓展能力，均按照"1＋1＋N"内训模式相对独立或完全独立地开展了第二、三、四期新生代客户经理和较年轻客户经理融合互动式培训工作，微贷与普贷融合发展也初显成效，极大地优化了银行客户经理队伍结构和信贷业务结构，提升了农行社可持续发展的活力。

二、AFR微贷项目的基本特征

与其他微贷项目相比，浙江大学AFR微贷项目主要定位于经济欠发达的县域，更注重县域小微法人银行（农商银行、农合行、农信社）年轻客户经理综合素养与规范服务，更注重微小客户（微小企业、个体工商户、农户等弱势群体）金融服务的可得性与便捷性，更注重年轻客户经理、微小客户彼此间的尊严及其互动成长机制，其核心可用一个公式表示：

微小贷款＝弱势群体＋零隐性成本＋可持续发展利率＋强势服务

＝微"笑"贷款

具体而言，AFR 微贷项目主要通过精准的客户定位、量身定制的产品、规范的服务与系统化的运营过程，突显项目的功能定位，最终实现项目的目标，主要存在以下六方面特点（见表 1-1）。

表 1-1　AFR 微贷项目的主要特点

客户特征	具有强烈劳动意愿和一定劳动能力，却长期被传统金融服务边缘化，难以从正规金融机构获得基本融资服务的金融弱势群体，这类客户往往是其他银行或本行成熟的客户经理不愿做、不敢做或来不及做却呈现"四无""四有""四缘"①特征，但又符合经过培训上岗的原生态客户经理的客户条件
产品特征	额度 30 万元以下（含 30 万元），贷款利率基准利率的 230％（AFR 微贷业务运营时银监会文件中允许农行社的小微贷款利率上浮的最高上限），无抵押、软担保、整贷零还；有 3 个月以上（含 3 个月）经营经验的个体工商户、家庭作坊业主、微小企业主、农户等生产经营类客户；以借款人经营现金流与家庭可支配收入作为主要贷款条件与还款来源，注重和强调贷款对象的还款意愿和还款责任，实行严格的贷款监督机制、坚持"笔笔清"回收机制
服务特征	坚持"入户调查、眼见为实、自编报表、交叉检验"原则，崇尚"微贷款、铁纪律、强服务"理念，贷前、贷中、贷后严守"不抽客户一支烟、不喝客户一口水、不吃客户一顿饭、不收受客户任何礼品、不泄露客户任何信息、不增加客户除利息之外的任何费用"等铁纪律，对微贷客户经理违规、违纪实行零容忍
运营特征	高管支持、新人战略、兼职培训、有序推进。一期：项目组主导的微贷理念、技术固化与微贷产品研发试运营，按"人师"标准打造一支具有一定市场拓展能力与微贷自主复制能力的内训师团队；二期：微贷中心主导的"1＋1＋1＋N"师徒式自主复制与业务规模运营阶段，完成"1＋1＋1＋N"自主内训机制与业务规模拓展机制的架构；三期：独立内训与"微、普"融合发展，形成持续的独立的"1＋1＋N"内训机制架构，形成若干支"1＋N""微、普"融合发展团队，全面推进全行信贷业务的提质增效

---

①　四无：无抵押、无担保、无财务报表、无和银行打交道经验。四有：有劳动意愿和一定劳动能力、有信用、有时间、有交易痕迹。四缘：血缘、亲缘、人缘、地缘。

续表

功能特征	通过三年合作打造的微贷中心持续践行"客户经理培训基地（新员工转岗客户经理必须经过微贷中心培训合格）、原生态客户挖掘与孵化基地、支农支小金融产品服务创新与试验基地"三大功能定位,优化全行客户经理队伍结构,显著提升客户经理的工作效能并有效推进全行微贷与普贷（小额农贷）的融合发展
目标特征	打造一支具备独立放贷能力、市场开拓能力、自主复制能力的微贷团队;初步架构经济效益明显、社会效益显著的微贷运营模式;满足目标客户的融资需求、培养忠诚的客户群体;优化客户经理队伍,提高核心竞争力,实现业务的可持续发展;引导内训师、培训生完成本土化内训材料编写工作,完成内训、客户分类管理、客户经理分级管理、绩效考核与风控等制度架设

三、AFR 微贷项目运营的主要过程

AFR 微贷项目运营的过程主要分为三个阶段:微贷理念、技术固化与业务试运营阶段;微贷技术自主复制、优化与业务小规模运营阶段,微贷技术独立复制,"微、普"融合发展与跟踪服务阶段。AFR 微贷项目的总体目标是:打造一支具备独立放贷能力、市场开拓能力、自主复制能力的微贷团队;初步架构经济效益明显、社会效益显著的"1＋N"微贷运营、培训、管理、考核模式;优化全行客户经理队伍结构,显著提升客户经理工作效能并有效推进全行微贷与普贷的融合发展。

（一）微贷理念、技术固化与业务试运营阶段（第 1 年）

银行党委、经营层高管认可 AFR 微贷项目功能定位与基本运营原则后,AFR 微贷项目组全权负责首期微贷培训生预培训、选拔、考核与 AFR 微贷学习小组的组建工作,开展微小贷款理念与技术固化的互动式培训、见习安排及首批微贷培训生的脱产与实习工作,按"人师"标准打造一支具备微贷自主复制能力和一定微贷业务开拓能力的团队;负责编写微小贷款技术培训资料,协助微贷产品开发与微贷中心组建;负责指导微小贷款团队建设、微小贷款运营制度建设;形成具有自主学习、培训、产品研发和运营能力的微贷团队。

(二)微贷技术自主复制、优化与业务小规模运营阶段(第 2 年)

协助二期微贷培训生的招生、培训计划的制订、培训考核等制度建设,协助经典案例、行业报告等本土化培训资料的编写工作;协助微贷自主培训能力的形成与"1＋1＋1＋N"自主培训机制架构与固化工作;协助测算具有 AFR 微贷特点的业务规模;协助微小贷款小规模运营、管理制度建设及其过程中的经验提升与案例总结。

(三)微贷技术独立复制,"微、普"融合发展与跟踪服务阶段(第 3 年)

跟踪合作单位微贷中心独立开展的微贷三期、四期培训及客户经理培训基地建设,借鉴相关先行合作单位的经验,协助制定融合发展考核制度(设立总行层面微贷认定考核小组,考核各支行微贷业务,所有经微贷中心培训合格的客户经理须完成一定量的符合要求的微贷业务,持续实现"增量扩面"),助推合作单位实现 AFR 微贷与普贷业务的融合发展。

第三节　A 省 X 农商银行 AFR 微贷项目固化优化的培训生心得

可以说,浙江大学 AFR 微贷项目在浙江境内初获成功得益于其发达的民营经济所孕育的旺盛的微小贷款需求、浙江先进的小微金融发展经验及各市县的小微法人银行小微贷款的有效供给,而本节所展示的案例也更好地印证了这种说法。在借鉴前期浙江区域 AFR 微贷项目运营经验的基础上,A 省 X 农商银行 AFR 微贷项目先后经过"项目组主导的首期培训,微贷中心主导、项目组支撑的二期培训,微贷中心独立、项目组跟踪的三期培训"三个阶段,取得了更有说服力的、在欠发达地区推广复制浙江小微金融与 AFR 微贷技术的经验。在 AFR 微贷项目一至三期的本土化固化、优化发展过程中,培训生、内训师的心得或感悟具有一定的普遍性和参考意义。

一、首期培训中的培训生心得

该阶段的主要任务是：根据培训生内训各阶段的实际培训效果，编制和完善系列微贷内训资料，定期驻地进行互动式内训，摸索内训微贷团队经验，按"人师"标准打造一支具备微贷自主复制能力和一定的"支农支小"微贷产品服务研发、市场开拓能力的团队，初步架构起新生代员工内训体系与业务试运营体系。

（一）小微贷事业部负责人的培训感悟与心得

不知不觉，参加 AFR 微贷项目培训并负责组建 X 农商银行小微贷事业部已经有一年时间了。回首走过的这段历程，心中不免波澜起伏。微贷培训漫长且辛苦，但历经碰撞、磨合、提高以后自己得到的是由内而外如寒梅绽放般的升华。回想这一段从兼职培训学习到脱产带领小伙伴拓展业务的历程，心中感慨颇多，有付出、有收获、有碰撞、有成长，对 AFR 微贷的认识更是经历了从感性到理性再到知性的一系列蜕变。

1. 感性认识阶段

作为 X 农商银行第一批赴 C 省 Z 农商银行考察组成员，与浙江大学 AFR 微贷项目负责人结缘最早可追溯至 2016 年 3 月中旬。当时我们一行 12 人，在 X 董事长和 S 行长的带领下，对 Z 农商银行与浙江大学合作开展的 AFR 微贷项目进行了实地调研，主要目的是为在 X 县开展微贷项目是否可行寻找佐证材料。当时我们迫切想要知道的是：AFR 微贷是什么？有什么用？怎么用？直言不讳地讲，Z 农商银行考察临行前，很多人都心存疑虑——作为小微贷款发放的先行者和主力军，我们为什么还要出去学习小微贷款？但是 Z 农商银行之行的所见、所闻让我们深感震撼和受教，尤其是听了 Z 农商银行董事长及行长对微贷项目的开展背景、运行现状、实际影响和预期效果等介绍，以及微贷中心主任围绕微贷中心员工内训、特色化经营理念、独立运行管理模式和"新芽微贷"产品推广、完成的业绩指标等内容所做的专题汇报后，所有对微贷的疑虑与不解一下子就烟消云散了。接下来，怎么学微贷、如何做微贷开始成为我们关注的重点。为了确保采集信息、数据的准确性和可借鉴性，我们一行 12 人从市场（包括地区经济、主打产业、同业竞争、诚信意识等）、产品(包括客户群体定位,贷款期限、额度、利率、还款方式、贷后管理和营销方式等)和机制(包括组织框架、制度建设、考核追责等)等多个维度对Z农商银行微贷中心运行相关数据材料进行了广泛搜集整理。考察回来后,相关业务部室负责人又多次召开分析会,将X农商银行的实际情况与Z农商银行做了对比,几经论证后总行高层最终敲定了浙江大学AFR微贷项目的引入方案。

2.理性认识阶段

对AFR微贷项目的认知从感性认识跃至理性认识,这一阶段可以用两个刻骨铭心的过渡期以及磨合期、碰撞期来形容和概括。

第一个过渡期:预培训学习阶段,即适应工作与学习兼职的过渡期。2016年5月21日,我参加了AFR微贷项目负责人主讲的《AFR微贷项目与微贷培训生使命》暨第一次面对面交流学习。回想当时的情景,开班时培训生们殷切求知的眼神以及AFR微贷项目组负责人严谨细致的授课依然深印脑海,从"浙江大学中小金融机构发展研究"课题组长期跟踪浙江温州、台州小微金融发展,尤其是2005年浙江台州银行引进德国IPC微贷技术并成功本土化、优化发展研究的感悟,到2010年"浙江大学AFR微贷项目组"成立后多家农商银行、农合银行、农信社及村镇银行的合作经验;从"柔情"与"风骨"的讨论,到项目的三大功能设定,再到微贷客户经理的"铁纪律"要求及X农商银行微贷"黄埔一期"学员的责任与使命等,授课时的每一篇章每一句话都让我深受启发。本期共有39名培训生分7组参加了预培训,授课结束后项目组留存了月度作业并与各组培训生进行了面对面交流:每周需要写周记、开周例会并做会议纪要、定期讨论、完成项目组预留相应作业。这是我自参加工作以来,第一次在工作之外进行如此长时间的兼职学习,可以用"紧张＋忙碌"来形容那时的状态。现在回过头来看,紧张、忙碌固然是事实,但紧张、忙碌之余更多的还是源于心理上的不适应以及对时间缺少合理的规划。

第二个过渡期:培训前10周(含预培训4周),即磨合与碰撞的过渡期。在经历了2016年6月24日晚紧张的笔试、面试层层角逐筛选后,最终有10名培训生(组长1人、培训生9人,其中某培训生因个人原因于2016年9月30日退出培训)成为X农商银行AFR微贷项目首批正式培训生。6月25日,AFR微贷项目在总行五楼会议室正式开班授课。其间,AFR 微贷项目组负责人就人员选拔、时间安排、学习内容等向大家做了说明,并现场与全体培训生签订了承诺书和保密协议等相关协议和规定。至此,X 农商银行 AFR 微贷项目迈入实质性培训阶段。能够成为 X 农商银行微贷学习组长,我既感荣耀,又觉得责任重大。

磨合期:兼职培训第 5 周,大家对能够加入 AFR 微贷项目表现出极高的热情。这主要体现在:一是在学习积极性方面,能够主动进行问题交流和汇报,无论是平时学习还是在周例会发言中,有不懂的问题和遇到困难均能及时说出来,大家共同探讨解决;二是能够按照项目组要求,及时上交周记、扫街信息表、周例会纪要和月度交流纪要等作业,能够主动进行资料查阅,自觉进行微贷有关知识的学习;三是在做好本职工作与兼职学习统筹方面,能够主动克服困难,虽然 9 名培训生均非客户经理岗位,但大家都能主动利用工作之余完成每周 3 户扫街信息采集任务。但初始阶段所存在的一些共性问题在第 2 周也开始出现,主要表现在培训生之间、培训生与小组长之间、小组长与学习组长之间的沟通不够顺畅,出现了培训生上交作业不符合要求、在阅读相关微贷书籍和查阅资料等自觉性学习上每个人的进度不一等问题。后来,借助微信学习群、电子邮箱等平台克服了兼职期间培训生面对面交流机会少等困难,保证沟通渠道顺畅;与项目组成员多交流、多上网收集资料,并尽可能多地把项目组发布的微贷方面相关文章和收集到的资料第一时间分享给培训生,拓宽培训生学习渠道;尽可能多地安排并鼓励培训生发言、讲解资料,提高大家的学习参与度。通过以上措施,培训生与项目组、组长与培训生以及培训生之间的磨合适应期得以在正式培训第 7 周平稳度过。

碰撞期:在微贷学习过程中,培训生的视野以及动手、动脑能力均得到了拓展和极大提高,整体成长和提升非常明显。其间,AFR 微贷项目组对 X 农商银行 AFR 微贷项目进展给予了较高评价,但受制于培训生自身条件(如全是新人,还没有接触过信贷,还未领会培训的真正目的和意义等),"碰撞"也随之而来。作为学习组长的我,对于"碰撞"的出现也做了反思和总结:一是 AFR 微贷项目组提倡"新人战略",本期培训生平均年龄不超过 28 岁,均为青年大学生员工,他们有活力、有能力、有朝气,对新生事物有很强的适应和学习能力,但同时也都个性鲜明,如何让他们在心底产生敬畏之心并形成团队观念非常关键。二是工作与兼职学习期间,如何合理安排时间、保证培训生的学习积极性和热情非常重要。AFR 微贷项目负责人说:"6～8 个月的兼职学习期间,内容多、任务重,但只要坚持下来,以后的 AFR 微贷项目运营期反倒会轻松。"微贷学习内容和难度在设计上也都呈现出递增特点,随着工作和课业压力的增大,如何对培训生予以正确引导十分重要。三是 AFR 微贷项目引进有"固化"和"本土化"两个阶段,"固化"侧重微贷理念与规范服务的深入人心和技术的充分应用,"本土化"侧重微贷项目引入后的适应性和兼容性。如何做到既全面学习微贷理念和技术又让微贷适应并符合本地经济、文化的特征要求,确保不出现其他地方发生的"跑偏"现象,值得深思。

　　为此,2016 年 7 月 22 日,总行主管领导 W 副行长专程参加了 AFR 微贷项目培训生第 8 周周例会并做了动员。W 副行长首先传达了 AFR 微贷项目组对培训生的满意并感谢各位的坚持之情,同时也代表总行肯定了全体培训生开班以来的表现。另外,W 副行长还谈了几点自己的看法:一是培训生要严格按照"人师"标准要求自己,AFR 微贷成熟、系统的贷款管理和客户经理培养模式是大家学习的重点而不应成为大家担心的内容,一定要看到项目的长远性;二是要维持好与客户的关系,与客户共成长,不断发掘和培养优质客户;三是要让客户认识到良好信誉的重要性,同时帮客户维持这种良好的信誉;四是不要过分顾虑和担忧互联网金融,通过大数据选择客户的技术是互联网的优势,但是最终还需要依靠面对面的工作,大家要牢记,"只有破产的银行,没有下岗的客户经理";五是小微贷项目也要筛选客户,并非人人都可以成为我们的"菜",不要有太多顾虑,好酒不怕巷子深。最后,W 副行长对培训生还提出了三点要求:一是放平心态,积极对待,要全身心投入学习中去;二是低层次做人,高层次行事,做好学习、工作和生活的统筹;三是不忘初心、方得始终,要做到坚持与坚守。

　　在共同经历了磨合与适应、经历了思想和观念的"碰撞"后,自第 7 周开始,大家开始沉下心来把精力放在如何将微贷学习做好、做实上,给人"如新芽吐枝,满满洋溢着欲成长的正能量"的直观感受。正如 AFR 微贷项目组负责人所说:"兼职期有问题很正常,而且其他地方比 X 农商银行遇到的问题更多,从怀疑到半信半疑再到深信不疑是一个过程,学习小组能够发现问题且及时反馈要远胜过发现不了问题且自我感觉蛮好。"

3.知性认识阶段

AFR微贷项目组负责人在月度交流时不止一次提及,正式培训第7周(含兼职培训则是第11周)是X农商银行微贷项目学习的一个分水岭,自此以后培训生状态稳定、表现良好,彼此一致认为基本具备了正式签订具有法律效应合同的基础。① 的确如此,古人云:"不识庐山真面目,只缘身在此山中。"经过微贷培训后,我对这句诗的理解更深刻了。每次突破"瓶颈"进入一个新的学习阶段后就会体会到学无止境的意境。学习犹如登山,每一次的回首展望,因为视角不一样了,又会有截然不同的感觉。

2016年9月9日晚,X董事长全程参加了微贷学习小组第15周例会并做重要讲话(人力资源部Z总经理、业务部X总经理亦全程参会)。X董事长表示看到培训生的表现和风貌感到非常欣慰,对微贷培训整体情况给予了较高认可。另外,X董事长对微贷项目整体进展情况做了重要回顾与总结,并叮嘱大家:第一,要珍惜平台并合理安排时间,全身心投入紧张的学习中去,力争做到学有所成、学有所获,要把微贷项目的精髓学来,要为今后X农商银行的发展做好资源和技术储备;第二,要兼顾工作、学习和生活,心态好一点、眼光长一点,学习本身就不是一件轻松的事,不单单是拼能力也要拼毅力,大家要学会不走寻常路,要正确处理好工作、学习与生活的关系,需懂得有付出才能有收获;第三,微贷强调微贷款、铁纪律、强服务、新起点、新服务,培训的目的就是使培训生在经过系统化培训后都能够独当一面,而且能将学到的东西传授给其他人,形成新风气、新风貌。

AFR微贷项目组负责人常说:"没有人能够随随便便就做成功一件事,成功的背后必有超出常人的努力与付出。"微贷学习亦是如此,只有坚持与坚守,方能砥砺成长。如在前期扫街过程中,每当遇到对贷款不

---

① 浙江大学AFR微贷项目一般要经历4个月左右的试运营,让彼此真正了解、认可AFR微贷项目功能定位、运营方式和进程,掌握正常运营所要具备的要件等,正式签订合同。其间,双方若有一方觉得项目难以为继即可终止合作,试运营期间往返车票、食宿、资料印刷等费用均由AFR微贷项目组承担。

理解或不感兴趣的客户,培训生的第一反应往往是质疑微贷行不行、有没有市场,但当大家适应了"碰壁"与"冷脸"之后,学会了更多从自身出发去思考我们要怎样做和能做什么。AFR 微贷项目组负责人在月度交流时经常强调:"无论是微贷还是传统贷款,都是产品(产品＝工具＋服务),工欲善其事,必先利其器,产品很重要,但更关键的还是其中的服务,大家的学习就是要解决产品怎么用、在哪里用和什么时间用什么产品的问题。"经过学习与磨炼,大家经历了由青涩走向成熟的变化,让人倍感欣慰。随着学习的深入,我对 X 董事长在开班仪式上所说的"学习本身就是一笔人生财富"这句话的体会也越发深刻,学习不单单能让自己的知识、眼界和能力等得到提升,更为关键的是能够让自己在此过程中不断发现、正视自身不足并加以改进。过去,一项工作做得久了就习惯性地认为自己什么都懂、什么都会,总是被惰性所左右,不愿去听、去看、去接触新理念、新技术,直到全身心投入 AFR 微贷学习后,才发现原来自己不会的东西真是太多了,自己在专精业务领域的积累也不过是沧海一粟。正是基于微贷学习对自身成长的这种弥补和助推作用,说它"是一笔人生财富"毫不为过。

4.几点感悟

与微贷结缘,从完全怀疑到半信半疑再到深信不疑,一路走来,虽历经坎坷挫折,但静心思考,对微贷由完全怀疑到深信不疑这一过程的蜕变又何尝不是自我改变与提升的一段真实写照呢? 与其说是自己改变了对微贷的看法,倒不如说是微贷将自己从安于现状的浑噩状态拉回直面现实、树立目标、奋勇前行的战斗状态。总结一年来学微贷、做微贷的所学、所思、所悟与所得,我认为以下几点体会最为深刻。

第一,微贷先进理念的消化是一个本土化且漫长的过程,要学会坚持与坚守。

实习期间的两次经历,让我对 Z 农商银行同仁尊重微贷技术和知识、做实固化与优化过程的坚持与坚守有了更深的体会。如果说单户扫街锻炼的是破冰、暖场等营销技巧,那么到国泰医院、易心连锁药店、一州药店等处进行集体宣传则给了我们最深的体验,即对微贷的理解由理论转向实践,趴在地上找客户,明知山有虎偏向虎山行。在工作之余,我也曾问过中心主任集体扫街可能产生的效果,主任的回答一语惊醒梦中人："有总比没有强,做总比不做好,我们走出去就是占了主动的优势,总比被动等别人强。"的确,微贷是不一样的做法和理念,要面临不一样的挑战和突破。如果我们不主动尝试一下就臆测结果,这既是对工作的不负责任,也是对自己的不负责任。正如 AFR 微贷项目负责人经常教导我们的,"做实过程更重要"。为了解 Z 农商银行微贷前期运行的一些特点,我在实习时向微贷客户经理兼内训师借阅了 Z 农商银行微贷项目运行前 6 个月(2015 年 5—10 月)期间的一些贷款合同档案。让我感触颇深的是,Z 农商银行微贷项目前期并没有如我预期的那样,初始运行为了降低风险而人为地降低授信额度或提高贷款门槛。就此,我也和 Z 农商银行微贷客户经理进行了交流,所得到的答复是:"始终坚持尊重事实和微贷技术,所有的授信都是建立在客观评价与科学计算基础上的,不会人为去调整授信额度。"这让我体验了一堂鲜活的实践课。

从 Z 农商银行学习回来以后,我们开始筹备业务运行。2016 年 12 月 19 日,小微贷事业部成立,业务试运行当天放款 3 笔,金额 27 万元,取得了开门红。但在微贷运行的前两三个月,我们不止一次听到"小微贷也就是一阵风,雷声大雨点小,能有什么用"之类的非议,也遇到了不理解微贷的支行客户经理、行长,出现了支行不给转移客户资料造成放款延误甚至是直接到领导那里告状并且放话"小微贷用客户资料一个也不给"……但是,我们始终牢记 AFR 微贷项目所倡导的"改变不了别人,就先改变自己""扎扎实实做小事"等微贷理念,有问题解决问题,遇到挫折咬牙也要坚持。回想这段历程,就像是一面镜子在反光,身边众多没有经过微贷培训的同事、支行领导目前对微贷的种种不理解、不支持甚至反对,我们自己又何尝没有怀疑过呢?是项目组的坚持和鼓励、是高层的全力支持和全体同事的支撑让我们有了今天的成绩。也正因为如此,现在的我们更有责任和义务承担起扎扎实实学微贷、做微贷的重任,用自己的努力、坚持和坚守让微贷理念和技术为更多的人所接受,用自己的一言一行去影响和改变身边的人。

第二,有问题不可怕,"实"最重要,做人做事要守原则,讲规矩。

AFR 微贷项目负责人曾说:"正式培训第 7 周是分水岭,此周培训生所表现出的心态积极和情绪稳定是让项目组下定决心签订合作合同的一项重要因素。"回想那一段日子,出现频率最高的词应当是"碰撞"。使我印象尤为深刻的是培训第4周,当时随着微贷学习的开展,培训生的视野和相应能力有所拓展和提高,整体成长和提升较为明显,但同时受制于自身条件(如全部是新人,从未接触过信贷,尚未领会培训的真正目的和意义等),一些问题也慢慢显现出来,较为突出的是培训生的思想和情绪开始出现细微波动。如看到有抵押、有担保的贷款风险都如此之高,就对"无抵押、免担保、整贷零还、较高的利率"的产品的市场需求、发展前景等产生了怀疑。我们就诸多问题及时与AFR微贷项目组进行了沟通,AFR微贷项目组负责人指出:"兼职期有问题很正常,而且其他地方比X农商银行遇到的问题更多,从怀疑到半信半疑再到深信不疑是一个过程,这期间项目组会择机采取多种方式化解问题和负面情绪,学习小组能够发现问题且及时反馈要远胜过发现不了问题且自我感觉蛮好,要记得百炼方能成钢。退一步说,你们是兼职培训,9个月后是否专职从事微贷投放工作,AFR微贷项目组会认真地进行双向选择,目前要务是:做实自己能做的事即可。"AFR微贷项目组负责人的回答无疑给我们注入了一剂"强心针",我们不再因为有困难而恐惧、回避,而是燃起了面对问题、解决问题的斗志。也正是在这样一种状态下,以前很多"天花板思维"等坏习惯逐渐改变,离所要达成的"懂规矩、守纪律、精业务"培训目标更加接近了。

2017年5月9日,在临近X农商银行浙江大学AFR微贷项目合作周年纪念之际,迎来了人民银行济宁市中心支行Z副行长一行调研指导工作。在汇报过程中,Z副行长一行对AFR微贷"面向弱势群体提供强势金融服务"的理念和"支微、支小"的金融实践非常赞同并随机到商户经营场所进行了走访,商户从产品到服务给予了惠民微贷极高的评价。鉴于以上因素,人民银行领导提出需要提供从实地调查到自编报表再到交叉检验的完整资料。面对主管行领导提出的要求,鼓起勇气说明了情况:"因为与浙江大学AFR微贷项目组签有保密协议,上述资料需要项目组授权,暂时不能提供,还请各位领导理解。"正如AFR微贷项目组所常说的"心底无私天地宽",不是我们不懂配合(人情),而是守原则、讲规矩是我们的行为底线。令人高兴的是,人民银行领导一行不仅没有任何责怪和不高兴,事后反而在我行领导面前及多个场合高度赞扬X农商银行微贷人是一支"守规矩、善拒绝"的队伍。

第三,要学会站在全局去思考,既要有洞察问题的智慧,更要有付诸实践的勇气。

从开始培训至现在,X董事长不止一次强调浙江大学AFR微贷项目的引入对X农商银行发展的重要意义,多次鼓励大家要带着使命感和责任感去学微贷、做微贷,以铁纪律为准绳,以强服务为基础,以技术为支撑,打造出一支富有激情、心怀梦想、具有战斗力的微贷团队;殷切希望通过微贷理念和文化的引入带动全行企业文化的凝聚和传播,重塑"三水精神"和"挎包精神",秉承"支农、支小、支微、支散"的服务理念和"面向三农、面向中小微企业、面向社区家庭"的市场定位,坚定不移地走"立足社区、支农支小"的特色化经营发展之路。实际上,我当时对于总行高层的良苦用心虽有一定的了解但未有深入的认知,随着学习的开展、眼界的提升、思路的扩展,现在越发清醒和深刻地认识到我们所面临的严峻形势。就目前来看,现实形势的严峻已经超出预期,已经到了不得不改变、不变即是危乎生存与发展的紧要关头。纵观兄弟机构,早就迈开了改革的步伐,大步向前,尤其是2017年3月有幸跟随总行领导一同赴某农商银行学习先进经验,体会很是深刻。在参观学习过程中,我们了解到截至2016年年末,其小微贷中心管理的客户数已达9295户,贷款余额25.39亿元,不良贷款率仅为0.21%①,在新客户挖掘、贷款规模扩张及信贷资产质量提升方面均取得了非常明显的成效。这让我想到了2017年2月28日参加全国银行业普惠金融工作推进视频会时,银监总局对在支持小微客户发展方面做出表率的金融机构进行了点名褒奖,"支微、支小、支散"已然上升到了国家金融政策导向的高度。正如AFR微贷项组负责人常说的"微贷本身就是在践行普惠金融理念",利用微贷技术可以发掘大量潜在客户,在做服务、创效益的同时更有利于巩固市场,提升银行的品牌形象。

第四,一个人要想做好一件事必须全身心地付出,同样一个集体若想成功也离不开团队每一个人的努力。

曾经看到过这样一段话:"我们相信团队的力量,因为这是一个竞争

---

① 实际上,不同银行对小微贷的额度、贷款方式、用途等常有不同的定义。如有的农商银行将100万元及以下的贷款均算作小微贷且不指定用途,浙江大学AFR微贷仅限于30万元及以下、无抵押软担保、用于生产经营的贷款。

空前激烈的时代,一个人的力量十分有限,即便是一位出类拔萃的英雄人物也需要有一个团队去支撑,唯有团队的力量是不可估量的,也是达到成功目标的唯一力量。"每念及此,心中都是感触颇多,如同微贷作为新生、转型事物,不被周围人理解,甚至是遭受非议都是正常的,只要坚持做,时间久了效果就会非常明显。就目前来看,我们微贷项目得益于总行高层的全力支持和项目组的倾心培养,所遇到的困难和挫折要远少于其他地方,因此取得的一些效果相对快且明显。但就个人而言,使我体会最深的是团队每一个人的付出,很多时候我都会被他们的付出所感动,强忍泪水已是常事,风雨无阻每天坚持扫街三四个小时,孩子想妈妈,妈妈只能咬牙狠心转身,白天忙工作晚上又经常加班熬通宵……为此,我不止一次有过担心,担心心理和生理上的过大压力会让大家吃不消,总是想着有机会让大家轻松一下,但就目前的实际情况来看,也只能是在心里想了,更多的时候还是勠力同心、一起坚持。也许这正如 AFR 微贷项目组常说的,"做事情哪有不吃苦的?哪有随随便便就能做成的事情?"我相信,只有吃苦耐劳、坚持、坚守等品质成为个人品质进而上升为团队品质时,一个人乃至一个集体才有生存并发展下去的基础,我们愿意做这样的先行者。

值此周年之际,让我想起了在 Z 农商银行实习时,AFR 微贷项目组所做的月度交流。由于地域、文化的差异,X 县与 Z 县两地农商银行的差距恐在 10 年以上。现在随着学习的不断深入和工作的持续开展,这种对现实差距的感受更加真实和清晰,但同时自己的责任感也更真切、目标也更明确——差距是提升空间,更是我们努力的方向。虽然我们起点不高,但始终坚信终点不止,肩负责任,必砥砺前行。

(二)某微贷客户经理的培训感悟与心得

又一个夏天来临,又一个绿树葱葱的季节,又一次相约在 5 月。时光流逝,过去的一年对于我来说是那么的不同。牵手微贷,已有整整一个年头,太多感慨,第一次见 AFR 微贷项目组负责人的情形在脑海中还清晰可见。幸运的是,我成了首批脱产的微贷客户经理。当然,幸运的背后是总行和项目组的大力支持和自己的不懈努力。

1. 回望

2016 年 4 月,总行和浙江大学 AFR 微贷项目组合作,在全行选拔培训生,再三思考之后我报了名。在经过7个多月的兼职培训之后,我有幸首批脱产,成为X农商银行小微贷事业部的一员。众所周知,女同志出来做客户经理会受到很多外界的质疑。为此我也纠结过,但在总行领导的大力支持下,在项目组的正确引导下,我很快调整好自己的心态,脚踏实地地投入到微贷技术理论的学习中去。通过不断的学习深化,我对微贷技术的可行性和科学性越来越深信不疑。

2016年11月下旬,我们在总行和项目组的安排下前往成功推行小微贷的C省Z农商银行,进行了为期半个月的实习培训。通过学习,我深刻体会到做一名客户经理的确很不容易。一方面,客户经理身上的任务重、权力大、诱惑多,面对微贷定位的目标客户,我们要有更加深刻的风险防范意识。另一方面,Z农商银行微贷中心坚持扫街,真正做到"趴在地上找客户",充分调动自己身边的一切资源,全家老少齐宣传,真正做到将微贷融入生活。

因为微贷,我脱颖而出,成为总行领导关注的对象;因为微贷,我学会了挤时间学习微贷理论,学会了品味孤独;因为微贷,我学会了团队精神,不再介意别人的指指点点;因为微贷,我学会了表达,学会了用文字感触这个世界;因为微贷,我学会了迈开腿、张开嘴,大胆地去扫街;因为微贷,我学会了谦卑,学会了忍耐,我知道了"是金子总会发光";因为微贷,我学会了感恩,不再抱怨生活;因为微贷,我学会了真诚地交流,拥有了更多的客户资源。时间悄悄流走,留给我的是越发沉稳的内心和越发执着的信念。最美好的青春岁月与X农商银行相伴,感谢相遇,感谢相知。从一名前台柜员到一名分理处负责人再到客户经理,一路走来,有疑惑、有鼓励、有打击,但我越发知道自己想要什么、应该做什么。既然选择就要坚守,总行提供给我们平台,我们就应该积极参与,肩负起应有的责任。就像现在的我们,站在风口浪尖,全行都在注视着我们,全市都在关注着我们。作为新生事物,我们唯有让业绩说话,才能得到外界的认可和支持。唯有业绩,唯有努力,唯有坚定的内心,也许别人看不到你艰辛付出的过程,但我们却可以享受努力坚持之后的成绩。

2. 起航

作为X农商银行的新业务,微贷起步会面临各种各样的未知困难。在我们的信念中,要坚信微贷技术的正确性、科学性和前瞻性,做好吃苦受累的准备。我们作为 X 农商银行微贷项目的一期培训生,肩负着做业绩、搞培训的重任。总行付出了巨大的人力、财力、物力,我们每个人身上都肩负着莫大的压力。做好业务是一方面,同时我们更要以身作则,认真践行"六不准"要求,真正做到"不喝客户一口水,不抽客户一支烟,不收受客户任何礼品,不吃客户一顿饭,不增加客户除利息以外的任何费用",用高质量的服务、高效率的办贷速度赢得客户的良好口碑,营造良好的社会舆论氛围。

微贷起步,我们的确面临着很多困难。如最开始的人员配置问题,系统少一个人,只能另外设置审核岗。我们没有固定的区域,只能挨家挨户地去宣传、去扫街。我们也引起了一部分传统贷款客户经理的反感,认为我们抢了他们的客户,增加了他们的竞争压力。但是小微贷事业部 W 主任一直用 AFR 微贷项目组负责人的话来安慰我们,放平心态就是"心底无私天地宽"。别人没有做的客户让我们发现并成功发放,结果就是增加了全行的贷款余额,增加了全行的有效客户数。如果他们不做,我们也不做,客户就会去其他银行申请贷款,这样我们就流失了一个客户。站在总行的角度来说,我们的利息收入就会减少。"认为我们抢了他们的客户"这种想法太狭隘,我们也不要因为别人错误的观点而阻碍了微贷产品的宣传。

在微贷产品推广的过程中,我们每个人都遇到过不同的瓶颈期,也有自己的烦躁期。每当这时候,W 主任都能及时发现我们的情绪波动,在开晨会的时候就会适当地安慰大家:"虽然我们现在一直在赶进度、提高业绩,但是我们前期的业务做得已经很好了。大家需要有压力,但不要太过于压抑,有压力才能有动力,我们需要调动一切人际关系宣传微贷,找出优质客户。"

一路紧跟项目组的安排,从懵懂到熟悉再到放手去走,我们慢慢学会走路,慢慢学会脱离项目组的怀抱,有过迷茫、有过害怕,但我们一直都在前进的路上。为了做好客户软信息的分析,我们在审贷会上讨论到深夜;为了更好地展示我们的形象,更好地展现微贷的魅力和提升"人师"素养,我们加班加点利用休息时间准备 PPT 授课;为了寻找优质客户,为了把惠民微贷宣传出去,我们坚持扫街,寒风刺骨中有我们的影子,酷暑骄阳下有我们的脚步。我们曾经抱怨过、懈怠过,但我们相互扶持,艰难地走过各种困难。

有些优质的客户因为配偶的不同意而最终没有发放贷款;有些批下来的贷款,客户最后不用了;有些纠结的客户因为对软信息的不确定而放弃申请贷款。在发放贷款的过程中,我们遇到了形形色色的客户,碰到了各种各样的家庭,我们纠结着客户的还款意愿,分析着客户可能存在的经营隐患,寻找着更好地督促客户还款的保证人。没有客户,纠结、急躁;有客户,分析客户更纠结,前思量后考虑。我们总说发放贷款就像做私人侦探一样,希望把一个客户最真实的情况调查出来。但我们的调查毕竟是有限的、片面的,只有尽最大能力,最宽泛地获取客户的软信息。贷款不可能一点风险都不存在,我们能做的就是在贷款之前发现风险、规避风险。

3.感动

微贷宣传的工作仍在继续,贷款调查的工作还在进行。我们收获着我们应有的艰难,同时也感受着我们付出的感动。总行领导给予了我们高度评价,至少我们的付出得到了总行领导的认可。我们收获着客户的良好口碑,一句"你们服务真好"就能让我们的疲惫烟消云散。客户热情地帮我们介绍优质客户,亲切地喊我们的名字,有经营上的问题主动和我们交流,希望我们能帮他提点建议。有时与别的客户做业务时,需要向老客户打听软信息,他们总会尽最大努力帮我们获取。曾经我们帮客户提供资金支持,没喝客户一口水,没抽客户一支烟,客户心怀感激,用得着他们的时候,他们想着我们的好,总会给我们提供最大的帮助。

记得养鸭子的阿姨非要塞鸭蛋给我,开超市的蒋叔热情地留我吃饭,卖饲料的李叔称赞我们的贷款速度快,这些小小的认可,给了我大大的激励。人总是希望被认可的,我们也不例外。我们希望能通过小微贷事业部的宣传,转变大家对 X 农商银行老客户经理的旧有看法,我们希望通过以身作则,渲染全行客户经理的良好风气,真正做到"不喝客户一口水,不抽客户一根烟,不收受客户任何礼品,不吃客户一顿饭,不泄露客户任何信息,不增加客户除利息外的任何费用"。从根源上提高自己的服务意识,不能以为我们给客户提供资金就高高在上,没有客户的贷款需求,哪儿来的贷款收息? 他们才是我们的衣食父母。心态放平了,姿态自然就低了,自己做工作、办业务的目标就清晰了,服务理念就提高了。

为了走访客户,与客户建立并维护好准私人关系,我们会时不时地照顾贷户的生意。买谁的都是买,在哪儿消费都是消费,我们给客户拉生意,客户经营会越来越好,同时我们和客户走得更近,可以随时发现客户的经营动态。另外,我们和客户的关系加深,也增加了客户违约的面子成本。

客户的一句赞赏是对我们工作的认可,总行的一句夸奖是对我们努力付出的正面回应。同时也让我们这支刚刚起步的团队,得到其他支行的认同和支持。我们的劲头更足了,我们的动力更大了。这些感动让我们砥砺前行,这些感动让我们在高强度的工作压力下感受到肯定的美好。

4. 展望

只有付出才会有收获,我们要放平心态,放低姿态,摆正位置,明确责任,踏实做事,守规矩,按照 AFR 微贷项目组和总行的要求一步一步地来,及时发现问题、解决问题。相信我们一定可以突破原来的固有理念,在 X 县本土开拓一个全新的微贷市场。

未来的路还很漫长,一方面要做好业务,另一方面还要搞好二期、三期员工内训,在追求贷款余额的前提下还要确保贷款质量。因为我们能发放全县的业务,有些支行客户经理认为我们抢了他们的客户。我们给客户经理上课,有的是业务副行长,有的是信贷能手。我们虽然比他们更早接触到微贷知识,但我们的底子薄、业务量小,我们在他们面前还是新手,我们要放低姿态,在尽量和谐的氛围下维护单位的利益。有很多人不理解我们,也有很多人不看好我们,我们顶着压力尽量让微贷能在预想的轨道上前行。这里边有总行的大力支持,有项目组无微不至的照顾,有 W 主任的细心呵护,有伙伴的相互扶持。我们每个人在前行的道路上都经历着多种困难,经历着别人的不理解甚至冷嘲热讽,但有个信念一直在支撑着我们:只有走应该走的路,体会应该体会的辛酸,感受成功时的快乐,我们才能全面发展,才能成为那个最好的自己。AFR 微贷在 C 省同行中已取得巨大成功,通过我们的持续努力,同事也定会如同我们当初经历的那样,很快完成"从完全怀疑到将信将疑再到深信不疑"的转变,X 农商银行 AFR 微贷也一定会成功!

我们一定会继续发扬 X 农商银行不怕苦不怕累的行业精神,在信贷市场竞争日益激烈的今天坚持微贷理念,做好微贷技术,开拓新市场,坚持扫街,俯下身子做业务,让业绩和口碑说话。只有坚守,方得始终。感恩 X 农商银行给予我生活的保障,给予我实现个人价值的平台。心怀感恩,必定奋力前行!

二、二期培训中的培训生心得

该阶段的主要任务是:形成具有自主复制能力的微贷内训师团队,进一步提升完善本土化的培训材料和内训管理制度,推进微贷业务小规模运营并形成相应的组织架构与业务管理、风险内控制度。

(一)小微贷事业部负责人的培训感悟与心得

1.微贷业务与培训运行概况

在总行党委的正确领导、高层的全力支持和浙江大学 AFR 微贷项目组的倾力帮助下,X 农商银行微贷项目于 2016 年 5 月 21 日正式启动。经过前期 7 个多月的兼职培训(含嵊州实习 2 个星期),2016 年 12 月 19 日,X 农商银行微贷业务正式开始运行。业务运行期间,我们坚持按照全新零售管理战略和模式要求,利用交叉检验等标准化的信贷技术和微贷流程,在全县范围内大力拓展小额信用和准信用贷款业务。截至小微贷事业部成立一周年的 2017 年年底,4 名微贷客户经理在 1 年时间内累计拓展有效客户 349 户,发放贷款 2703 万元,户均 7.7 万元,其中单笔最大金额 30 万元,单笔最小金额仅为 6000 元,涉及超市百货、农资购销、居民服务和运输物流等行业,全为无抵押、软担保贷款,其中 28.35% 的贷款为信用贷款(2015 年、2016 年全行信用贷款投放分别为 0 笔、86 笔),10 万元以下的贷款占比为 83.23%,以高效、便捷、热情、专业的服务及"不喝客户一口水,不抽客户一根烟,不吃客户一顿饭,不泄露客户任何信息,不增加客户除利息外的任何费用""六不准"纪律的严格执行,赢得了客户的高度认可。

在做业务的同时,小微贷事业部也积极按照浙江大学 AFR 微贷项目"原生态客户发掘基地、客户经理培训基地和支农支小金融产品服务创新试验基地"的三大功能定位,积极探索和建立客户经理本土化培训与再训体系。在浙江大学 AFR 微贷项目组的倾力指导下,X 农商银行于 2017 年 4 月 28 日开始从全行选拔 24 名青年员工组织开展了以"小微贷团队主导＋项目组支撑＋1 期培训生实施＋每组 6 名培训生"的"1＋1＋1＋N"模式的微贷二期兼职培训。在历时 9 个月的学习培训期间,微贷二期培训生按照"理论＋实践"的培训模式,开展了包括资料学习、周记、周例会纪要撰写、扫街营销、贷款调查报告编制和 PPT 授课等系列学习活动。在整个兼职培训阶段,二期培训生在坚守本职工作岗位的同时,累计完成周记撰写 674 篇、周例会纪要撰写 97 篇,仅此两项文字性作业就达到了 206 万字,同时完成了项目组下发的约 40 万字资料的学习,参加知识测试 11 次,并自己动手制作 PPT 课件 52 份;在完成理论学习的同时,二期培训生按照项目组"理论＋实践"的培训要求,积极参与了包括早市农贸市场扫街和夜市文化广场扫街等在内的错峰营销集体活动 92 人次,自主扫街并获取有效客户信息 2253 户,参与贷款实地调查 85 人次,撰写微贷调查报告 54 篇,成功营销客户 36 户,贷款金额 252 万元,撰写本土化案例 59 篇。在坚持边学、边做、边总结的学习过程中,培训生在速记、速写以及动手、动脑等逻辑思维与表达能力均得到较为明显提升的同时,也积累了成功营销客户的经验并更加坚定了走出去营销的信心,尤其是本土化案例的积累也为我们开展后续培训留存了宝贵的第一手资料。

　　2.二期培训取得的主要收获与感悟

　　总结整个二期培训,收获主要可以归纳为以下几个方面。

　　收获之一:牢记"不忘初心,心怀感恩"之意。从参加微贷学习之初,AFR 微贷项目组就经常告诫我们:"微贷学习是兼职培训,过程辛苦且漫长,需要付出大量的时间和精力并全身心投入。"实际上,参加微贷学习,一期督导员和二期培训生的努力和付出诚然值得肯定,但项目组与总行高层为平台建设所付出的心血与精力也是最多的,此亦是微贷项目得以顺利进行的关键所在。AFR 微贷项目组曾经不止一次对我们说:"高层的重视与支持是微贷项目得以开展的必需条件,但关键还需要各位的持续坚守与努力。"回想整个微贷二期培训,很多时候以 X 董事长为代表的总行高层不单是给予我们精神的鼓励、物质的帮助,更是经常与项目组交流共商进一步完善培训工作,并经常亲力亲为参加微贷学习及相关活动,尤其是在培训生的情绪出现波动或人员岗位变动等关键时刻及时给予关注和疏导,这些都为微贷项目的顺利开展铺平了道路。在整个二期培训过程中,我们经常对培训生讲,要对微贷常怀敬畏之心,项目组每周需要点评作业且密切关注学习动态。不说其间在培训生身上所花费的时间和精力,仅凭 AFR 微贷项目组、浙江大学经济学院金融系两位资深老师、经济学博士每月风雨无阻地来回坐十几小时车从 C 省赶到 X 县为大家授课就足以赢得所有人的尊重和感恩。值此之际,也感恩始终支持着我们的同事、朋友和家人,因为很多时候成功与困难并存,并非只有我们在努力,有了大家的无私付出与帮扶,我们才得以继续前行。

收获之二:学会勇于正视问题并改正问题。AFR 微贷项目组经常对我们说:"有问题不可怕,可怕的是有问题而不知道或不敢面对,最可怕的是自以为没有问题且感觉还蛮好。"如果说整个微贷二期培训是教与学的过程,倒不如说是浙江大学 AFR 微贷项目在 X 农商银行生根发芽、由固化到优化并实现自我完善的过程。在一期开班时,AFR 微贷项目组给我们讲新生代员工的特点——有朝气、有活力、想做事、能做事,但大多又有大事不愿做、小事做不了和眼高手低等弱点。二期培训,通过一段时间的坚持学微贷和做微贷,让培训生的纪律意识和规矩意识有了很大提升,从思想上有了认真、扎实做事的想法并能够积极付诸实践,几乎全部的培训生都在周记中不约而同地表达了参加微贷学习以后由内而外所发生的转变。二期培训生小 Z 在周记中的表述很具有代表性:"我觉得自己很幸运能够参与此次培训,虽然持续的时间很长,这个过程也很辛苦,但是现在想想还是很充实的,每个星期能有这么一天固定的学习时间,还能有机会抒发一下自己的见解和看法,这很难得。微贷更多的是给我们创造了一个非常充实的学习和实践环境和平台,大家在一起相互激励、相互探讨,很多案例都是非常宝贵的经验。如果没有这次培训机会,我们是不会有机会学习到这么多知识的,我觉得很幸运。系统的培训不管对于任何岗位来说都很有必要,二期培训对我们银行员工而言只是开始、对二期培训生而言又是独立自主内训的开始,今后接触微贷的同事会更多,想要学习其中的精髓,不付出努力是不行的。"如果说周记中表达的还只是思想层面,那么更值得我们欣慰的是很多培训生已经将想法付诸实践了。优秀的二期培训生正积极地把微贷扫街与支行农户建档、集市宣传等自觉进行有机结合,既丰富了宣传的内容又有效提升了客户营销成功率,真正体现了"让微贷融入生活,生活中处处有微贷"。身边的大多数同事也渐渐地理解、领会浙江大学 AFR 微贷项目的意义及其在 X 农商银行发展的必要性,经常肯定性地鼓励我们的工作。

　　收获之三:常记"心底无私天地宽"之语。二期培训进入第二阶段时,项目组如期给各位培训生下达了营销任务。在看到每名培训生都有营销任务时,实际上不单是二期参训培训生感到"压力山大",作为督导员的我们也是倍感棘手。① AFR 微贷项目组在交流中发现了我们的困扰并及时引导我们讨论了"心底无私天地宽""自主营销与带动培训生营销""经师与人师""里子与面子"等话题。在困难与困惑面前,得益于总行的支持、项目组的帮助和各位同事的努力与坚持,我们挺过来了。我们本身并不惧怕营销,从第一天的 3 个客户到现在的 300 多个客户,都是扫街营销所得。我们经历过扫街营销过程中的失落与纠结,也经历过营销过程中的喜悦。内心强大起来后,后面的工作与问题的化解也就简单了。在二期培训生扫街营销中,内训师经常分享自己的经历与经验。如"三次营销两次被店主无情地赶出来,最后一次营销成功并成为经典案例被写进内训材料"。实际上,一期培训生及现在微贷客户经理兼职的内训师们的类似经历比比皆是。令人欣慰的是,经过共同努力与坚持,一期培训生曾经的那些经历与感悟在二期培训生这里再次发生着。最后,事实也证明,坚持带领培训生进行营销并适当指定营销任务的决策是正确的。前期单纯参与实地调查后,很多培训生反映感觉朦朦胧胧未得真意。为此我们也深入分析了原因:一是参与次数少,仅靠一两次或几次训练就掌握微贷技术的要领是不现实的,毕竟微贷之所以被称为技术就表明需要花大量时间和精力才能掌握;二是环节有缺失,无论内外勤员工都有过营销、与客户交往的经历,实际上在营销过程中、在与客户说第一句话时就可以了解很多客户信息,而实地调查更多的是为了确认和补充信息。现在回想我们一期培训过程中,AFR 微贷项目组也是想尽

---

　　①　在开始看到培训生有营销任务时,我们的第一反应就是要想办法将此项任务去掉,目的只有一个,就是避嫌,怕被别人误解为是转嫁营销任务、"剥削培训生"或者坐享其成。事实上,我们确实听到了部分二期培训生及支行行长的类似言论,有的领导甚至说"还没有做两天内训师就剥削起同事来了"。

办法、变着花样让我们反复练习"扫街营销、交叉检验"两大微贷核心技术，从事微贷业务后确实也感受到了这块内容的重要性。此事给我们的启发是：须本着"心底无私天地宽"的心态，站在使命感和责任感的高度，做实培训的每一个过程，只有这样才是真正地对培训生负责，对单位和同事负责。

收获之四：更加坚定了做好微贷培训的决心和信心。AFR微贷项目组负责人经常告诫我们："微贷学习是兼职培训，过程辛苦且漫长，需要付出大量的时间和精力并全身心投入。"事实上，二期微贷培训对于大家来说不单单是时间和精力的付出，其过程更是对自身的磨砺、洗涤和提升，"自己会做与教同事会做甚至让同事教同事会做"之间的差别是巨大的。但这也正是一期培训生的职责所在，是"人师"素养的体现。通过培训，一方面，很多培训生的基本功底如写作、速记、分析和讲演等业务能力有了较大提升，对人、对事、对工作的态度有了很大改变，一定程度上懂得了反思自省、珍惜工作、感恩集体的重要性，初步具备了能做事和想做事的良好素养；另一方面，内训师自身的业务能力与对AFR微贷项目的认知也有了空前的提升。临近结业，听到一期培训生——现在的微贷客户经理兼内训师（督导员）——反馈关于二期培训生经历培训后自身素养提升和思想发生转变的一些见闻，这些让人既高兴又欣慰。这些变化再次应验了AFR微贷项目组负责人常说的"很多人对微贷的认识和理解，都曾经历从完全怀疑到半信半疑再到完全相信这样一个过程"且这个过程的成功转变正是体现内训师"人师"素养高低与X农商银行AFR微贷项目成功的关键所在。做基础工作的重要性也再次得到彰显，虽然培训不是影响培训生成长的唯一因素，其间起决定性作用的更可能是家庭、际遇等原因，但是培训在培训生整个成长历程中所起到的基础作用是毋庸置疑的。培训是一项基础且长期的工作，而基础工作往往又是最难做但又不得不做的，所以我们必须坚持去做。X董事长也经常教导我们"做事一定要坚持工匠精神"，更坚定了我们继续做好微贷培训的决心和信心。

3.培训中存在的不足

不足之一：督导员授课技巧还需持续提升。谈及培训，给我印象最深刻的是AFR微贷项目组曾经在预培训时给"1＋30"预培训生布置过的一次作业,即围绕"经师易得,人师难求"作论述,这也为我们打开了微贷培训的一扇大门。在二期培训教别人做业务的过程中,我们对此又有了更深刻的理解。从开始的青涩到现在的成熟,从开始的怯场到现在的从容,从开始的简单灌输到现在的寓教于乐,在教的过程中,一期培训生也在迅速成长。但整体而言,大家距离真正的"人师"还有不小的差距,在备课的熟练程度、随机应对能力、掌控课堂氛围尤其是引导培训生坚持与坚守等方面都还有较大的提升空间。

不足之二:整体培训效果尚须进一步提升。回顾培训发现,同样是参加学习,但不同培训生身上呈现的培训效果差异较大。为此,我们分两个层次对其原因做了思考:一是培训生在学习态度和能力上的差异客观存在且较大,这与参加培训前的受教育程度以及平时养成的生活、学习和工作习惯有一定的关系。二是督导员(一期培训生)未能做到分类施教、因人而异进行合理的引导和指导;虽然督导员的授课能力正在逐步提升,但在把握培训生的成长脉络、引领培训生共同进步方面尚处于探索和起步阶段。三是在日常生活方面,督导员对身边同事以及参训人员在工作和生活上给予的照顾和关心还不够;在学习和工作时,督导员过于注重结果而对大家在过程中的付出和努力关心不够,尤其是在任务面前容易犯急功近利的毛病。在今后的员工内训与业务拓展工作中,我们应尽可能地给予身边同事和参训人员更多的关心和照顾,尽己所能为大家营造一个公平公正、积极向上、充满正能量的工作、学习和生活环境。

(二)二期培训生小 G 的心得与感悟

从 2017 年 4 月 28 日到 2018 年 1 月 18 日的 265 天中,每个周五我们都会参加微贷培训,每周都会雷打不动地进行扫街,上交周记、会议纪要等作业。现在想想,真的挺佩服自己的。参加培训的 26 个人虽然来自不同的工作岗位,但我们每周都有一次共同的集体活动,也有一个共同的目标,那就是圆满完成微贷培训。

就我个人来讲,这次培训并不陌生。在浙江大学 AFR 微贷项目刚开始引进我行时,第一时间我就报名并有幸进入了一期"5+30"预培训。虽然因为个人原因我并未参加后续的"1+8"正式培训,但预培训时 AFR

微贷项目组的一次集中授课及后来每周的系列作业、小组交流活动等也让我对 AFR 微贷项目有了一个大概的了解。通过二期培训,我不仅对微贷进行了具体学习,更是通过培训顺利结业转岗,成为一名微贷客户经理。伴随着岗位的转变,我学到的微贷理论知识得到了实践的验证,也让我看到了自己的不足。理论知识学得再好,一上战场还是会露怯。我第一次调查客户时慌乱得不行,多亏有同事在旁边协助。当时我说话结结巴巴,东一句西一句,信息采集得也不全面,这让我再一次领会到了"纸上得来终觉浅,绝知此事要躬行"这句话的深意。

加入微贷团队后,有憧憬也有迷惘,从最初的手足无措到现在的豁然开朗,我的职业能力得到了快速成长。每次走在扫街的路上,我都会想到这样一句话——世界充满劳绩,人却要诗意地栖居在大地上。在很多疲惫的日子里,在很多倦怠的日子里,这种自我安慰会张开温柔的触角,为我慢慢抚平沮丧,让我重新振作起来面对紧张的工作。紧张的工作也需要诗意的情怀,纵然人生充满疲累,但是客户的储备、调查的经验都是需要积累的,只有平时勤于营销、勤于积累才不会有"无米可炊"的尴尬。

在微贷培训中,我曾经总结过做一名合格的微贷客户经理所必备的"三不可缺"与"三坚持",希望以此勉励自己脚踏实地把握好 AFR 微贷培训的每一个环节。"三不可缺":第一,专业知识、相关知识不可缺。一名合格、称职的银行客户经理,除了应具备专业知识外,还应具有丰富的相关知识。对于这些相关知识,我们不需要研究得多透彻,但至少要懂,这样才能应对各类客户。第二,人际交往能力不可缺。沟通是我们与客户对接的第一步,也是与客户联系的主要方式。对客户的软信息等要有敏锐的直觉和认知,能够通过客户的言谈举止以及社会关系观察其品质,并且能够针对不同情境和不同交往对象灵活使用多种人际交往技巧和方式,这样能够在与客户交往的过程中表现出对客户各方面的理解,更能有助于我们与客户建立准私人关系,从而多方面降低贷款风险成本。第三,抗压能力不可缺。作为银行客户经理,面临的压力是大家有目共睹的,不论是业务层面还是客户层面,都需要我们保持良好的心态,要有克服全部困难的毅力,并且保持足够的信心,对待各类业务业绩保持高昂的战斗力,对待各类客户特别是一些特别客户要有非凡的耐心和隐忍力,这也是在不断实践中磨砺出来的。

"三坚持":第一,坚持理想。作为银行客户经理,理想可能是职位上升迁也可能是业绩上进步,但无论是哪种,理想本质上都是上进的。只有坚持自己的理想,我们才有努力奋进的不竭动力;也只有保持上进,我们才能保持对工作高涨的积极性。第二,坚持学习。老话说"活到老,学到老"。无论在什么岗位,我们所具备的能力和所面临的困难之间的初始比值是相等的,而我们需要做的就是提升能力让这个比值大于 1。不断学习提升自己,不论是专业知识、交际能力,还是营销技巧,珍惜每一次学习提升的机会,让自己不时充充电,才能轻松应对工作中的人和事。第三,坚持原则。不论是银行的各项规章制度还是我们自身的为人处世之道,都要坚持原则,不做违心之举、不做违规之事,老老实实做人、踏踏实实做事,坚守工作原则,死守做人底线。

作为刚刚转岗的"初生牛犊",我最容易表现出来的弱点应该是急于求成,我也很期待自己能够尽快适应工作并取得业绩,但理想在现实面前往往会有极大的反差,短期的努力并没有得到想象中的回报,但这并没有让我的热情降温。我知道只有踏实认真思考,沉下心来踏踏实实地融入工作,才能准确地找到自己的定位、实现自己的价值。我们必须清楚地认识到,现在的自己还不是一颗珍珠,还不能让自己一下被别人所认可。要想别人认可,你首先要变成一颗珍珠。成长的道路是痛苦的,就像蝴蝶还是茧的时候也是丑陋和痛苦的,但一旦冲破了茧的束缚就将化为美丽的蝴蝶。作为年轻人,我们应该而且必须充满活力,积极乐观,要培养自己的耐心和毅力,要在一个过程中逐渐积累自己的工作经验,展示自己的敬业精神和专业能力,把工作做到自己满意更让别人感动,这样才能无愧于青春。

(三)微贷客户经理兼内训师(督导员)小 Y 的心得与感悟

不知不觉已经到了 2017 年的年末,即将迎来新的一年。在这辞旧迎新的时候,放下手中的工作,将思想放空,来回顾一年的工作,回头看微贷,回头看一年的微贷客户经理生活。2016 年的这个时候,我们刚刚从 C 省 Z 农商银行实习归来,进入了小微贷事业部。我那时候的心情是既激动又忐忑,对客户经理工作既向往又害怕,心里说不出来的感受,五味杂陈。当时心中只有一个信念,便是要做实每一个过程,不要给自己留下遗憾。一路走来,回头看时,我感觉一切都很充实,付出总有收获,一切都是值得的。

在业务方面,截至 2017 年 12 月 31 日,我累放贷款 91 户,共计 740 万元,贷款余额 546 万元,提前半年达到 AFR 微贷项目组考核要求。① 过去这一年中的大部分时间都是在扫街、找客户、写调查报告、放贷款中度过的,从一开始的束手无策到现在的得心应手,我想这就是进步。有客户就在单位放贷款,没客户就出去扫街,这已经是我们的工作常态。我们的业务存量是零,没有固定的片区、固定的客户,但所做的客户必须满足考核要求,即客户贷款及其流程、规范服务须符合"惠民微贷"管理条例要求,所以我们必须走出去营销。此外,正因为没有给我们划定区域,所以任何地方都可以成为我们的营销范围。如今我们的客户遍布各个乡镇、各个行业,越来越多的人知道 X 农商银行"惠民微贷"并经常有"惠民微贷"老客户热心地推送微贷业务。记得一开始出去扫街的时候,大多数人都会质疑我们的身份,怀疑我们是否真的是农商银行的,而现在出去,大多数人都认识我们了,会主动上来跟我们打招呼。虽然他们现在不需要贷款业务,但是起码通过我们的宣传知道了我们的产品,有需要的时候很可能也会想到我们。在做业务的过程中,我也从 AFR 微贷项目组下发的系列内训资料中学到了一些理论并在实践中慢慢有了更深刻的理解。AFR 微贷项目组负责人刚开始就多次说过,我们扫街有三大目的:让客户知道我们,让客户知道我们的产品,让客户有资金需要的时候首先想到我们。后来又渐渐升华为:有任何服务需求首先想到我们,我们总是能提供即时、方便、有尊严的服务。微贷中心成立一年来,随着微贷业务的发展,反复印证了 AFR 微贷项目组培训初期所交流的内容。现在经常会接到客户的电话,不光是问我们农商银行的业务,还

---

① 按合作合同规定,微贷中心成立第一年,浙江大学 AFR 微贷项目组全权负责微贷客户经理考核,除二期培训生内训管理与业务指导、微贷业务与微贷培训案例总结等外,符合要求的微贷业务方面(只能做 30 万元及以下的无抵押、软担保、整贷零还的经营性贷款,贷款利率为基准利率的 2.3 倍,其中原生态客户不少于 60%),微贷客户经理从零业务存量开始,第二年须养活自己。按当时的利率与银行运营成本计算,人均贷款余额日均达到 500 万元时即可养活自己。

有咨询诸如"小孩求学、毕业求职、医保、公积金、银行贷款手续"等其他事情的。每次接到这些电话我都很开心,因为这说明客户对我们是信任的。从事客户经理一年多以来,我被身边的原生态客户深深感动着。他们中的大多数之前没有用过贷款,不知道怎么办理贷款,经过我们的服务之后,他们取得了贷款解决了问题。虽然在我们看来这些都微不足道,但是他们却对我们充满感激,就像AFR微贷项目组交流中经常提到的,"穷人的信用值得信赖"。这些反复发生在身边的人和事,也让我更加坚定地去做微贷,去帮助那些别的银行不愿做、不敢做、来不及做的微微型客户和个体工商户。在今后的工作中,我们应该继续加大扫街力度,趴在地上找客户,去寻找更多有金融需求的客户,并带动身边更多的同事认识、认可这样的工作理念与工作方式。

关于二期培训,从2017年4月28日开班至今,历时9个月,共36周,如今二期培训已经接近尾声,作为内训师(督导员),我的感触也特别深。AFR微贷项目组负责人不止一次地跟我们说过,作为黄埔一期,微贷业务拓展、刚开始主导微贷培训,过程肯定是辛苦的。但若干年后,全行所有的客户经理都要经过我们的培训,务必要不断提升"人师"素养。我理解的"人师"标准主要有以下几点:首先,自己应该学会做业务;其次,教本行员工做业务;最后,教他行员工做业务。在培训刚开始的时候,我也感觉压力很大,因为我们面对的培训生不只是没有信贷经历的柜员,还有客户经理及业务行长。他们中很多人比我们从事信贷工作的时间要长,而且在日常工作中都有自己的一套方法和经验。所以刚开始时有困惑、有压力,如何让他们接受微贷理念是我们应该解决的第一个问题。后来在培训中,通过自己一期培训中的所学及二期培训中项目组不时的指点,这些困惑也慢慢消除了。AFR微贷项目组在一期培训及二期培训早期授课时常讲的有以下几点,尤其是第二点让我受益匪浅。第一点,微贷与传统贷款本身不是对立的。微贷与传统贷款都是信贷产品,"贷前、贷中、贷后"中很多方法都不是对立的而是相互融合互促互进的。微贷是X农商银行持续发展的战略性业务,传统贷款目前还在支撑着X农商银行的发展。学习微贷首先是学习微贷的一种理念,我们需要让大家养成懂规矩、守纪律的好习惯。第二点,科学的思考问题与学习的方法。这主要指微小贷款产品的"3W视角"①与"是什么、为什么、会怎样、怎么办"思考问题的方式,以及"想问题、找问题、论问题、解问题"的学习方式。按时参加周例会,让大家有机会坐在一起交流,完成周记、周例会纪要以及其他作业,让大家能够在繁忙的工作中静下心来思考一周的所感与所获,在不断发现问题与解决问题中进步,这些东西正是传统客户经理所缺少的。第三点,微贷技术是可复制的。通过主动营销、自编三表及交叉检验等技术广泛宣传我们的产品服务并精准地寻找我们的客户,对借款人的还款能力进行科学的测算,让一笔贷款放与不放、放多放少有据可依,解决了传统贷款中忽视微弱客户服务、盲目确定额度或是按照担保人多少来确定额度的问题。第四点,通过微贷培训,对于我而言也是一个学习的过程。看着一个个微贷培训生经过培训学习走上了客户经理岗位,就好像又回到了我们当初学习的时候。就像AFR微贷项目组负责人常说的,微贷培训学习就是一个从完全怀疑到半信半疑再到深信不疑的过程。过程并非一帆风顺,但只要做实过程,等我们回头看的时候,这种经历就是一种宝贵的财富。很多培训生完成培训学习后走上客户经理的岗位,我们也感觉到了他们的变化。从周例会以及平时的周记等作业的分享过程中,我们也学到了很多东西,像不良贷款的清收技巧、农户建档的心得体会以及传统贷款的经典案例,都让我们受益匪浅。微贷给了我们互相学习的平台,让我们能够共同进步。二期培训临近结束,三期培训即将开始,我感觉自己离"人师"的标准还差很多,接下来我们将吸取一期培训中的学习感悟、AFR项目组常态化的言传身教、二期自主培训中的经验与教训,融入本土化案例,不辜负项目组及总行对我们的期望,做实三期的独立培训,同时与二期培训生一道推动"微贷、普贷"的融合发展,全面拓展全行微贷业务,为全行信贷结构的调整做出应有的贡献。

从事微贷之后,我说得最多的词便是"感恩",这也是项目组一直以来强调的。首先,要感恩总行,是总行给予我们这样一个平台,如果没有总行的引进和引进后持续性的大力支持,我们不会接触到微贷更不可能

---

① 同一微小贷款产品因地(where)、因人(who)、因时(when)不同,其不良率往往存在巨大差异。

深入领会进而当起"小老师"与同事共同学习微贷。小微贷事业部成立一年来,总行给予我们很多的关注,其他农商银行纷纷前来微贷中心参观交流,给我们创造了许多交流学习的机会、更是给予我们许多"金不换"的鼓励与指导。其次,要感恩项目组。尽管在平时交流中项目组都是谦虚地说我们是战友,不必也不宜言"谢",但在微贷中心成立一周年之际,我们还是要借此机会表达对微贷"黄埔一期"全体同仁发自内心的真诚感谢与感恩。每次月度交流,AFR 微贷项目组都会从 C 省赶来 X 县,给我们带来很多新资讯、新知识,每一次的指导都切中要害,保证我们在前进的路上不迷失方向,循序渐进地将微贷理念传授给我们,每一次的传道授业都让我们受益匪浅。最后,还要感谢同事和家人。微贷是一个团队,团队中每个人都很努力,也从身边看到了很多的正能量。为了让我们专心做业务,W 主任替我们分担了很多工作,就连生孩子也没有多请一天假;WW 姐的爸爸在北京动手术,她依然坚持上班为客户放贷款。做微贷客户经理真的很不容易,有时候也会觉得累,但是一想到身边的同事都在坚持,就感觉自己没有理由不继续下去。与此同时,还要感恩自己的家人,他们帮我分担了很多家务,让我能够专心工作,免除了后顾之忧。在日常工作中,家人也不忘帮我宣传微贷,让我深深体会到了 AFR 微贷项组常说的"民生问题是个永恒的问题,微贷融入生活、生活中处处有微贷"中的含义。

在接下来的工作中,一是要做好微贷三期培训。把自己学到的跟大家分享,让更多的人能够认识微贷、学习微贷,做好内训师(督导员)的工作。二是要做好存量客户的维护工作。放款一年来,我们每个人都有了自己的客户。对于存量客户我会进行定期或不定期的走访,及时掌握客户的动态,与客户建立准私人关系。一些客户虽然已经结清了贷款,但是我们可以营销客户及其身边朋友的存款、理财、贷款等业务;对于一些想提高贷款额度的客户,我们也会严格根据"贷与不贷看人品,贷多贷少看第一还款来源"的原则科学测算。三是继续做好贷款营销工作,这依旧是我们的工作重点。AFR 微贷项目组之前说过,贷款余额达到 1000 万元时会面临营销瓶颈。有时候我们也会感觉扫街的成功率不如以前高了,所以必须加大扫街力度,只有扫的户数多了、基数大了,才有可能收获更多的客户。

2017年，我付出很多，收获也很多。AFR微贷项目组经常说，回头看的过程就是照照镜子洗洗澡的过程。回头看这一年的微贷生活，感觉收获满满，同时还有很多做得不到位的地方，这些不足之处便是我以后的努力方向。新的一年，小微贷事业部升级成为支行。对于我们来说，不仅仅是名称上的改变，同时意味着我们的责任更加重大，我们应该更加严格地要求自己，提高自己的综合素质水平，让客户有贷款需求时第一时间想到我们，我们也一定会提供方便、即时、有尊严的服务。

三、三期培训中的培训生心得

(一)小微贷事业部负责人的培训感悟与心得

1.微贷业务的运行与培训概况

截至2018年9月30日，X农商银行"1＋4"(1名行长专职管理工作，4名专微贷客户经理兼职内训师负责全行年轻员工的内训工作)，1年9个月左右的时间，累计拓展有效个人客户610户，放款7455万元，户均贷款12.22万元，余额4793万元，五级不良率为零，涉及超市百货、农资购销、居民服务、运输物流等多个行业。其中，纯信用贷款166笔、金额705万元，软担保/亲情贷款346笔、金额3944万元，贷款金额在10万元(含)以下的483笔、金额2823万元。所有发放贷款中，86.43％的客户采取信用或亲情贷方式办理，90％以上的客户是微贷客户经理扫街主动营销获得的，65％左右的客户为平生首次获得正规金融服务的原生态客户。微贷中心成立21个月，人均贷款余额1100多万元，人均创纯利近40万元，提前近2年达到项目组预设的目标，同时也较好地完成了AFR项目组及总行认定的"客户经理培训基地、原生态客户发掘与孵化基地、支农支小金融产品服务创新试验基地"三大功能定位。

在做业务的同时，我们也坚持把做好微贷内训与外训作为一项重点工作常抓不懈，一是严格按照总行"高标准、严要求"的既定方略，做好微贷三期培训的每一个细节。自2019年1月19日三期开班以来，在为期36周的培训期中，25名三期培训生在坚守本职工作岗位的同时累计完成周记、周例会纪要、学习总结等文字性作业1213份，共计218万字，参加包括自主扫街、错峰营销等在内的实习实践活动2742人次，获取有效客户信息 2189 户,参加实地调查 93 人次,完成实地调查报告 50 篇,成功营销客户 37 户,发放贷款 518 万元。历经 36 周紧张有序的学习,微贷三期全部理论知识学习＋实践操作培训均已按浙江大学 AFR 微贷项目组的要求如期完成,经提报项目组审核、总行党委批准,全部培训生成绩均达到合格或以上标准。自 2016 年 5 月 21 日以来,我行 AFR 微贷项目相继顺利度过了"一期项目组主导""二期内训师主导、项目组支撑"和"三期内训师独立、项目组跟踪服务"三个阶段。三期培训全行共有 58 名青年员工参加了微贷兼职培训,其中一期 9 人、二期 24 人、三期 25 人。58 名培训生在兼职培训期内累计完成各类文字性作业 497 万字,获取有效客户信息 5112 户,累计参加实地调查 203 人次,完成实地调查报告 115 篇,成功营销客户 73 户,发放贷款 785 万元。在坚持边学、边做、边总结的学习过程中,参训人员在速记、速写以及动手、动脑、逻辑思维与表达能力等方面均得到较为明显的提升,微贷情怀、规范服务等职业素养得到进一步增强。至二期培训结束后,有 17 名培训生由内勤岗位转至客户经理岗位,8 人由一般人员提升为中层副职管理岗位,5 人走上了中层管理岗位。初步规划至三期培训结束后,可再转岗具有初步市场拓展能力的客户经理不低于 7 人。

二是配合浙江大学 AFR 微贷项目组做好合作单位的外部实习实践指导工作。2018 年 6 月 3—15 日,X 农商银行作为受托方组织开展了面向某村镇银行微贷实习生的封闭式实习实践活动。在实习实践过程中,组织实习生通过开展集体或自主扫街活动,获取有效客户信息 452 户,超额完成 120 户的任务目标。同时组织实习生分多批次参加了批发市场早市扫街、社区早市扫街,体验并参与了"挑豆子比赛"等社区活动,实地参与调查客户 32 户,撰写调查报告 13 篇,参与贷审会 33 人次,回访客户 34 人,成功营销客户 6 户。通过学习交流,双方取长补短,使交流实习取得了良好的效果。实习结束,经全体内训师评定并报浙江大学 AFR 微贷项目组审核,全部实习生均达到优秀标准。

2.学习收获

从 2016 年 5 月 21 日 X 农商银行浙江大学 AFR 微贷项目组正式启动开班,到 2016 年 12 月 19 日微贷业务运行首日,再到 2017 年 4 月 28 日二期培训启动,然后是 2018 年 1 月 19 日紧锣密鼓的二期结业与三期开班典礼同步举行及 2018 年 10 月份为期 9 个月的三期培训结束,不知不觉间时间便跨越了 2 年 4 个月。在这 2 年多时间里得益于浙江大学 AFR 微贷项目组的指导、总行高层的支持和小伙伴们的倾心付出,我虽经历了比以往要多得多的磨砺与锻炼,但收获亦很丰富。回顾这一段微贷之路,主要有以下几方面收获。

一是让感恩之心得以不断强化。参加微贷学习之初,AFR 微贷项目组负责人就经常告诫我们,"微贷学习是兼职培训,过程辛苦且漫长,需要付出大量的时间和精力并全身心投入"。微贷学习过程中,各位督导员和培训生的努力和付出诚然值得肯定,但 AFR 微贷项目组与总行高层为平台建设所付出的心血与精力更是令人感动,这也是微贷项目得以顺利进行的关键所在。AFR 微贷项目组曾经不止一次对我们说:"高层的重视与支持是微贷项目得以开展的必要条件。"回想整个微贷历程,很多时候总行高层不单是给予我们精神的鼓励、物质的帮助,更是亲力亲为参加了微贷学习及相关活动,尤其是在培训生的心理情绪出现波动或人员岗位发生变动等关键时刻总会及时给予关注和疏导,这些都为项目的顺利开展铺平了道路。事实上,作为一个团队,我们始终牢记 X 农商银行微贷项目的运行能有今天的局面,离不开浙江大学 AFR 微贷项目组的倾心指导、总行高层的全力支持、各期小伙伴们的坚持付出、身边同事的无私帮助,四者缺一不可。越是如此,越让我们的感恩之心不断强化,亦增强了我们面对困难敢于挑战的底气。

二是更加体会到了坚持做实事和坚守初心不动摇的宝贵。微贷业务正式运行之初,AFR 微贷项目组就反复告诫我们,"要坚持做好扫街,坚持把复杂的事情简单做,简单的事情重复做,重复的事情用心做"。说实话,对于扫街的功效,我起初还是有些动摇的。因为按照统计,往往要扫 80~120 户才能扫到一个意向客户,其间遭遇冷遇、拒绝甚至质疑是常态。在最困难时候,是 AFR 微贷项目组始终如一地坚持原则以及柔情般地家长式谈心交流让我们不敢有丝毫松懈,是总行高层的支撑与关心让我们抛开杂念全力以赴地坚持做实"笨功夫""趴在地上"找原生态客户。经历过、坚持过以后,我们发现扫街与做实原生态客户正是彰显微贷人优势、获得广大同事认可的重要且具有排他特性的载体。如前文所述,截至 2018 年 9 月 30 日,微贷业务运行了 1 年 9 个月,累计发放 610

户微小客户,90％以上的客户为微贷客户经理扫街主动营销来的客户,原生态客户全是扫街营销所得。由此可以看出,扫街的功效不言而喻。也正因为如此,我们对项目组的有效交流引导和总行的全力支持倍加感恩。在切身体会到扫街功效的同时,我们也对坚持做实事和坚守"支零、支微、支散、支小"的初心有了更深刻的领悟。

三是对浙江大学 AFR 微贷项目有了新的认识。关于微贷,浙江大学 AFR 微贷项目组经常给我们讲三句话。第一,相比简单地知识灌输,浙江大学更注重教给学生思考和学习的方法,"授之以鱼不如授之以渔";第二,浙江大学 AFR 微贷项目注重"原生态客户发掘与孵化、新生代客户经理培养和'支农支小'产品服务创新试验"三大功能定位是区别于其他项目最明显的特征;第三,微贷首先是技术,但不仅仅是技术,更重要的是在总行高层的支撑下,通过打造一支具有"人师"素养的微贷"黄埔一期",再由一期主导,独立地开展二期、三期培训形成一支具有独立复制能力和"能战能师"的团队,推进全行"微贷、普贷"业务的融合发展,进而影响、改变和提升全行员工的微贷业务素养。从 2016 年 5 月 21 日浙江大学 AFR 微贷项目一期启动到微贷三期结业,可以说在担任微贷客户经理兼内训师的过程中,我经历和体会最多的就是培训。从最初普通的培训生到先后承担起内训、外部培训工作,2 年 4 个月的时间里我们始终坚持在学习与培训的路上。其间,不断把浙江大学 AFR 微贷项目组教导我们的"存在总是有原因的""是什么、为什么、会怎么、怎么办""找问题、想问题、论问题、解问题"等方法论在实践中加以巩固,同时也在教学相长的培训过程中让更多培训生逐渐体会到浙江大学微贷项目组在培养人、塑造人和锻炼人方面的重要功能。随着微贷业务的展开,我们也对浙江大学 AFR 微贷三大功能定位也有了更深刻的理解和认识。做原生态客户说起来抽象,实际上更多的是应对激烈的竞争形势,由等客上门变为主动营销,为的是把能够与我们 X 农商银行同呼吸共命运的基础客户做牢做实;做新生代客户经理培养既有引入微贷先进理念与技术,提升人员与客户经理队伍整体素质的直接目的,还有让老一辈"三水精神"和"挎包精神"等农金人优秀传统在系统化、科学化的培训中得以传承的设想。"支农支小"产品服务试验创新为的是以产品带服务,把我们"支零、支微、支散、支小"的本职工作做得更深入、更精细、更扎实。对于"微贷首先是技术,但不仅仅是技术"这句话的理解,是随着时间的推移而更加深刻的。"微贷首先是技术"意味着我们必须扎扎实实把微贷最基础的理念和技术学好弄懂,这样才能做到先固化后优化,"微贷不仅仅是技术"则意味着我们在坚持做好本职工作的同时更要肩负信贷文化重塑、微贷团队打造的使命与责任,任重而道远。

3. 工作中存在的不足

在总结收获的同时,我们也在不断总结自身存在的短板与不足,不断追求改进。总结起来,主要存在以下不足与短板。

一是网格化营销落地尚未达到预期。因过于追求在有限时间内快速营销客户,难免存在急功近利的思想,未能很好地沉下心来深耕、精耕辖区市场,在网格化精细营销上下的功夫远远不够,原生态客户的长尾效应还未得到充分发掘,精准营销与市场深耕依然任重而道远。

二是扫街力度与强度还需进一步增强。虽然我们始终坚持拿出大量的时间和精力对县域内的个体工商户、家庭作坊等进行上门入户宣传,并让扫街成为微贷客户经理的工作习惯,但从反馈的信息来看,宣传效果距我们的预期还有很大差距,在微贷调研中仍有不少客户对我行的微贷业务并不了解,说明我们的扫街工作还需要坚持做、扎实做、增强做。

三是办贷效率还需提高。在为客户办理贷款的过程中,为增强客户的办贷体验,真正做到以客户为中心,我们要求微贷客户经理做到"一天答复,三天放款",但在实际工作中由于对技术的掌握还不够牢靠、面对问题采取的应对措施不够灵活,一定程度上影响了办贷的效率。在下一步工作中,我们将继续把提高工作效率作为一项重点工作来抓。

四是"微贷、普贷"业务的融合发展任重而道远。通过一至三期的培训,X农商银行众多岗位上均有经过微贷培训的培训生,有的已在或即将从事信贷客户经理工作。如何引导这些员工在普贷岗位上体现并做实"惠民微贷"好的一面,带动身边更多的同事支持微贷、营销微贷、做实微贷,是下一步的重点工作。

回想起在微贷基层岗位锻炼的点点滴滴,没有轰轰烈烈的事迹、亦没有惊天动地的伟业,更多的是在浙江大学 AFR 微贷项目组、总行领导和同事们的鼓励、支持与帮助下的默默坚守与付出。其间有过鲜花与掌声,也有过困难和挫折,但无论是荣誉的取得还是困难的攻克,都离不开大家的支持和帮扶。如果说赢得荣誉坚定了我们的信心,那么迎接困难与挫折的挑战则让一个团队变得更有韧劲与毅力,也进一步提升了微贷小伙伴们适应新工作和新岗位的能力。我深知对于整个农金事业而言,浙江大学AFR微贷项目在X农商银行的落地还处于萌芽发展状态,未来任重而道远。在下一步的工作中,我们将继续遵照总行与项目组达成的"高标准、严要求"既定方略,继续发扬吃苦耐劳的作风,不断学习新知识,不断提高自身各项业务素养并带动全行的"微贷、普贷"业务融合发展,争取交上一份令总行和项目组满意的答卷。

(二)三期培训生小L的感悟

2016年,我上班的第一年,同X农商银行同事一起参加了浙江大学AFR微贷项目的一期培训,那时候我所知道的微贷就是每天一有空就出去扫街。2017年,身边参加AFR微贷项目二期培训的人多了起来。慢慢地,我知道的微贷不再只是扫街,还有被人说"奇"了的技术理念。2018年1月19日,我有幸参加了微贷三期培训。时至今日,AFR微贷项目带给我的不只有扫街和技术,还有9个月与内训师(督导员)的"师生情",与24位培训生的"同学情",以及对自己的锻炼和磨砺。

初识微贷,W主任与督导员就告诉我们说微贷是兼职培训,时间长、任务重,需要大家放弃很多休息时间来学习,每周须按归上交扫街表、周记、会议纪要。当时有些不理解,以前上学的时候就是学习做作业,现在上班了还要连续9个月重复这种日子,觉得自己肯定坚持不下来。微贷三期刚开班的时候正值过年,许多外出打工人员返乡,柜面压力很大,很多时候只有晚上有时间去扫街。内心也不免抱怨,白天上班都如此辛苦了,晚上还要加班去扫街,真不知道图的是什么。后来转念一想,不就9个月吗,别人能坚持,为什么我就不能?带着这种想法,转眼3个月过去了,到了4月份我们正好学到"三表编制"等内容,由于我是财务专业的,因此掌握起来相对轻松,给了自己一些信心。我们总是习惯把微贷分成三个阶段,即理论阶段、理论加实践阶段和营销加业务拓展阶段。回顾自己的实践阶段,我觉得自己做得还不够。其实前期对于扫街,我一直是惧怕的,刚开始的时候我总会叫着我们支行的客户经理陪我一起去扫街,一方面是学习他的扫街方式,另一方面还是觉得自己能力不够,话术上没有方法与逻辑性,容易被客户牵着走。其实说到扫街,我相信每个人都有自己的一番体验,其中酸甜苦辣都有经历。我们会因为客户的冷漠而丧失勇气,也会因为客户的一句回复重燃希望。

微贷是什么?从刚开始学我就抱着这样的疑问。微贷带给我的仅仅只有技术理念吗?当然不!如果浙江大学 AFR 微贷项目组真的只是想让我们学到微贷的技术理念,就不会将培训时间定为 9 个月,这 9 个月是从怀疑到半信半疑再到深信不疑的过程。微贷锻炼了我的写作能力,使我养成每周回顾的好习惯;微贷磨炼了我的意志,让我知道凡事得沉住气、稳住心、定住神,俯下身子一步一个脚印完成需要做的事,在快要放弃的时候想想是什么让我坚持到现在。这 9 个月的学习对我来说是充实的,它也成为我工作中的一段美好回忆。感谢浙江大学 AFR 微贷项目组、总行领导以及微贷中心的同事们,我相信我们 X 农商银行微贷的春天才刚刚开始!

(三)微贷客户经理兼内训师 SL 的小结与感悟

从 2016 年 5 月开始参加 AFR 微贷培训生预培训接触并学习微贷至今已有 2 年 4 个月的时间,就我自身而言,2 年多的学习及工作让我在微贷中的身份发生了不小的变化。最初我只是一名普通的微贷培训生,经过培训学习我成为一名微贷客户经理,后来根据浙江大学 AFR 微贷项目组的要求,还成为全行青年客户经理的微贷督导员(内训师),承担微贷的部分培训工作。学习微贷时,浙江大学 AFR 微贷项目负责人教育我们,学习微贷、自己做微贷、教别人做微贷是微贷中的不同层次。跟随项目组不断学习以及后期成为客户经理的实践经历,让我对微贷理念的认知也由原来的懵懂逐渐变得清晰,更让我深刻理解了"微贷不仅仅是技术"这句话。

最初接触微贷时,我对微贷的理解仅仅停留在业务层面。第一次听浙江大学 AFR 微贷项目负责人讲解 AFR 微贷项目模式下的微贷业务主要做 30 万元以内、无抵押、信用或准信用的贷款,当时片面地认为微贷只是一种比较"大胆"的贷款产品。之所以说"大胆"是因为我自身从事信贷内勤工作,参考 2016 年以前我行的信贷结构,全行 20 多亿元的贷款中几乎没有信用贷款,办理贷款时担保人与抵押物更是必不可少,常规情况下10万元贷款需要3户保证人,如今引入的微贷可能只适合经济发达地区的风险较高的贷款产品。学习微贷后,通过系统的理论学习及实践,我逐渐掌握了贷款调查中的一些技巧,从客户的"软信息"及经营信息入手,认真收集客户的家庭信息及资产信息并利用微贷技术编制"三表",还原客户的真实经营状况,结合测算出来的数据给予客户一个合理的贷款额度,用这样的方式让我们新手客户经理有了发放贷款的尺度及标准。传统老客户经理在办理贷款业务时依靠经验就能判断出一个合适的贷款额度,但是对新手客户经理来说,我们没有那种依靠经验就能做出正确判断的能力,此时微贷技术真正解决了新手客户经理不会发放贷款的问题,一切用数据说话,这让我看到了微贷不同于其他贷款的地方。成为微贷客户经理后,微贷成了我的日常工作,每天坚持扫街营销,客户经理分组划片不断进商户、进社区、进工厂开展营销宣传活动,我们对符合条件的商户、家庭作坊、小微企业主进行上门宣传。对于有贷款需求的客户,我们积极收集客户信息,为客户提供便捷的信贷服务,让客户有便捷高效的办贷体验。对于没有贷款需求的客户,我们积极为客户宣传普及金融知识,提高公众识别和防范金融风险的能力,承担起银行应尽的社会责任,守住老百姓的钱袋子。在不断的扫街中,我们将优质高效的产品和高水平的服务延伸到每一个家庭,与客户逐步建立良好的互动关系,在人民群众中树立了良好的口碑。随着后期业务水平的不断提升,我们也推出了第二款微贷产品——"惠民养老贷款",为X县需要补缴养老保险的下岗失业人员提供贷款支持,这一解决社会民生的惠民贷款业务一经推出就得到了广泛关注。从"惠民微贷"敢于支持有劳动意愿的"穷人"及弱势群体,到"惠民养老贷款"解决社会民生问题,可以说微贷正在真真正正地践行普惠金融的宗旨。

除了微贷认知上的一些变化外,在平时日常业务运行及微贷培训过程中我也有很多体会。首先是业务运行方面,在AFR微贷项目组和本行党委的关心帮助下,X农商银行微贷中心的微贷业务正在逐步提高,我个人也是如此。截至2018年9月底,我管理的贷款用户197户,贷款余额1591万元(其中自身发放贷款123户,贷款余额1241万元;接管另一位升职的微贷客户经理贷款用户74户,贷款余额350万元),贷款用途涉及超市百货、农资购销、居民服务、运输物流和养老公益等多个民生行业。

在贷款营销方面，虽然目前有了一定程度的客户积累，但由于多数贷款都是等额本息还款方式，所以营销的压力始终存在。查看每日信贷系统导出的贷款余额数据，始终都有一种"不进则退"的感觉。刚开始从事客户经理时每月只能发放两三笔贷款，手里没有客户，也没有贷款业务需要处理，所以每天的工作重点都是以扫街营销为主。现在虽然每月可以发放七八笔多则十余笔贷款，但因为每月都会有到期贷款及提前还款的客户，所以营销的压力还是时刻存在的。好在目前积累了一些客户资源，朋友及老客户的介绍对日常工作还是有一定帮助的。

刚从事客户经理时没有存量贷款压力，主要是单纯的营销、挖掘客户、办理贷款业务，现在我的日常工作要复杂得多。日常工作中除了坚持做好扫街营销，业务管理上的压力也比较大。每天上班的第一件事就是要查询一下是否有忘记还款的客户，及时与客户沟通联系并关注客户的还款情况。对于当月到期客户，查看信贷台账与客户及时联系，提醒及时还款并询问有无续贷意向；对有续贷意向的客户及时安排调查办理后续业务。对于新受理的贷款业务或是原生态客户依旧坚持以客户为中心的原则为他们提供服务，让他们有一个良好的办贷体验。除此之外，按照总行的要求，我们也经常参加总行的营销活动、各项培训也占据了一定的时间，经常会感觉时间不够用。每当感到压力很大的时候总是想起浙江大学AFR微贷项目负责人在培训时对我们的叮嘱，经历过一期培训的学员一定可以承受住日常工作的压力。

贷款营销、贷款管理以及贷款催收都是客户经理的常规工作，但相较于前两个，我个人感觉贷款催收工作耗费的精力更大。作为一名年轻的客户经理，我当然希望自己发放的每一笔贷款都能够顺利收回。但事与愿违，即便对于每笔贷款都做了认真分析思考，不可预知的风险也仍然存在。每当遇到客户出现欠息或是忘记还款的时候我都非常紧张，调查贷款时第一个思考的问题就是"他不还款我怎么办"。因为这个思想压力我在刚从事客户经理时拒绝了不少客户，后来偶然与一位老客户经理的交谈让我幡然醒悟。我询问他："害不害怕客户不还贷款？"老客户经理回答："怕啥，不还就去要啊……欠债还钱天经地义，再说申请贷款时你急着用钱我帮了你,现在你就有义务还款。"简单的几句对话让我领悟颇多,改变不了别人就改变自己,在每笔贷款的办理中我都严格坚持"六不准"原则,真正把它看成是对自己的一种保护,而我也将自己的工作底线定为我发放的每笔贷款都坚持"干净""合规"。如果最后这笔贷款真的形成风险,至少我敢于催收。当前我管理的贷款中也确实有两三笔贷款比较难收,每月还款都拖拖拉拉,好在通过有效的沟通客户还是能够在月底前及时缴存当月分期。同时在与这几户客户"博弈"的过程中,我也学到了一些催收经验。

在微贷培训方面,目前我们的三期培训工作已经基本结束。回想整个培训过程,由于二期培训的成功让我在三期培训开始前也比较有信心,但是三期培训生在人员结构上与二期培训生有一定的差异,当我看到我所在小组的 6 位成员名单及各自的经历时,尽管有了二期培训的经验还是让我有些紧张。HB 现任某支行业务行长,先后从事过客户经理、信贷专管员、风险部贷款审查人员、支行业务行长等工作,信贷经历和经验都非常丰富;WL 现任某支行业务行长,是全市十佳客户经理,自身管理贷款规模在 1 亿元左右,业务能力属于全行顶尖;ZL 是某支行的客户经理,从事客户经理 5 年多一直负责农区业务,支行人员紧缺时他曾经长时间一人管理全镇的贷款业务;NXY 现任某支行业务行长,之前在另一支行从事客户经理工作,业务能力也比较强;SGZ 现任某支行的主管助理,也是我们组唯一一名内勤人员;HYJ 现任监察保卫科司机,之前在支行也是从事司机工作,没有任何业务经验。看到培训名单我当时担心会教不好,因为有 4 位都是非常优秀的传统客户经理,想要让他们学习并认可微贷可能需要花很大的功夫,好在各位均很自律且总体成绩还算不错,通过此次微贷培训我也在传统客户经理身上看到和学到了很多优点。在当前宏观经济复杂多变、县域金融机构竞争白热化的情况下,客户结构老化、信贷管理粗放结构失衡、客户经理队伍建设缓慢等问题急待解决。就目前来看,经过微贷项目的系统培训,微贷培训生的各项素质和能力相较以往均有了很大程度的提高,既有了肯做事、能做事的务实精神,又学会了站在不同角度看问题的智慧,概括起来就是懂规矩、守纪律、精业务。同时,微贷的二期与三期培训涵盖了包括内勤人员、会计主管、业务行长和支行行长等在内的多个条线的工作人员,同时实现了微贷客户经理支行全覆盖,微贷影响力进一步扩展,微贷业务与传统信贷业务融合发展有了较为坚实的基础。

(四)微贷客户经理兼内训师小 Y 的感悟

1.越长大,越觉得时间留不住

转眼间已经 10 月了,2018 年马上要成为过去。从 2016 年 12 月 19 日小微贷事业部开始运营到现在,已经过去了 22 个月,一开始客户数为 0,现在有余额的客户达到了 536 户;一开始贷款余额为 0,现在贷款余额达到了 4842 万元,不良率为零。同时,我们的微贷培训也从一期办到了三期。

不敢说我们有多成功,但我们敢说在这个漫长的过程中,我们每个人都努力了。从刚开始的"1+4"到现在的"1+5",当初我们微贷"黄埔一期"的两个小组长也已经走上了管理岗位。这一方面说明我们的工作得到了领导的认可,另一方面也让我们相信不管在什么环境下,努力付出总会有回报、有收获。

从事微贷客户经理以来,我个人收获的也不仅仅是业绩与个人的成长,更多的是对微弱客户的认知。也更让我坚信,当时选择微贷这条路是正确的。

2.穷人的信用值得信赖

在刚刚开始学微贷的时候,浙江大学 AFR 微贷项目负责人就跟我们说过:"穷人之所以穷,是因为其不具备资源资本化的能力,穷人的信用值得依赖!"起初我对这句话并不理解,甚至有些不认同。因为在当时看来,我们原本的贷户都是在当地"有头有脸"的,且贷款有抵押,有那么多担保人,尚且出现了那么多不良,如果把我们的资金贷给"穷人",还不抵押,不找那么多担保人,那风险岂不是更大,然而,经过将近两年的业务实践,我开始对这句话深信不疑。在我的客户群中有这样一个群体,他们住在一个偏远乡镇的小社区,大约有 10 多家商户,几乎都没有贷款经历,大部分都是微贷提到的典型的原生态客户。在我做第一户的时候,其他的商户都会过来围观。那时的他们认为,银行怎么还上门服务,而且是送贷款!就是在他们惊讶的眼神中,我顺利做成了第一笔纯信用贷款,产生了良好的效果,后来又陆陆续续做成了 5 家。后来再去的时候,他们看见我就像看见家人、亲人一样,而我也觉得特别亲切。这也正应了资料中的那句话,这正是我们需要帮助,我们有能力帮助且政府需要我们帮助的所谓的"弱势群体",而且这部分客户一旦帮助成功,边际效应巨大。浙江大学 AFR 微贷项目组负责人有段时间的微信签名曾是"微贷贷微助民生、普惠惠普促和谐"和"微普民和",我想,这也许就是我们做微贷的意义之一吧。

3. 经师易得,人师难求

我们除了做好微贷业务,还有一个很重要的任务便是微贷培训了。根据浙江大学 AFR 微贷项目组的规划,二期培训由我们主导、项目组制订计划并定期评估交流,三期培训则由我们独立自主完成,项目组支撑并定期评估培训效果。看着二期与三期的培训生用 9 个多月的时间,从理论阶段到实践阶段再到现在每个培训生都达到了结业要求,且很多二期培训生走上了管理岗位,真是振奋人心。现在回想那些早市扫街、夜市扫街以及下村同培训生一起做调查的日子,都恍若昨天。每一期培训8 个多月的时间,看着培训生们从对微贷的懵懂到现在的接受微贷理念,利用微贷技术去评估贷款,倍感欣慰。当然,有时候我感觉收获最大的可能是自己。记得刚开始的时候,看到课程安排,我心里特别茫然,也特别害怕,怕自己不会讲,怕自己讲不好。但是两期 19 个月下来,我已经习惯了从选周例会主题到备课再到讲课的流程。同时,和各位培训生也从陌生到成为好友,我收获了信任与友谊,最令人欣慰的是看到了他们的成长和听到了身边同事对培训生的高度肯定。另外,我也在传统客户经理身上学会了如何全面地分析一笔贷款、如何清收不良贷款;在内勤身上学会了如何在前台营销客户。微贷培训从表面上来看是我们在教他们微贷理论与技术,换个角度,又何尝不是一个互相学习的过程。在二期培训结束的时候,我感觉更多的还是自己的不足和遗憾。比如如何调动二期培训生的积极性,让他们真正理解微贷理念;又如在错峰营销中,在日常扫街中,如何更加高效地宣传微贷,达到扫街的三大目的。还有就是我们最核心的周例会,如何在短短一个多小时的时间内充分表达自己想表达的观点,如何创新周例会形式,让周例会的气氛活跃而又不失严谨。种种不足越发让我觉得"经师易得,人师真的难求"。带着对二期培训的思考与总结,在三期培训中我们开始弥补二期培训中的不足,通过创新周例会形式,在周例会中更多地与培训生互动,让培训生主动表达自己的观点,鼓励培训生之间多多交流,同时把联动营销做实。当然,这一切的前提都是自己要对微贷理论及操作牢记于心,以"人师"的标准严格要求自己,树立一个好的榜样。

4. 微贷不仅仅是技术

培训中这句话提及的次数最多,消化起来却最慢。是啊,在我们的生活和工作中就是这样,有时候你感觉最简单的话却最难理解。记得刚学微贷的时候,AFR 微贷项目组下发的资料中,就一直在强调"微贷不仅仅是技术,还是管理,是文化"。在我看来,微贷可能还是一种习惯,一个可以让自己更优秀的习惯。微贷客户经理没有固定的片区,这就决定了几乎不会有人主动来找我们申请贷款,同时也意味着我们必须走出去找客户。尤其是在小微贷事业部成立初期,从发放第一笔贷款 5 万元到现在累放 6000 多万元,不到 2 年的时间,我们证明了自己可以存活下来,我们可以趴在地上找到客户。无论是炎炎烈日还是寒冬腊月,我们始终没有放下扫街工作,一次又一次地在街上寻找客户。现在,看到那么多客户在朋友圈发自内心地夸奖我们且时常给我们推荐客户,那种自豪感是从来没有过的。有时候确实会觉得累,结识微贷两年多的时间,几乎没怎么休息,周一到周六上班,周天写作业,和家人在一起的时间越来越少。但是从来没有抱怨过,因为我知道我们老一辈农信人都是这么过来的,"三水精神"和"挎包精神"这些传统不能丢,也不敢丢,需要我们去传承与光大。市场竞争日趋激烈,但我们农信一直屹立不倒,这与老一代农金人留下的艰苦奋斗的优秀传统密不可分。但我们也必须承认,村镇银行、邮储银行已开始行动起来,客户的选择也越来越多,我们只能不断进步、不断更新、不断出现在客户或潜在客户面前,让我们成为客户的第一选择,让客户在有任何金融需求的时候第一个想到我们,且能及时联系到我们。

从一开始选择学习微贷就注定了走这条路会非常辛苦,但如果我们真的能把本就属于我们的农村市场留住,就算再辛苦也是值得的。让优秀成为一种习惯,让微贷融入生活,我会努力,一直努力!

第二章　AFR 微贷项目的理论与现实基础

如前章所述,AFR 微贷项目起源于浙江大学"中小金融机构可持续发展研究"课题组。1996 年以来,该课题组相继跟踪研究了浙江温州、台州等地区民营经济、制度变迁与经济发展。AFR 微贷项目组负责人有幸参与并重点关注温州、台州地区城信社、农信社的运营与发展以及县域、中心镇微小客户贷款等融资的供求情况,并于 1997 年与浙江台州银行前身浙江台州路桥城市信用社合作,见证了台州银行的德国 IPC 微贷技术本土化、优化发展过程及台州银行发展壮大的全过程,系统地学习了微小贷款理论并累积了丰富的微小贷款实践经验。与国内其他微贷项目相比,浙江大学 AFR 微贷项目主要定位于经济欠发达县域农商银行、村镇银行(以下简称小微法人银行),2011 年 3 月启动以来,该项目持续坚持"客户经理培训基地、原生态客户发掘与孵化基地、支农支小金融产品服务创新试验基地"功能定位,着力打造"微弱情怀、微贷技术"兼备的客户经理队伍,弥补欠发达地区小微法人银行人力资源短板,通过制度、产品与服务创新,着力为"四无""四有"的金融弱势群体提供均等的信贷服务机会,以强化年轻客户经理与微弱客户互动成长,促进年轻客户经理成长并累积微弱客户资源,培育忠诚客户,优化客户经理队伍与信贷业务结构,提升小微法人银行可持续发展的活力。自 2011 年 3 月启动以来,因其精准的定位、扎实的理论基础与丰富的实践经验,受到众多县域小微法人银行的广泛欢迎并产生了良好的经济社会效应。

第一节　AFR 微贷项目的理论基础

习近平总书记多次强调,"全面建成小康社会,一个也不能少"。"全面建成小康社会",非常重要的一点就是要扶贫与脱贫。如何学习运用先进的理论并结合中国的实践,固守金融服务实体经济本源、做实小微法人银行扶弱助微与精准扶贫脱贫,网点遍及全国欠发达地区乡镇的农商银行等小微法人银行大有作为,为之服务的浙江大学 AFR 微贷项目也应有所作为。

一、社区银行与关系型贷款发展

目前,国内社区银行的界定虽不是特别清晰统一,我国的县域农商银行是否属于社区银行也众说纷纭。从资产规模,市场定位,目标客户,信息获取、识别与处理等维度来看,我国的村镇银行、60%左右的农商银行与国外的社区银行基本一致。AFR 微贷项目服务于欠发达地区的小微法人银行(农商银行、村镇银行),通过做实"客户经理培训基地、原生态客户发掘与孵化基地、支农支小金融产品服务创新试验基地"三大功能定位,着力服务辖区内虽"四无"但具备"四有"与"四缘"软信息的微小客户(微小企业、个体工商户、居民、农户等)。因此,首先有必要理清社区银行、关系型贷款与小微法人银行、AFR 微贷项目间的关系。

(一)社区银行及其发展前景

美国独立社区银行家协会(ICBA)认为,社区银行是指那些在有限的地域范围内独立经营,将当地吸收的存款重新投资于当地,资金的规模在 1000 万到几十亿美元内的小型银行。De Yong 等(2003)以资产规模为划分基础,认为满足资产规模在 10 亿美元以下[①]、以关系型存款与

---

① 近年来,越来越多的学者认为,总资产规模这一指标应该随时空条件的改变而改变,市场定位,目标客户,业务结构,信息的获取、识别与处理方式应成为是否属于社区银行的重要核心指标。笔者也赞成这一观点,若以此衡量,我国 90%左右的农商银行都属于社区银行。

关系型贷款为主、加深传统金融服务和经营独立四个条件的银行机构均可称为社区银行。

Basset 和 Brady(2001)发现,在 1985—2000 年,美国社区银行的资产、存款增速高于大型商业银行。De Young 等(2004)发现,相对于大型商业银行,1 亿～10 亿美元的社区银行的净资产收益率更高。在经济衰退时期,整体上,社区银行的资产收益率高于大银行,大规模社区银行的盈利能力稳定性较强,小规模社区银行的盈利能力下滑,原因可能是其未达到最低有效规模或地处经济不发达地区。Bassett(2012)通过实证分析得出,社区银行更高的贷款利率缓解了较高的存款成本压力。Hakenes 等(2015)通过分析德国的银行样本后指出,当地重要的资金供给方是区域性小银行。Petersen 和 Rajan(2002)发现,大型商业银行开始利用信息科技提供远距离的金融服务削弱了社区银行的比较优势。De Young 等(2002,2004)认为,金融市场的改变对社区银行造成了一定的负面影响,但在关系型贷款方面社区银行的竞争优势依然存在。Harvey 等(2003)认为,相对于大型银行,社区银行具有机动灵活、决策时间短、费用低廉等优点。Olson(2003)在考察农户和小微企业日常生产、生活后认为,社区银行仍然能够通过发放关系型贷款、吸收本地存款保持长期可持续发展。Carter 和 Mcnulty(2005)对银行规模与不同类型贷款间的绩效表现进行了实证分析,发现社区银行在小企业关系型贷款方面依旧存在优势,存在较大的市场空间,理论上可以预见其发展前景光明。

(二)关系型贷款

社区银行经营业务以关系型金融为主,通过与社区内的农户和中小企业建立长期的互动关系,重点关注金融服务需求,借此建立业务联系,有针对性地提供金融服务。Petersen 和 Rajah(1994)研究发现,银行与企业间的频繁沟通使银行能够动态了解和跟踪企业实际的生产经营状况,同时也能提高企业的授信概率。Petersen 和 Rajah(1995)提出了"小银行优势"理论,由于组织架构简单、决策链条短、空间距离近等特点,中小银行在为中小企业提供贷款方面更具优势。鉴于不同借款者具有不同的信息特征,Berger 和 Udell(2002)将贷款依据信息处理方式的不同分为两类。第一类是那些以真实财务报表、抵押和担保、信用评级等可精确量化、可查证、便于传递的信息（被称为"硬信息"）为基础的交易性贷款；第二类是通过过去与本地市场客户交往所获得的关于其个人品质和嗜好、家庭结构及稳定性等，并以此为基础形成对其未来风险和收益预期评估的信息，这些难以数量化、不便于传递的以"质量"为基础的信息被称为软信息，建立在软信息基础上的贷款被称为关系型贷款。他们进一步指出，由于软信息的模糊性和人格化特征，软信息必须依靠业务人员点对点收集和处理，因此社区银行在发放关系型贷款方面更有优势。Hauswald 和 Marquez（2006）从空间距离的角度论证了社区银行发放关系型贷款的优势，通过模型论证了信息传递的成本与银行和企业间的物理距离呈负相关关系，距离的增加会提高信息传递的成本。De Yong 等（2004）分析经营规模、信息处理方式、产品标准化程度三者间关系后，发现大银行加工处理硬信息使信贷产品标准化，获得规模效益，社区银行则利用软信息提供个性化的金融服务。社区类微小法人银行凭借自身获取、识别、处理微小客户软信息的固有优势彼此相伴、互动成长，关系型贷款业务是社区类银行能做且必须做好的重要的支撑型资产业务。

（三）社区银行、关系型贷款：AFR 微贷项目强有力的根基

我国学者对于社区银行有两种理解：一是参照国外对于社区银行的定义，二是在借鉴国外社区银行定义的基础上结合我国的实际情况进行中国化的诠释。例如，巴曙松（2002）将社区银行定义为经营范围有限、按市场化原则经营、目标客户为中小企业和个人的中小银行。应宜逊和李国文（2005）认为，在县级及以下行政区域经营、具有独立法人地位的县域农村金融机构均满足社区银行的定义，例如绝大多数的农商银行、农用社、农合行、村镇银行和农村资金互助社等。再者，我国欠发达地区的农商银行、村镇银行除股权结构外与国外社区银行相关无几。从资产规模看，资产规模多在 100 亿元人民币以下；从市场定位看，专注服务本地、服务县域、服务社区，专注服务"三农"和微小企业；从目标客户看，存款来源于当地、贷款服务于当地微小企业及村居民；从信息获取与处理方式看，通过常态化的社区活动与主动营销获取客户软信息；从监管制

度看,银保监办〔2019〕5 号文件明确规定:"专注服务本地、服务县域、服务社区。农村商业银行应准确把握自身在银行体系中的差异化定位,确立与所在地域经济总量和产业特点相适应的发展方向、战略定位和经营重点,严格审慎开展综合化和跨区域经营,原则上机构不出县(区)、业务不跨县(区)。应专注服务本地,下沉服务重心,当年新增可贷资金应主要用于当地。"因此,社区银行与关系型贷款的相关理论与研究成果可以成为我国县域尤其是欠发达地区的微小法人银行发展的理论支撑与参考依据。再从中美两国微小法人银行发展现状看,美国有 4 亿左右人口,即使在 2008 年次贷危机最严重的时期,依然有 7169 家社区类微小法人银行[①]为辖区内提供富有特色、贴近居民需求的金融服务;我国有 14 亿人口,农商银行、村镇银行等地方类微法人银行仅 5241 家[②],且其中"村镇银行不进村、农商银行脱农离农"现象一直存在,东、中、西部微小法人银行运营状况及其辖区内微小客户金融服务可得性差异巨大,现实中社区类微小法人银行发展空间广泛。

作为一直努力服务县域微小法人银行和坚守"客户经理培训基地、原生态客户发掘与孵化基地、支农支小产品服务创新试验基地"三大功能定位的 AFR 微贷项目,通过架构突现微小法人银行自身固有优势的关系型贷款服务体系,为缺失硬信息的微小客户提供"简单、方便、快捷、有尊严"的金融服务,弥补"客户经理断层与内训能力不足,客户断层与忠诚客户培育、维护能力不足,客户需求旺盛与产品服务创新能力不足"等短板,有着扎实的理论基础和广泛的现实需求。因此,无论从理论还是从现实需求来看,社区银行与关系型贷款是 AFR 微贷项目强有力的发展根基。

二、穷人经济学与信贷机会均等

2006 年 10 月 13 号,诺贝尔和平奖委员会把 2016 年度的诺贝尔和平奖颁给了孟加拉国格莱珉银行创办者穆罕默德·尤努斯(Muhammad Yunus)博士。委员会在领奖时称:"持久的和平只有在大量的人口找到

---

① 数据来源:美国联邦存款保险公司。
② 数据来源:中国银行业监督管理委员会,2008 年。

摆脱贫困的方法后才会成为可能。"毫无疑问,尤努斯博士就是帮助人们实现这一永久目标的人。尤努斯博士在2007年海南博鳌亚洲论坛演讲时指出,60％的人口只拥有全世界总收入的6％,他们的贫穷是制度失灵所致。目前,我国正处于城乡统筹与乡村振兴深化发展阶段,未来一段时间离地失土的新生代农民等金融弱势群体仍会不断增加。结合发展经济学、微型金融等相关理论并通过金融服务创新让所有具备"四有""四缘"资源的金融弱势群体享有均等的信贷服务机会,助力和谐社会发展,任重而道远。由此,必将为AFR微贷项目的持续发展注入活力。

（一）穷人经济学与小额信贷

威廉·阿瑟·刘易斯(William Arthur Lewis)和西奥多·W.舒尔茨(Theodore W. Schultz)因在发展中国家经济发展方面做出了开创性研究而荣获1979年度诺贝尔经济学奖。舒尔茨(1979)在接受诺贝尔经济学奖时说道:"世界上大多数人是贫穷的,所以,如果我们读懂穷人的经济学,我们就可以知晓经济学最重要的部分。世界上的穷人大多数以农业为生,所以,如果我们读懂农业的经济学,我们就可以更多地知晓穷人的经济学。"虽然舒尔兹是针对农业及其从业者的状况说出这番话的,但就我国目前的情况而言,"穷人"这个概念显然不仅仅是指农民,还包括个体工商户、微小企业主等长期被传统金融服务边缘化的金融弱势群体及贫困人口。一个社会的和谐与发展,亟待通过金融服务创新为这些人群提供"简单、方便、快捷、有尊严"的金融服务。舒尔茨在《穷人的经济学》中指出:"一个社会的消费者中穷人太多、富人太富,迟早要出问题。"他同时认为贫富差距各国都有,问题是差距不能太大,因为贫富悬殊会成为社会的振荡器。2015年度10月12日,2015年诺贝尔经济学奖正式揭晓,普林斯顿大学教授安格斯·迪顿(Angus Deaton)因在消费、贫困和福利方面的贡献而荣获2015年度诺贝尔经济学奖。2015年10月17日是第23个国际消除贫困日,也是中国第二个扶贫日。显然,安格斯·迪顿在这个领域的研究不仅有实际意义,更有象征意义。安格斯·迪顿在《逃离不平等》一书中写道:"世界上至少有10亿人的生活水平处于发达国家100年前的生活水平状态。我们没能让他们摆脱贫困,这是不争的事实,我们应当受到指责。"因缓解全球贫困所做出的重大贡献,阿比吉特·班纳吉(Abhijit Banerjee)、埃斯特·迪弗洛(Esther Duflo)和迈克尔·克雷默(Michael Kremer)三位经济学家共同获得 2019 年度诺贝尔经济学奖。这是继 1979 年威廉·阿瑟·刘易斯和西奥多·W.舒尔茨在发展中国家经济发展方面所做的开创性研究以来,诺贝尔经济学奖第 3 次授予这一领域的经济学家,显示出主流经济学界对发展中国家消除贫困问题的重视。班纳吉和迪弗洛合著的《贫穷的本质:我们为什么摆脱不了贫穷》,改变了人们原先觉得穷人或者存在能力和智商上的欠缺,或者不上进的看法。作者通过在印度的调研认为,小额信贷可以作为抗击贫困的方法之一,目前也很少有项目能像小额信贷那样能覆盖如此多的穷人。很多经济学家研究发现,很多人成为穷人可能是因为缺少机会,他想跳出贫穷却跳不出困境。

主流经济学家关注研究穷人经济学的同时,国内外诸多理论实务界人士也开始在 20 世纪 70—80 年代关注研究小额信贷(如前章所述,无特殊申明,本文中的微小贷款、小额信贷含义相同),其中首推集理论与实践于一体的孟加拉国吉港大学发展经济学教授穆罕默德·尤努斯博士。1974 年,孟加拉国独立后的第 3 年,尤努斯博士走访农村,数月后列了一张在贫困线下挣扎的急需帮助者 42 位妇女的名单,自己掏出了 27 美元借给她们并要求她们不要乞讨,带领家人做点小工艺活。数月后,42 户家庭皆还清借款并过上了有尊严的生活。1976 年,当贷款范围扩大到 100 个村庄时,尤努斯成立了自己的“乡村银行”——格莱珉银行(Grameen,孟加拉语“村子”的意思),而后在发展中国家普遍实施。1983 年,经过不懈游说,尤努斯的格莱珉银行在政府的支持下终于转化为一个独立的银行,建立了 16 家分支银行,贷款户达数万美元,服务对象主要是该国个人,特别是其中的贫困农户。2004 年,尤努斯推出了针对路边乞丐的贷款计划。该项目无偿为乞丐提供 9 美元贷款,要求乞丐们用这笔钱摆摊做小生意,不再乞讨。到 2004 年年末,一共有 2.6 万个乞丐拿到了贷款。项目开展后不久,近 60％的贷款即被偿清,一年后 99％的贷款正常结清,乞丐们也大部分都成功转变为小贩,并受到社会的尊重;2005 年年底,乡村银行的 400 万客户里有 96％都是妇女。尤努斯的小额信贷不仅提高了妇女的经济能力,也提高了她们的社会地位。2006 年 10 月 13 日,尤努斯获得诺贝尔和平奖,随后小额信贷扶微助弱功能与发展模式在全世界众多国家和地区得以推广并取得巨大成功。值得一提的是,20世纪以来,随着信息技术、金融科技的迅速发展,小额信贷线上运营受到越来越多银行的青睐。然而,"微小企业贷款难"①的问题在许多国家并没得到很好解决。特别在我国,银行越来越多、越办越大、信息技术越来越发达,但微小企业融资环境却没有得到根本性改善,近年来甚至还不断恶化,尤其是我国中西部地区更为严重。所以,信息技术、软信息、小微法人银行、微小客户间关系必须要理清并正确处理。

金融业内信息化、技术化、风险度量和控制技术的巨大变化极大地改善了企业融资环境,银行业作为金融中介的代表获得了快速发展,服务范围大为拓展。随着经济环境的改善,特别是技术上的进步,传统大中型银行具有了向微小企业领域渗透的动力且渗透能力也有所提升。由此,小微法人银行的存在基础是否会动摇,小微法人银行赖以生存的微小客户软信息及其处理方式是否会发生变化,小微法人银行如何看待与处理"线上、线下线上融合、线下"微小贷款业务等,成为业界关心的重点。Deyoung等(2004)研究认为,关系型贷款并未受到信息科技进步和放松监管的实质性影响,是因为社区银行所具有的处理软信息的优势,若植入大银行内部,必然会导致"结构性不经济"。此外,由于对小企业贷款契约的高频率再谈判和事后监督的客观性,它们也不大可能被标准化和证券化。面对监管的放松,大银行普遍采取多元化策略,开展更多的非传统业务或表外业务。但他们认为,对于地方性小银行和社区银行来说,或许坚持传统的银行业务更好。他们还认为,地方性小银行和社区银行最重要的竞争力就是为本地经济和居民提供传统金融服务,而其中主要以本地小企业②为代表。对于科技进步对贷款技术的影响,学者们认为信息技术的进步使各项指标可以量化处理,信用评分模型也日渐

---

①　通常所说的"小微企业(中小企业)融资难、融资贵"并不准确,因政府的关注,随着大中银行机构、业务的下沉,特别是资本市场的发展,很多中、小型企业早已成为银行业争抢的重要战略客户;现实中融资更难、更贵的是微小企业,最难、最贵的又是其中的原生态客户,而这类客户唯有小微法人银行为之服务。

②　文中提到的"小企业""小银行"等表述均来源于原文献。前文已述,本书所指小微法人银行专指欠发达县域农商银行、村镇银行,其主流客户是微小客户(微小企业、个体工商户、农户及居民),文献中所述客户的特性更为明显。

普及,提高了软信息的"硬度",但这并没有改变软信息的本质属性。换言之,这只能十分有限地扩大依赖于"硬"信息的交易型贷款的放贷范围,却无法从根本上改变关系型贷款的传统技术优势。信息技术的变革并没有改变银行放贷和贷后监管的实质,与借款者的个人交流以及软信息的掌握仍然非常重要,信贷员就是软信息的"藏室"(曾冉,2014)。在大中型银行信贷中普遍存在的委托代理的问题在小微金融机构信贷这里也同样存在。但是,地方性银行和社区银行小型、封闭的组织结构和独特的运行模式能有效解决此类问题(Berge,Udell,2002;Scott,2004)。物理距离和功能性便利依然是小企业选择银行的重要因素。该研究还表明,对比大型银行服务,社区银行除了物理距离更近和服务便利之外,小企业还能在金融机构拥有更长久的客户关系、获得更多的金融服务以及经常亲自与社区银行的经理和员工打交道。现实中,优秀的小微法人银行也都是基于扎实的软信息主导的关系型贷款业务,积极拥抱金融科技,适度发展线上业务的结果;与此形成鲜明对比的是,脱离本地软信息主导的线下微小客户业务,过多关注辖区内数量极为有限的硬信息客户与微小客户线上业务,其结局往往都不理想。因此,就理论层面与实践层面看,无论信息技术、金融科技多么发达,小微法人银行仍独具处理软信息的优势,关系型贷款仍是小微法人银行、微小客户间长期存在、相伴成长的主要信贷业务,社区类小微法人银行具备持续提供这种"关系型服务"的能力。在此基础上,积极拥抱信息科技、金融科技,维护不断成长的微小客户业务并拓展其他业务,是小微法人银行现实的选择。

(二)AFR 微贷项目与微小客户信贷机会均等

AFR 微贷项目客户定位:其他行或本行传统客户经理不愿做、不敢做、来不及做的微小企业、个体工商户等微小客户的经营性贷款,客户多呈现"有强烈劳动意愿却长期被传统金融服务边缘化"等特征。合作双方通过努力,AFR 微贷项目组助力合作单位形成具备"能师能战"的微贷自主复制能力团队,持续推进培养"微弱情怀、微贷技术"兼备的客户经理队伍,着力为辖区内微小客户提供均等的信贷服务机会。

1.符合弱势群体创业与发展贷款需求的经营理念

鉴于个体工商户、微小企业主等弱势群体大都没有和正规金融机构交往的经验,资金需求又呈现出"金额小、期限短、需求急、次数频"等特点,为他们提供金融服务的金融机构的经营理念必须有根本性的改变。第一,主动的贷款营销与一定的风险容忍度。个体工商户、微小企业主贷款难,主要难在大多没有和正规金融机构交往的经验、相互间缺乏基本的了解,客户经理需要主动发掘弱势群体的金融需求。鉴于单户小额贷款的风险相对于大客户来说肯定较高,不宜要求客户经理做到"零风险",需有一定的风险容忍度。第二,"先予后取"的服务观与可承受的较高利率。针对大多数第一次与银行打交道的小客户,开拓客户的最好办法是"先予后取"。当然,这并非意味着不讲策略,相反更要有一套过硬的筛选技术以发现目前虽身处弱势地位、但很有帮扶潜力且能承受较高利率的客户。具体做法是轻担保、重借款人第一还款来源,尤其是项目的现金流,即使是首次贷款客户也是如此。从长远看,弱势群体金融服务同样具有盈利的基础。一笔微小贷款往往能激发其潜能,帮扶其成长,日后很容易成为银行的忠实客户。当银行拥有一大批经过筛选的客户群后,就可以开展存款、信用卡、结算、理财等相关产品的交叉销售。第三,市场化运作与自身实现商业化可持续发展。需要说明的是,金融支持微小企业有别于慈善救助。市场化运作与实现商业化可持续发展是其基本原则,关键是贷款对象的选择,即选择一些有劳动技能、肯劳动的经营者,且经营项目能盈利,以实现金融帮扶商业化可持续发展。

2.培养弱势群体易亲近的高素质的微小贷款营销队伍

微小贷款的服务对象是一群长期被正规金融机构边缘化的创业人员,他们因文化水平普遍不高、金融知识匮乏而存在自卑感与恐惧感。这就需要微小贷款信贷员不仅具有较高的表达沟通能力及亲和力,还要具备浓浓的微弱情怀、温和的性格及优良的品行,更要有过硬的客户项目识别与判断能力。为此,应做好以下工作。第一,严抓选聘、培训与用人机制建设。在选聘方面,AFR微贷项目组按"人师"要求从严制定内训师标准和规范选聘程序;在培训方面,建立了理论和实践相结合的兼职培训体系,通过"1+1+1+N"架构,相继完成"40余万字互动式理论学习、案例研讨式交流、中心见习、完成常规作业"等培训内容;在用人机制上,做到干部能上能下,客户经理能进能出,奉行"谁为银行创造价值,谁就是银行人才"的用人价值观。第二,信贷文化与激励约束相融合。"吃苦、求实、创新"与"廉洁、诚实、高效"是小微法人银行精神和信贷文化的核心,在培训与业务运营过程中始终强调"结果导向"的工作信条和"信贷资产质量是命根子"的风险观念。绩效考核上充分向一线信贷员与做小、做散、做原生态客户倾斜,建立一整套公开、透明、直接量化考核到个人薪酬的激励办法,按月考核。良好的信贷文化与严格的激励约束机制造就了一批素质高、业务精的微贷扫街营销队伍他们都有强烈的"以客户为中心"的市场开拓意识,长期走街串巷主动接近客户并提供力所能及的延伸服务,通过"脚勤""嘴勤""脑勤"来获取难以量化的软信息。

3.管理程序、信贷与风险控制技术的标准化

通过合作单位、项目组的持续努力,农商银行长期服务"三农"客户所累积的经验与AFR标准化技术相互融合所形成的微小贷款管理程序、信贷与风险控制技术,适合县情、社情、民情,具有可复制性。第一,管理程序的标准化。微小贷款管理程序的标准化完全是由微小客户的特点决定的。微小贷款客户具有文化层次总体较低、数量多、需求额度小、用款急、没有或很少有银行认可的报表和抵押资产、找不到好的担保人等明显特征,因此需要在每个业务环节加以特别注意。微小贷款业务流程充分体现了标准化管理,以达到在2~3个工作日内处理一笔贷款的效率,取得成本和质量控制的预期效果。标准化的业务流程主要包括:主动营销获取客户、申请受理、贷款调查、贷款决策、贷款发放和贷后维护等。第二,信贷与风险控制技术的标准化。个体工商户、微小企业主等弱势群体大多处于创业阶段且长期被传统金融服务边缘化,但绝大多数富有吃苦耐劳、诚实守信且知恩图报等优良品德,为他们提供贷款服务必须遵循"轻现在、重未来"原则,需要相应的信贷与风险控制机制。为此,应做好"重视全程严守'六不准',做实'微贷款、铁纪律、强服务'工作纪律;重视借款人第一还款来源;重视现金流与还款计划匹配;重视'眼见为实''交叉检查'的调查技术;重视'四眼原则(双人调查)'"五个方面的工作。第三,产品与服务创新的标准化。AFR微贷项目十分注重发掘与孵化原生态客户,注重微小客户与微小客户互动成长机制,相伴成长的微小客户后续服务与维护须充分根据客户成长的各个阶段经营现金流特点及其业务整体营销潜力为这些客户量身定制产品与服务计划,产品定价上充分体现风险程度、客户贡献与存贷款利率的关系。

通过持续做实员工内训，提升微小客户经理综合素养，做实"符合弱势群体创业与发展贷款需求的经营理念，管理程序、信贷与风险控制技术的标准化"等工作，为辖区内广大微小客户提供均等的信贷服务机会。

三、农商银行业务回归本源

2018年一号文件强调，要推动农村金融机构回归本源，把更多金融资源配置到农村经济社会发展的重点领域和薄弱环节。2019年一号文件进一步指出，要打通金融服务"三农"各个环节，推动农村商业银行、农村合作银行、农村信用社逐步回归本源，为本地"三农"服务。2020年一号文件更是对农村商业银行业务发展提出了一些具体的要求，指出"深化农村信用社改革，坚持县域法人地位；加强考核引导，合理提升资金外流严重县的存贷比；推出更多免抵押、免担保、低利率、可持续的普惠金融产品"。这一方面显示党中央、国务院对我国"三农"问题的高度关注，另一方面也说明了我国农村商业银行目前"跑偏本源、脱农离农、'支农支小'产品与服务创新不足"等问题较为严重。要解决这些问题，既需要本土化、扎根中国大地的金融理论的支撑，更离不开县域金融主力军农村商业银行文化、业务等本源的回归与持续性地"支农支小"。实践中，有必要先理清我国农村商业银行（含农村合作银行、农村信用联社）的本源是什么、为什么跑偏了以及如何回归本源等问题。

（一）农信文化的形成与农商银行发展中业务本源的偏离

农村商业银行（以下简称"农商银行"）是专注服务本地、服务县域、服务社区、服务"三农"和小微企业的地方性银行类金融企业，由原农村信用社改制而成，至今已经走过近70年的历程，近70年历程留下的最宝贵财富当属"三水"精神与"挎包"精神。20世纪五六十年代，老一代农信人数十年如一日，"身背挎包、手拿算盘、带着凭证"，"早上一头露水，中午一身汗水，晚上一脚泥水"，用双脚丈量山河土地，翻千山越万岭，走千家访万户吸收存款，为农村万千百姓送钱送贷，上门提供金融服务，用心血一点一点地打下了农信事业的根基，是百姓口碑、"三农"情怀、艰苦奋斗、乐于奉献和忠于职守的农信文化的浓缩。然而，在由农村信用联社向农村商业银行改革发展的路上，各家机构为了追求"利润最大化、风险最小化"的目标,纷纷争抢县域辖区内硬信息较完备的客户,逐渐形成"群雄逐鹿"的局面。农商银行也不顾自身优势与肩负"支农支小"的重任,跟其他商业银行拼规模、拼市场占有率,热衷于资金同业业务,过多从事高风险的表外业务,"脱农离小"时有发生,出现了经营定位偏离主业、发展方向偏离商业化改革的预设轨道等倾向。具体来说,主要存在以下问题。

1. 资金外流现象严重

2012年1月,第四次全国金融工作会议强调指出要"坚持金融服务实体经济的本质要求,确保资金投向实体经济,有效解决实体经济融资难、融资贵问题"。2012年前后,众多农商银行开始追随其他商业银行推进资产负债多元化战略,同业、资管业务跨机构、跨市场相互嵌套,导致部分资金脱实向虚、体外循环,不少农商银行的贷款占总资产比例远低于银保监规定的50%底线要求(银保监办〔2019〕5号),与其他大中型银行分支行一样,成为县域经济体的"抽水机"。杜晓山和宁爱照(2013)在研究商业银行参与金融扶贫时就发现,农村金融市场存在大量的资金缺口,而且资金外流问题依旧严重,大批金融资源通过涉农金融机构渠道流向城市。周振(2015)利用数据对1978—2012年我国农村资金净流出状况进行了测算,得出结论:2008年后随着农村金融改革的铺开,金融系统成为农村资金外流的主渠道,尤其是2007—2012年的6年间,通过农村商业银行流出的资金高达19645.02亿元,是农信社流出规模的4倍之多。宁爱照和杜晓山(2015)在分析农村小额信贷市场时还发现,有的农村信用社改制为农村商业银行后偏离了"支农助农"的服务宗旨,主要服务对象和目标市场发生了偏移,导致小额信贷业务萎缩,小额信贷市场规模缩减。据2016年年底38家上市银行的年报,贷款占总资产比例指标中,仅有9家在50%(含)以上,19家在40%以下,其中2家农商银行分别只有37%和32%,剔除贷款中贴现业务后的实体贷款占比更低。由于自身定位的偏移,不少农商银行成为县域经济体的"抽水机"。浙江大学AFR微贷项目组2019年度的调查显示,众多中西部地区县域农商银行纷纷热衷于同业业务,信贷资产在总资产中占比不断降低,实体经济贷存比多在30%左右,经济发达的长三角县域农商银行信贷资产在总资产中占比、实体经济贷存比同样不容乐观。与此同时,硬信息完备的客户信贷服务过度、违规改变信贷资金用途从事其他高风险投资的事件频频发生。资金外流的持续增加以及小额信贷市场的持续萎缩,减少了农村金融市场的资金供给,给农村经济发展带来了极为不利的影响。

2. 业务偏离"三农"定位

王建林(2010)在总结农村合作金融体系的经验时提到,偏离"三农"服务方向和贷款"垒大户"是农合行发展史上无法抹去的阴影。农村商业银行改制后,对资产扩张和高利润的过度追求显著增强了其从事高风险的表外和理财业务的动机,而且这种状况在经济进入新常态后尤甚。刘红霞和辛丽霞(2015)构建了商业银行证券化融资行为动机的 Logistic 模型,选取国内 2005—2014 年 42 家商业银行成功发行的信贷资产支持证券数据进行实证分析,结果表明,相比政策性银行和国有大型商业银行,农商银行更容易因为过度关注盈利水平而进行资产证券化。片面追求规模和利润,偏离主业,农商银行潜在风险高,严重影响其可持续发展并削弱地方经济发展的动力。朱书贤(2017)在研究浙江省重点区域农村商业银行定位选择和发展策略后表明,浙江某发达地区农商银行早期正是由于过于追求"做大、做强",最终风险集中爆发招致失败,而后通过数年的努力,成功走出困境并顺利发展也正是因为重新确立了"服务三农,支持小微"的战略定位。蒋胜远、张磊、徐丽娟(2018)对浙江省 32 家农商银行进行了实证分析,发现样本农商银行的经营绩效与银行资产规模呈一定程度的负相关,而与员工人数呈一定程度的正相关。上述分析不难看出,农商银行不应定位于片面追求规模扩张和高盈利,而应持续坚持"小而土、小而散、小而精、小而美"业务,服务"三农",支持小微,做实实体经济贷款,提升贷款资产比重,方可实现持续稳健发展的同时促进地方经济发展。

3. 员工队伍中"支农不知农、支小不知小"现象令人担忧

"小而土、小而散、小而精、小而美"业务表面上看是资金问题,实质上是农村金融市场供求双方能力建设的问题,相对而言,金融服务供给方农商银行员工队伍的能力建设尤其重要。"好借好还",唯有首先做到"好借",方可期待"好还"。现实中,农商银行员工队伍中占主导地位的新生代员工,其成长学习过程中普遍存在离土、离村、离民的现象,良好的成长学习环境与走入工作岗位后"支农支小"的农村金融市场服务环

境形成了巨大反差。对"三水"精神与"挎包"精神天然缺乏理解与真实感悟；农商银行新员工入职培训又多是简单的外包、考证取代培训，缺乏针对性，年轻员工"支农不知农、支小不知小"现象较为普遍。另外，由于微小客户（微小企业、个体工商户、农户）具有信息不对称、缺乏抵质押物与财务报表等硬信息、金融服务成本高等基本特征，年轻员工很难在这些群体中分辨出优质客户，导致现实中的微小客户信贷业务要么占比极低，要么不良率较高。年轻员工上述现象若得不到根本性改变，"服务'三农'、服务微小"基本素养得不到实质性提升，"农商银行信贷粗放式投放与管理、微小客户信贷服务可得性差或不良贷款率居高不下、不良贷款前清后增"等问题将难以改变，农商银行业务回归本源的目标恐难以实现。

（二）AFR 微贷项目与农商银行业务本源回归

2019 年 1 月银保监会办公厅下发的《关于推进农村商业银行坚守定位强化治理提升金融服务能力的意见》（银保监办发〔2019〕5 号）中明确强调，推进农村商业银行更好地回归县域法人机构本源、专注支农支小信贷主业，不断增强金融服务能力，支持农业农村优先发展，促进解决小微企业融资难融资贵问题。AFR 微贷项目主要定位：服务于县域经济欠发达地区，通过持续做实"微贷理念、技术固化与业务试运营，微贷技术自主复制、优化与业务小规模运营，微贷技术独立复制、'微、普'融合发展与跟踪服务"项目发展三个阶段，践行"客户经理培训基地、原生态客户发掘与孵化基地、支农支小产品服务创新与试验基地"三大功能定位，优化合作单位客户经理队伍结构与信贷客户结构，助力农商银行业务本源回归。

1. 微贷理念、技术固化与业务试运营阶段

在行党委与经营层高管的支持下，该阶段由 AFR 微贷项目组全权负责首期微贷培训生选拔、考核与 AFR 微贷学习小组组建工作，开展微小贷款理念与技术固化、互动式培训、见习安排及首批微贷培训生脱产与实习工作，按"人师"标准打造一支具备微贷自主复制能力和一定微贷业务开拓能力的团队；负责编写微小贷款技术培训资料，协助微贷产品开发与微贷中心组建；负责指导微小贷款团队建设、微小贷款运营制度

建设;形成具有自主学习、培训、产品研发和运营能力的微贷团队。此阶段通过分批下发约40万字微贷培训资料,结合常态化扫街、扫村、扫户等主动营销与互动研讨式交流学习,提升培训生微弱情怀,固化微贷技术,着力打造一个具备"人师"素养的内训师团队。

2.微贷技术自主复制、优化与业务小规模运营阶段

协助二期微贷培训生招生,制订培训计划,完善培训考核等制度建设,协助经典案例、行业报告等本土化培训资料编写工作;协助测算具有AFR微贷特点的业务规模、协助微小贷款小规模运营、管理制度建设及其过程中的经验提升与案例总结;打造具备微贷独立复制能力的内训师团队,完成"1+1+1+N"自主内训机制架构,培养具有较强微贷市场开拓能力的团队。此阶段除形成微贷技术独立自主复制能力团队外,通过理论、实践阶段每小组内训师与N名二期培训生(1+N)联合进行微贷业务小规模运营,着力打造一批"微弱情怀、微贷技术"兼备的"知农知小"的微贷队伍,重拾"三水"精神与"挎包"精神,有效拓展微贷市场,提升微小客户金融服务的可得性与便捷性。

3.微贷技术独立复制、"微、普"融合发展与跟踪服务阶段

跟踪合作单位微贷中主独立开展的微贷三期、四期培训及客户经理培训基地建设,借鉴合作单位经验,协助制定融合发展"客户分类管理、客户经理分组管理、客户经理绩效考核"等制度,设立总行层面微贷认定考核小组,所有经微贷中心培训合格的客户经理必须完成一定量的符合要求的微贷业务,持续实现微贷业务的增量扩面,助推合作单位实现AFR微贷与普通贷款业务融合发展。此阶段除形成具备微贷技术独立复制能力团队,能持续做实后续员工内训外,通过微贷理念、微贷技术融合,打造一支微弱情怀浓烈、服务规范、微贷技术熟练的客户经理队伍,形成稳定的年轻客户经理、微小客户互动成长机制,提升客户经理素养,累积微弱客户资源,培育忠诚客户;通过"客户分类管理、客户经理分级管理、客户经理绩效考核"制度融合,不断增强"支农支小,化解微小客户融资难融资贵问题"的金融服务能力,形成全行员工必须做、愿做、善于做支农支小信贷主业,全面拓展信贷业务,提升实体贷款比重,助力推进农商银行业务回归本源。

第二节　AFR 微贷项目的现实基础

现阶段我国县域经济中,"金融排斥"现象较为严重,微小企业、个体工商户、广大农户等微小客户"融资难、融资贵"仍普遍存在。长期以来,主流经济学理论多解释为信息不对称、成本高、风险大。实际上,作为立足"专注服务本地、服务县域、服务社区,专注服务'三农'和小微企业"市场定位的县域金融主力军的农商银行,通过近 70 年的发展,早已实现了"网点遍及乡镇、员工遍及乡村、服务能遍及千家万户",是名副其实的百姓身边的银行。无论是搜寻微小客户信息的优势,还是在辖区内普惠金融的社会责任,农商银行能且只能与其他大中银行实行错位发展,首先必须做实做好对微小客户的金融服务。做实做好对微小客户的金融服务,对于新生代员工占主导的农商银行来说,其关键在于如何弥补"客户经理断层与内训能力不足,客户断层与忠诚客户培育、维护能力不足,旺盛的客户需求与产品服务创新能力不足"等短板,架构突现自身固有优势的关系型贷款服务体系,为缺失硬信息的微小客户提供"简单、方便、快捷、有尊严"的金融服务。作为一直努力服务县域小微法人银行和着力于"客户经理培训基地、原生态客户发掘与孵化基地、支农支小产品服务创新试验基地"三大功能定位的 AFR 微贷项目,有着较为广泛的现实需求与扎实的存在基础。

一、强化员工内训与微小客户信息获取、识别、处理的需要

微小贷款表面上是资金问题,实质上是能力建设问题,即微小贷款供给者、需求者、政府等部门能力建设须齐头并进、协调互动发展。其中因需求者(微型企业、个体工商户、农户等微小客户)呈现"有强烈劳动意愿却长期被传统金融服务边缘化,'四无''四有''四缘'"等特征,金融服务供给者,即县域金融主力军农商银行的员工队伍能力建设显得更为重要。"好借好还",其前提条件当然是"好借"。因此,作为供给者的农商银行员工,首先须具备"好借"素养进而做到"好借",让仅拥有上述资源的微小客户得到简单、方便、快捷、有尊严的信贷服务。

　　现实中,脱胎于农村信用社的农商银行,目前员工队伍不仅存在断层现象,适应"专注服务本地、服务县域、服务社区,专注服务'三农'和微小企业"市场定位的客户经理更是严重不足。据浙江大学 AFR 微贷项目组 2016 年 8 月的一项调查,某发达地区县域农商银行贷款余额近 140 亿元,员工 1011 人,203 位客户经理中,25 岁及以下者 13 人,26～30 岁者 83 人,31～40 岁者 37 人,40 岁以上者 70 人(41～50 岁者 52 人、50 岁以上者 18 人)。绝大多数客户经理都是考证式外训取代内训,因业务发展的需要,2015 年匆匆忙忙转岗的年轻客户经理多达 75 人,客户经理断层现象较为严重,适应新生代客户需求的服务供给严重不足,信贷服务"鸿沟"十分明显;中部某欠发达地区某农商银行 2016 年贷款余额近 40 亿元,员工 380 人,70 名客户经理中队伍中,25 岁及以下者 5 名,26～30 岁者 24 人,31～40 岁者 10 人,40 岁以上者 31 人(41～45 岁者 8 人,45 岁以上者 23 人),该行客户经理年龄结构虽较为合理,但其产生过程也是考证式外训取代内训,尤其是 70% 的客户经理因高不良贷款率受到扣发绩效工资或纪律处理,全行员工都很排斥客户经理岗位,在岗客户经理贷款唯抵押担保,拒贷或惧贷微小客户等现象十分普遍。上述两家银行的客户经理状况并非个案,中西部欠发达地区小微法人银行中这种现象更为严重,贷款唯抵押担保,拒贷或惧贷微小客户,其背后原因还是缺乏有效的客户经理内训机制,以致对微小客户信息特征认识不足,获取、识别与处理等技术匮乏。

　　分散在大街小巷、遍及乡村的微小客户对应的软信息具有较强的私密性,农商银行客户经理凭借其"准私人关系"与本地市场客户交往所获得的关于其个人品质和嗜好、家庭结构及稳定性等信息,并以此为基础形成对其未来风险和收益的预期评估,作为发放贷款的依据。由于软信息的模糊性、人格化特征,存在难以量化和不便于传递的问题,必须依靠业务人员点对点地收集和处理。农商银行在发放关系型贷款方面虽具有天然优势,但其贷款发放中对客户经理微弱情怀与微贷技术的要求更高。面对新生代员工占主导的客户经理队伍,唯有通过持续强化内训、提升年轻客户经理"知农知小"的微弱情怀并从以下三个方面掌握微小客户软信息的获取、识别与处理技术,方可胜任此项工作。第一,从扫街、扫村、扫户等多渠道的主动营销发掘并获取微小客户软信息;第二,从微小客户的基本信息、经营信息与经营主体等多维度交叉检验识别软信息;第三,通过微小客户的损益表、资产负债表、调查报告表的编制来处理软信息。AFR 微贷项目的第二个功能定位便是着力为合作单位打造具备"人师"素养的内训师团队与可持续的"1+1+1+N"内训机制,强化新生代员工内训,打造一支适应不同年龄层次、不同类型信息客户的信贷客户经理队伍,努力消除信贷服务"鸿沟"。

二、"好借好还"互动机制与忠诚客户培育、维护的需要

现实中经常听到客户经理抱怨"微小贷款客户难找(难贷款)、成熟的微小贷款客户难留(忠诚度低)"。毋庸讳言,这种现象的确存在,但更客观的现实状况是:微小客户"贷款难"、银行微小客户"难贷款"并存且时空差异很大。不仅全国不同地区微小客户信贷服务可得性差异很大,同一地区不同银行微小客户信贷服务可得性差异也很大。即使同一地区、同一银行不同客户经理微小客户信贷服务状况及客户忠诚度差异也是客观存在的,甚至同一地区同一银行同一客户经理在不同时期微小客户服务状况及客户忠诚度往往也是有差异的。根据浙江大学 AFR 微贷项目组 2018 年的调查,就整村授信面、农户用信率两项指标看,2018 年年底,C 省全省平均整村授信率达到 80%,农户用信率达到 25%,而中部仅为 40%、6%,西部更低。省内不同县域差异也是明显的,全国小微金融改革试验区核心区台州路桥区农商银行的两项指标分别高达 90%、35%,远高于同行水平。[①] 全国各地同一农商银行不同客户经理或同一客户经理在不同时期微小客户业务及客户的忠诚度差异性案例更是司空见惯。银行的微小客户贷款服务的规范性、可得性与便捷性差异的根源何在,成熟的微小贷款客户忠诚度高或低形成的原因是什么,理论层面可以用一个公式予以解释,即金融产品-金融工具+服务,或微小贷

---

① 经常有人将浙江台州微小客户高质量服务归结为民营经济发达,微小贷款需求强劲。事实上,发达地区微小贷款需求强劲是个不争的事实,但其供给也很旺盛,台州地区 44 家银行,其中法人银行 20 家,9 家农商银行,8 家村镇银行,更有业内赫赫有名的 3 家城商银行(一个地级市拥有 3 家城商银行,这在全国也是绝无仅有的);欠发达地区需求少,但供给的机构也少,供求缺口更大。正如尤努斯在美国纽约设立分行一周年后不无得意地说,有人的地方就有小额信贷需求,无论是贫穷的孟加拉国还是富有的美国。

款＝贷款通则＋服务。金融工具（如贷款通则）在全国乃至全世界都是差不多的，服务则可分为宏观、中观和微观层面。宏观层面，诸如国务院、银保监政策，对不同银行、不同客户经理都是一样的；中观层面，各地政府与各农商银行高层间差异肯定有，但这不足以解释上述两个问题；微观层面则是具体到农商银行客户经理个人服务素养状况，显然时空差异性巨大。因此，微小客户信贷服务可得性及其稳定性的差异，关键在于客户经理个人综合素养的差异。

众多事实表明，一个地区微小客户的微小贷款服务的可得性与便捷性状况与辖区内微小法人银行是否做实微小贷款"线下、线下线上融合、线上"三个层次客户及其对应的微小贷款业务高度相关。而在这三个层次中，首先须做实线下，突显微小法人银行固有优势，提升客户经理素养并累积微弱客户尤其是原生态客户资源。"好借好还、好还好借"，微小客户经理若要与微弱客户长期相伴、互动成长，则须发展"线下线上融合"及"线上"业务以进一步服务与维护好线下服务与已成长、升级的客户，进而培育银行的忠诚客户（相关章节有详细论证，此处不予展开）。因此，对于地方微小法人银行而言，线上必须有，线下线上融合须主攻，纯线下工匠式微贷业务须坚持，一个都不能少。值得强调的是，线下业务发展的数量与质量取决于客户经理内训情况及客户经理对微小客户软信息的获取、识别与处理情况。唯有做实线下业务，其他两个层次方可有效延续，进而发掘并孵化原生态客户，培养银行的忠诚客户群。

全国小微看浙江，浙江小微看台州。2015年12月2日，国务院常务会议决定，建设浙江省台州小微企业金融服务改革创新试验区。试验区获批4年多来，最为典型且成熟的经验首推"大中小微"兼备、层次分明、定位精准、错位竞争、充满活力的小微法人银行服务体系。截至2019年12月末，全市共有银行业金融机构44家。大型银行持续下沉服务重心，不断改进对小微企业的信贷管理及审批机制；3家城市商业银行跻身全国小微企业金融服务机构"领头羊"行列；9家农村商业银行持续稳步发展；8家村镇银行业务范围和服务覆盖面呈扩大之势。其中，台州银行独特有效的员工内训体系与发掘、孵化微小客户以及培育忠诚客户群的机制值得关注和研究。自2005年11月23日首批引进德国IPC微贷技术并成功本土化与优化发展以来，台州银行的"银座金融培训学院"在业内引起广泛关注。通过引进国际先进的培训理念,分条线开发培训课程,建立了高密度、标准化的培训体系,并设计出科学合理的上岗资格认证机制。学院能将一个没有银行从业经验的新员工在 3 个月内培养成为能独立上岗的前台柜员,6 个月内培养成为可以独立发放 30 万元微贷款的信贷员,9 个月成为可以发放 100 万元小贷款的信贷员,18 个月成为可以发放大额贷款的信贷员。学院不仅传授企业文化、业务知识,而且培育员工小微金融服务情怀以及坚定的小微金融服务信念。新员工在培训期间必须参与不良贷款清收,让他们亲身认识、感受信贷的风险,树立起强烈的风险意识,为业务发展提供强有效的人力资源保障。截至 2018 年12 月底,万余名员工队伍中信贷客户经理占比超过 40%,贷款余额近1300 亿元,信用和保证类贷款额占比超 75%,户均不到 35 万元,不良率0.65%;300 万元及以上贷款客户数占比 1.06%,30 万元及以下贷款客户数占比 78.52%;90% 的贷款客户为无抵押软担保,10% 的有抵押贷款客户中绝大多数都是数年前原生态客户或首贷客户成长起来的忠诚客户,贷款结构优良,客户结构稳定。前文已述,基于国内外先进微贷技术、与台州银行长期合作经验基础上产生的 AFR 微贷项目的第二个功能定位便是着力为合作单位发掘与孵化原生态客户,培育忠诚的客户群。

三、产品服务创新与满足客户旺盛需求的需要

整体而言,在我国广大县域尤其是欠发达的中西部城乡地区,目前有效契合微小企业、个体工商户、农民实际需求特点的金融产品和服务方式还较少。从需求方看,贷款额小、需求面广、时间急、次数频且大多呈现无抵押、无担保、无财务报表、无和银行交往经验等特点;从供给方看,邮储银行网点虽较多,但在农村还是以吸收存款为主,发放贷款相对较少;中、农、工、建及部分股份制商业银行虽然开始进入县域层面,但是真正下沉到乡村仍十分困难,他们的服务对象主要还是以中型、小型企业为主,同时其分支机构自主决策权力有限,多是被动地按统一模式推行由总行统一设计的标准化产品,难以因地制宜推出特色化、定制化的产品;"网点遍及乡镇、员工遍及乡村、服务能遍及千家万户"的县域金融主力军农商银行,员工断层所形成的服务"鸿沟"已成为农商银行吸引新

生代客户、强化客户黏性的最大障碍,受人才缺乏等因素的制约往往不能针对新生代客户具体的、独特的需求及偏好来量身定制个性化服务与产品,这就造成县域微小企业、个体工商户和农户迫切需要的金融产品缺位。

　　AFR 微贷项目主要服务于经济欠发达的县域农商银行,突显"客户经理培训基地、原生态客户发掘与孵化基地、支农支小产品与服务创新试验基地"三大功能定位是合作双方共同认可与努力追求的重要目标。在持续做实"强化员工内训与提升微小客户信息的获取、识别、处理能力;'好借好还'互动机制与忠诚客户培育维护"工作基础上,通过"支农支小产品与服务创新试验基地"的建设,可以较好地化解上述问题。

　　经过 AFR 微贷项目组主导的一期培训与产品研发试运营(约 1 年)、微贷中心主导的二期自主复制培训与微贷业务小规模运营后(约 9 个月),约有 30 名来自各支行、多部门的培训生能胜任"发掘与孵化原生态客户"工作,微贷中心"1+4"团队经过一年多时间的业务运营与主导的二期培训,具备了较强的微贷市场拓展能力与较高的内训师素养,①第三年"1+4"团队已具备较强的产品与服务创新能力,推进全行"微、普"融合发展的同时,可以着重进行以下三方面的创新发展。第一,推进微贷业务运营的业态创新。选择一期、二期优秀培训生架构数个"1+N"团队(也可以挑选部分三期优秀培训生加入团队),进驻乡镇支行拓展微贷业务,全面推进微贷理念、微贷技术与传统业务的融合,进而带动全行微贷业务进入规模发展阶段,实现微贷业务的增量扩面。第二,推进微贷业务持续发展的制度创新。为保证 AFR 微贷项目三大功能定位不走样、微贷业务规模运营的稳健,相继出台员工内训与客户经理管理、内训师管理、客户分类管理、客户经理分级管理、绩效考核与风险控制等支撑支持性制度,通过制度的全面执行,强化客户经理准入与退出机制,明确要求不同经历、不同发展阶段、不同级别的客户经理须满足相应类型客

---

　　① 微贷中心成立 15 个月左右后,三期培训开始时按"1+4"架构估算,4 位微贷客户经理从零存量业务开始能达到累放符合项目组要求的微弱客户 360 户左右,累放金额达 2800 万元,余额 2000 万元左右,由于大多是原生态客户,是银行增量客户,对传统客户经理、银行相关部门的影响通常是很明显的。同时累积微贷客户经理与微弱客户互动成长的案例等本土化培训素材、业务运营经验。

户业务的底线要求,并在总行的绩效考核与风险控制中得到明显体现,为不同成长阶段的微小客户持续性地提升精准服务,增强客户黏性。第三,推进微贷产品与服务的升级与创新。微贷业务,"微、普"融合达到一定水平并得到辖区内百姓广泛认可形成品牌后,深度拓展并做实"行业批量业务"以提升微贷收益,同样值得期待;"一村一品",服务好个体工商户等需要提升综合服务的水平,这不仅需要"简单、方便、快捷、有尊严"的规范化服务,更需要专业专家型技术与服务的支撑。如 AFR 微贷项目某合作单位的三个"1+N"团队(3~5 人不等)从 2017 年年初开始探索三个村镇的村居、橱柜、挖掘机、铝合金、食品行业贷款批量业务,两年时间三个团队的行业贷款从零存量达到了 1 亿元左右,不良率 0.2% 左右。又如某银行瓜果行业拓展部,整个部门 7 位客户经理全部专门服务本镇在全国各地种植瓜果的农民客户,他们奔波于海南、广东、云南、江苏、陕西等地区的瓜田,"瓜农种到哪里,他们服务到哪里",支持瓜农的种植和经营,1 年间服务瓜农 1300 多人,授信 3 亿多元。渐渐地,客户经理也成为瓜果种植行业的专家,他们只要到瓜田里一看,就能看出瓜的质量,算出瓜农的本季收成,对于风险把控胸有成竹;该行商务宾馆行业拓展部,专业服务商务宾馆的投资和经营客户,部门客户经理也都成为这个行业的专家,很多客户想投资经营宾馆,都要先来咨询他们,客户经理就成为他们选址、分析投资可行性的顾问,赢得了客户的信赖。这些地方的小法人银行微贷团队,基于扎实的微贷业务能力,通过发展在外地从事"瓜果、橱柜、挖机、铝合金、食品"等行业的客户的贷款批量业务获得成功后,又有力地促进了与客户关联的生活圈、上下游生意圈的"存、贷、汇"业务的发展,微贷产品与服务的升级与创新,大有作为。

第三节　AFR 微贷项目的实践意义

　　在国家开发银行的支持下,2005 年 11 月 23 日,台州市商业银行、包头市商业银行同时与德国 IPC 公司签订《微小企业贷款项目合作协议》,此举标志着我国国内第一次由正规金融机构实施的基于商业可持续原则的微小信贷业务。经过 2 年的合作和自身多年的努力,IPC 微贷技术在两家城商银行均成功地本土化并得以持续发展,取得了不菲的成绩,由此引来了国内商业银行的纷纷效仿。至2012年年底,我国已有30余家城市商业银行、农商银行(农合行、农信社)与IPC开展合作且均取得了一定的成效,有力地促进了我国商业银行微小贷款的商业化可持续发展。

2013年6月27日,时任银监会主席的尚福林受国务院委托,在第十二届全国人民代表大会常务委员会第三次会议上所做的《农村金融改革发展工作情况》报告中强调指出,要"大力推广农村微贷技术,更好地满足农村多元化、特色化的金融服务需求",由此掀起了我国涉农金融机构新一轮的发展微贷技术浪潮。据不完全统计,我国城商银行、农商银行(农合行、农信社)、村镇银行、邮储银行等正规金融机构先后引进德国IPC、法国沛丰、德国GTZ、美国国际行动等微贷技术,可谓种类繁多。值得关注的是,国际微贷技术流派众多且不断涌现新的流派;传统的贷款技术也是多种多样,可谓有多少种信贷方式就有多少种信贷技术,客观上难以区别,并且也没有必要区别孰优孰劣。客观上每种微贷技术确无所谓好与不好,但对具体银行而言,确实存在适合和不适合的微贷技术,更为关键的是无论引进何种微贷技术,都要将其本土化、持续化与优化发展。纵观国际微贷技术在我国的发展,毋庸讳言,当初轰轰烈烈引进国际微贷技术的众多银行中,真正能够实现本土化、持续化与优化发展的屈指可数。[1] 因地域、文化、微贷技术供给方合作动机、需求方战略定位及其稳定性、需求方员工队伍结构等差异,国内金融机构引进国外微贷技术发展过程中较为突出的共性问题,除小微法人银行难以承受的较高费用外,还有本土化难、后期维护难、可持续与优化发展难以及法人银行高管队伍稳定难。因此,立足于浙江大学中小金融机构可持续发展研

---

[1] 与台州市商业银行同时引进IPC微贷技术并成功本土化、优化发展的包商银行,因种种原因于2019年5月24日被人行、银保监会接管。而台州银行则始终如一地做到了IPC微贷技术的本土化、持续化与优化发展。全国小微看浙江、浙江小微看台州,作为台州小微金融机构的典型的台州银行,多年来一直被视为业界小微金融的标杆银行,许多做法和经验值得全国小微金融机构学习借鉴。值得关注的是,从1988年6月6日成立银座城市信用到如今的台州银行,其法人始终没有变过,战略定位也一直是"中小企业(小微企业)的伙伴银行"。

究课题组扎实的中小金融机构发展理论与实践研究基础,浙江大学 AFR 微贷项目组在长期的国内外微贷技术研究与跟踪服务台州银行 IPC 微贷技术本土化、优化发展的经验基础上推出"AFR 微贷",其本土化与优化发展及其经验的总结与提升,无疑有一定的理论与现实意义。

一、助推微贷本土化的实践与理论发展

党的十九大报告指出,"中国特色社会主义进入新时代,我国社会主要矛盾已经转化为人民日益增长的美好生活需要和不平衡不充分的发展之间的矛盾",强调"深化金融体制改革,增强金融服务实体经济能力"。金融是实体经济的血脉,金融服务实体经济的能力是解决经济发展"不平衡不充分"问题的关键因素。毫无疑问,这种不平衡不充分在广大农村尤其是欠发达地区的县域农村尤为突出。2018 年中央一号文件强调,要推动农村金融机构回归本源,把更多金融资源配置到农村经济社会发展的重点领域和薄弱环节,更好满足乡村振兴多样化金融需求。农村金融是现代农村金融的核心,要解决这些问题,需要扎根中国大地的微小金融理论的支撑,离不开县域金融主力军农商银行的持续支持。

如何面对与化解全国县域金融服务能力不平衡不充分的问题,如前文所述,理论层面可以通过公式予以解释并据此找到化解问题的方略,即

金融产品＝金融工具＋服务
或 微小贷款＝贷款通则＋服务

金融工具(贷款通则)在全国乃至全世界都是一样的,服务则可分为宏观、中观和微观层面。就宏观、中观层面同一时点而言,诸如国务院、银保监政策是一样的,各地政府与各农商银行高层间差异虽然存在,但远不及微观层面的每家农商银行客户经理个人服务素养差异巨大。因此,县域金融服务能力的不平衡不充分的化解,关键在于客户经理个人综合素养的提升,尤其是当下乃至未来一段时间内,从小学习生活环境优越又"离村离土"的新生代员工渐渐成为县域农商银行员工主流时,通过持续标准化的内训,提升年轻的新生代客户经理个人综合服务素养更为迫切!

AFR 微贷项目主要通过精准的客户定位、量身定制的产品、规范的

服务与系统化的运营过程,突显项目的功能定位,最终实现项目的目标,其核心内容可以用下面公式表达。

微小贷款＝弱势群体＋零隐性成本＋可持续发展利率＋强势服务
＝微"笑"贷款

与其他微贷项目相比,浙江大学 AFR 微贷项目主要定位于经济欠发达的县域,更注重通过系统持续的内训来提升县域微小法人银行(农商银行、村镇银行)年轻客户经理的综合素养,更注重通过客户经理规范服务,让微小客户(微小企业、个体工商户、农户等弱势群体)获得"简单、方便、快捷、有尊严"的金融服务。

自 2011 年 3 月启动以来,至 2019 年年底,浙江大学 AFR 微贷项目组先后与浙江、广西、江西、安徽、山东、甘肃 6 省 16 家县域微小法人银行合作推进 AFR 微贷项目。近 10 年的合作中,面对不同省份、不同县域、不同性质的小微法人银行的中高层团队及新生代员工的内训,累积了诸多值得总结与反思的经验。[①] 其中,得到广泛认可的做法或经验主要有以下几点。

第一,自主的员工内训体系架构与客户经理成长机制。两年的合同合作期间,所有的合作单位均具备了独立可持续的"1＋1＋N"(微贷中心主导、1 名内训师与 N 名培训生)员工内训机制与客户经理培训成长机制,众多单位年轻员工惧怕客户经理岗位的现象得以根本改变,众多单位客户经理的准入、退出及晋升有了规范的渠道和依据,年轻员工执善向上的工作氛围和良好的成长与晋升环境渐渐形成。

第二,微弱客户发掘与培育成长机制。通过持续内训塑造"微弱情怀、微贷技术、规范服务"兼备的年轻客户经理,合作单位客户经理队伍得以优化,在客户分类管理、客户经理分级管理、绩效考核与风控等制度的支撑与引导下,辖区内微贷客户经理(原生态客户经理)与微小客户(原生态客户)互动成长机制得以持续发展,年轻员工得以成长,忠诚的

---

① 据浙江大学 AFR 微贷项目组的跟踪服务调研,至 2019 年年底,16 家合作单位中即使有 3 家微贷中心主要负责人在合同结束后第 3 年左右因违规、违纪致使新的班子对微贷中心运营方式做了调整,但经过一期、二期、三期、四期培训的近 800 名年轻员工,绝大多数的表现都得到全行广大员工的一致认可,其中 20％左右的微贷客户经理因出色的表现走上了部室、支行、分理处的领导岗位。

客户群体得以持续扩大。

第三，"微、普"融合发展机制。在二期培训结束后，三期培训进行中尝试架构若干个"1＋N"团队赴支行从"业态、人员、技术、业务、制度"等层面全面推进"微、普"融合发展，一般通过 3～5 年发展，众多地区合作单位突破了贷款唯抵押担保，纯信用、准信用贷款比重持续上升，辖区内个体工商户、农户贷款覆盖面显著提升，原生态客户的"四大效应"①日益显现。与此同时，"合作单位高管变动后的微贷内训与微贷业务架构持续发展；团队负责人的推选、内训师素养的提升及项目结束后团队服务的规范与监控"等问题须引起高度重视。还有值得一提的是，AFR 微贷项目近 10 年的运营结果表明，中西部地区对本土化的 AFR 微贷项目的需求更为强劲，项目运营过程中边际效应更大且更持久；微贷团队中经济金融发达地区发生违规、违纪行为的概率远高于中西部地区。因此，关注中外微贷技术，东部和中西部微小法人银行微贷技术融合发展中的效应，认真总结 AFR 微贷项目 10 年来发展中的正反经验，必将有利于推动我国微贷本土化的实践与理论发展。

二、助推农商银行精准定位与可持续发展

近年来，中央一号文件连续聚焦农村金融，对农村金融的发展要求越来越具体化，市场定位与施策也越来越精准。2018 年中央一号文件要求保持农村信用社县域法人地位和数量总体稳定，推动农村金融机构逐步回归本源，将更多的金融资源配置到农村经济社会发展的重点领域和薄弱环节。2019 年中央一号文件明确要求推动农村商业银行、农村合作银行、农村信用社逐步回归本源，为本地"三农"服务。2020 年中央一号文件更是对农商银行业务发展提出了一些具体的要求，指出"深化农村信用社改革，坚持县域法人地位。加强考核引导，合理提升资金外流严重县的存贷比。……推出更多免抵押、免担保、低利率、可持续的普惠金融产品"。这一方面显示了党中央、国务院对我国"三农"问题的高度关注，另一方面也说明了我国农商银行目前"脱农离农、产品与服务创新不

---

①　四大效应是指：原生态客户经理与原生态客户互动成长效应，原生态客户邻里示范效应，原生态客户成长过程中的业务乘数效应，民间借贷挤出效应。在适当的制度约束、激励下，持续内训培养出来的原生态客户经理持续做实原生态客户便可带来上述四大效应。

足"等问题较为严重。尽管一段时间以来,县域农村经济市场化改革发展过程中,农商银行面临的诸如员工"年轻化"、乡村"空心化"、需求"多样化"所带来的拓展乡村业务的压力越来越大,但作为网点遍及乡镇、员工遍及乡村的县域金融主力军的农商银行,要实现可持续发展无疑还是需要突现自身优势,专注"服务县域、服务村居、服务'三农'和微小企业"的市场定位,持续做实微小金融产品与服务。

1996 年以来,浙江大学 AFR 微贷项目组主要成员持续跟踪研究浙江温州、台州地区农村中小金融机构可持续发展的问题,1997 年以来持续服务并见证台州银行发展与壮大的过程,尤其是 2005 年台州银行引进德国 IPC 微贷技术并成功本土化、优化发展以来,台州银行标准化的员工内训、微弱客户发掘与培育等做法极大地丰富了项目组的研究素材,为项目组持续研究农村金融、微小金融打下了坚实的基础。2011 年以来,先后与 6 省 16 家农商银行、村镇银行合作推进 AFR 微贷项目,形成了较为成熟的县域农商银行微贷技术本土化、优化发展的经验与理论基础。AFR 微贷项目主要服务于县域农商银行,做实"客户经理培训基地、原生态客户发掘与孵化基地、支农支小产品服务创新试验基地"三大功能定位能较有效地化解农商银行当前所面临的员工"年轻化"所导致的"支农不知农、支小不知小"的困局,乡村"空心化"与业务难拓展的困局,需求"多样化"与"支农支小"信贷产品服务创新不足的困局。

第一,十分重视年轻员工内训与重拾"三水精神"与"挎包精神"农金文化工作。在合作双方高度认可项目功能定位的基础上,按照 AFR 微贷项目组标准与流程精心选择全行最优秀的年轻员工,由项目组按照"人师"素养打造一支内训师队伍,架构具有自主复制能力的"1+1+N"年轻员工内训机制,持续做实 AFR 微贷项目的第一个功能定位,源源不断地输送"微弱情怀、微贷技术"兼备的"知农知小"的原生态客户经理、优化农商银行客户经理队伍。截至 2019 年年底,合作结束的 14 家农商银行均完成培训三至五期,平均每期培训 20 名左右的合格客户经理,二期开始精选一定比例在岗的年轻客户经理以及部室、分支行领导,为后期组建"1+N"团队全面推进全行"微、普"融合发展打下基础。

第二,十分重视年轻客户经理与微小客户互动成长机制建设工作。经常听到的"小微企业融资难、融资贵"说法,其实更为精准的表述应是

"微小客户融资更难、融资更贵","原生态微小客户融资最难、融资最贵"。"发掘与孵化原生态客户"是 AFR 微贷项目的第二个功能定位,确定这个功能定位主要是基于"门当户对"的需要,即刚培训上岗的原生态客户经理适宜做实一定量的此类客户并且在寻找、服务这类客户中得以成长,增强微弱情怀,同时也突显老百姓身边银行的固有优势,与他行甚至互联网平台错位发展的需要。再者,原生态或年轻客户经理持续做实并跟踪服务这类客户,不仅能排他性地黏住并扩大客户群,若干年后还能培育出一批忠诚客户,进而收获"原生态客户经理与原生态客户互动成长效应,原生态客户邻里示范效应、原生态客户成长过程中的业务乘数效应、民间借贷挤出效应"。

　　第三,十分重视新生代农民信贷产品服务创新机制建设工作。"支农支小产品服务创新试验基地"是 AFR 微贷项目的第三大功能定位。在持续做实项目前两个定位的基础上,一批批"微弱情怀、微贷技术、规范服务"兼备的"知农知小"原生态客户经理充实客户经理队伍,年轻客户经理与微小客户互动成长,排他性地累积微弱客户群并培育忠诚客户群后,虽然由于外出务工或创业出现乡村"空心化",但依据持续做实微小客户所产生的四大效应,可以有针对性地创新产品服务,将金融服务的触角延伸出去。具体而言,就是将客户经理分成若干行业并按行业专家要求进行训练,基于前期的工作及服务效应与品牌,可以利用外出创业村民的乡情及其居住地"四缘"资源进行精准的网格化营销,组成外出创业行业联盟,做实行业批量信贷服务。如合作单位中的"瓜果联盟"(瓜果贷)、"橱柜联盟"(橱柜贷)、"挖掘机联盟"(挖掘机贷)、"铝合金联盟"(装修贷)、"快捷酒店联盟"、"出国劳务联盟"均带来了显著的社会效应。

三、助推精准扶贫与社会和谐发展

　　经济基础会反作用于上层建筑,进而影响社会的和谐发展。如果没有各阶层平等自愿地进行公平交易与基本的社会公共服务均等化的社会环境,小康社会将难以实现。经过多年的改革开放与市场深化发展,我国社会各阶层的经济实力已经发生了深刻变化,弱势群体和强势群体之间的社会界线已经十分明显。一个"两极分化"严重、很多人"仇富心态、仇官心态"强烈、少数人"为富不仁"风气盛行的社会,既不是富人的天堂,也不是穷人的天堂,社会和谐发展当然更无从谈起。中国人民银行原行长助理易纲在2006中国金融论坛指出:"一个富人或者是社会精英不喜欢的地方、不喜欢的制度,是没有希望的。金融要做好高端的服务,同时也不能够忽视对弱势群体的服务。一个没有同情心、不帮助穷人、不帮助弱势群体的金融制度或者是一个制度,同样也是没有希望的。"弱势群体涉及面广、成因各异,解决弱势群体问题需要从多个领域进行综合治理。但从弱势群体最显著的共同特征来看,解除他们在经济上的贫困是关键。从金融角度看,经济上的贫困绝非给予资金等"输血"式扶贫能够解除的,更重要的是构建健全的金融服务均等化机制,通过金融创新使其尽可能享有平等的金融服务机会,使其沉没的人力资本与货币资本有效结合,从而在根本上改变他们"可行能力被剥夺"的恶性循环局面,使弱势群体的金融帮扶产生"造血"功能(何嗣江,史晋川,2009)。

　　诺贝尔和平奖委员会在2006年度颁奖文告中称,持久的和平只有在大量的人口找到摆脱贫困的方法才会成为可能。小额贷款就是这样一种方法,从社会的底层发展起来,也有利于提高民主和民权。自1983年正式成立以来,尤努斯博士率领的格莱珉银行一直致力于服务该国的贫困农户。至2005年年底,格莱珉银行服务客户达400余万户,其中96%都是妇女,极大地提高了妇女的经济能力和她们的社会地位,充分地显示出金融助弱扶贫的"造血"功能。我国现阶段县域经济实力远强于当时的孟加拉国,县域农商银行面对的客户也远优于当时的格莱珉银行服务的客户。贫困人群之所以穷困,缘于不具有资源资本化的能力(赫尔南多·德·索托,1971)。微小企业、个体工商户、农户等弱势群体虽没有抵押没有担保,但具有"四缘"与"四有"等资源,急需能促进这些资源资本化的平台和机制,作为县域金融主力军的农商银行、广大农金人完全应该像当年的格莱珉银行和尤努斯率领的团队那样,带着浓浓的情怀专心服务好长期被传统金融服务边缘化的广大弱势群体,促进他们所拥有的"四缘""四有"等资源的资本化。2015年中央一号文件强调,中国要强,农业必须强;中国要富,农民必须富;中国要美,农村必须美。"三农"问题一直是我国经济社会和谐发展中所面临的主要问题,"三农"问题的化解与"农业强、农民富、农村美"的实现离不开县域金融主力军农商银行的支持。浙江大学 AFR 微贷项目依托浙江发达的小微金融发展经验,借助县域农商银行平台,助力农商银行打造"微弱情怀、知农知小"兼备的年轻客户经理团队并架构年轻客户经理与微小客户互动成长机制,着力做实项目的"(原生态)客户经理培训基地、原生态客户发掘与孵化基地、支农支小金融产品服务创新试验基地"三大功能定位。首先,突破了传统信贷观念束缚,即对任何具有"劳动意愿与一定劳动能力"的微小客户尤其是其中的原生态客户,由"贷不贷"问题升级到"都能贷和贷多贷少、怎么贷"的问题。因为这些弱势群体过去没有信用记录,他们也没有可以抵押的财产,但是他们有劳动意愿与劳动能力。这些人一旦获得了金融的支持就能够充分把握住改变自己命运的机会,同时也积累了信用,随着信用的积累,他们的信用额度就会逐渐放大,获得信贷机会的就更多,其边际效应巨大、邻里引领带动效应明显。其次,由此形成的年轻客户经理与微小客户互动成长机制及其持续发展,不仅锻炼了农商银行员工队伍,更累积了弱势客户群并可将其培育成农商银行的忠诚客户群,通过辐射带动,促进身边更多的弱势群体资源资本化,促进社会和谐发展。

第三章　AFR 微贷与信息获取

信息经济学认为,信息是有价值的,信息的获取可以增加人们做出有利选择的能力。对于商业银行而言,信息是银行贷款决策的基础,如果未能掌握充分、准确的信息,银行对贷款对象将无法实施有效的评价与监控,也就意味着银行贷款的风险是极其巨大的。AFR 微贷的主要客户群体为有 3 个月以上营业实践,需要扩大规模,并且具有持续稳定现金流的个体工商户或微小企业。此类借款人通常财务信息不健全,信息不透明程度较为严重。AFR 微贷首先要解决的问题是如何在借款人缺乏财务报表和抵押品的条件下,获取尽可能多的利于判断借款人还款能力与还款意愿的信息,形成银行与小微客户之间的信息通道,以缓解信息不对称导致融资难这一困境。

第一节　AFR 微贷信息获取的种类

为更好地解决小微客户的信息不透明问题,增强金融交易的灵活性,AFR 微贷注重获取多种类型、多种形式的信息除了主要用于评估借款人还款能力的硬信息(hard information)之外,还强调尽可能多地收集各种软信息(soft information)。

一、软信息与硬信息：特征比较

在现实中，信息表现为各种不同的形式。按照信息能否有效地以数字形式来进行概括与表达，可将信息区分为硬信息与软信息两类。所谓硬信息，是指可数量化的、可查证的和易于传递的信息。在金融领域，常见的硬信息包括经审计的财务报表数据、易于估值和拍卖的担保品的价值、信用得分等；而软信息则主要指那些难以被量化、被查证和传递的信息，如关于企业经营者的能力、品德、诚实程度与可信赖性，以及面临压力时做出反应的能力等信息。

从属性来看，与硬信息相比，软信息显现出不同的特征，进而使处理和利用此类信息有不一样的要求。

（一）表达方式上的不同

硬信息一般有明确的、事先设定的、为人们所共同遵循和理解的格式，像数据、财务比率、统计指标之类的硬信息，即以数字的形式来表达，其表现形式是规范化、程式化、标准化的。而软信息没有统一的、事先明确界定的、标准化的格式，且往往难以用通常的数学手段进行量化表达，更多的是以文字的方式来表达与传递。

（二）内容客观性程度上的不同

硬信息一般是对特定对象实际存在状态的刻画，具有较强的客观性，属于事实性信息。而软信息则不单纯是事实描述性的，经常掺有信息采集者的主观判断。如关于企业主个人品德的评价，往往是信息采集者在具体的事实素材、细节等基础上，结合个人的价值观、偏好、经验、知识，有时甚至包括直觉所产生的，从而附着着一些主观信息。

（三）含义清晰程度上的不同

如上所述，软信息一般难以以量化的形式表达，经常用文字方式进行表达与传递。这使得此类信息对于信息采集者之外的其他人来说呈现出一定的模糊性。当某人说"甲的个人品德较好""甲的经营能力比乙强一些"时，"较好""强一些"对于其他人而言是一些相对模糊的概念，因为具体好到什么程度、强多少等并未给出严格、明确的数量界限。并且，软信息在表达上无统一、规范的格式。对于同一对象，不同的信息采集者可能会以不同的表达形式来表达。相应地，在对信息一致性的比较与鉴别上也是模糊的。

（四）信息记录、存储方式上的不同

硬信息常常以书面方式来记录与保存，在现代技术条件下，一般还以电子方式在计算机中存储。与之相对照，软信息则时常直接存储在信息采集者的脑海中，以记忆的方式完成信息记录及事后的提取、使用。

（五）信息采集过程的时长不同

硬信息一般存在固定的获取渠道，根据需要在短期内即可获得。而软信息往往在特定情况下产生，是非定期、非规律性和随机的，有赖于信息采集者的持续跟踪、观察与留意，其间有一个较长的过程。如关于个人品德之类的信息，一般需要信息采集者对特定个体进行较长时间的直接或间接的交往、接触、了解及观察，日积月累地掌握其处事方式、行为细节和日常表现等，在此基础上才能逐渐形成和获得对该个体的相关信息。

当然，软信息和硬信息的区分是相对而言的，只是以信息的可量化程度、客观性程度等来衡量，各种软硬程度不同的信息构成一个连续的系列，不完全适用非此即彼的二分法。如经审计的财务报表数据是硬信息色彩较浓的信息，对个人品德的评价属软信息色彩较浓的信息，而调查数据、预测等则介于两者之间。

二、软信息获取的主要内容

针对小微客户的特点，AFR微贷强调通过多种渠道搜集有关小微业主的品德、行为、经营经验、社会声誉和行业发展前景等各类难以量化和传递的、具有强烈人格化特征的"软信息"，主要涉及客户基本信息、客户经营状况信息和客户背景信息三个方面（见表3-1）。

表 3-1　软信息的主要内容

类型	主要内容
客户基本信息	● 客户年龄 ● 客户教育水平 ● 婚姻状况（对家人的态度或者离婚的原因） ● 客户的性格特征 ● 客户是否有不良嗜好或者犯罪记录 ● 客户的社会地位 ● 客户是否是本地人 ● 周围人对客户的评价（包括客户的雇员、亲属、同行、合作伙伴和周围商户） ● 其他基本信息，如客户是否还有其他收入或支出，客户在当地的社会关系，必要的家庭费用及近期可能的支出
客户经营状况信息	● 经营时间 ● 企业的市场地位 ● 供应商 ● 客户 ● 企业的雇员构成 ● 企业的管理方式 ● 企业的发展前景 ● 其他经营状况信息，如企业规章制度的完整性以及执行情况、企业的风险意识等
客户背景信息	● 客户的经营经验 ● 客户经营当前生意的动因及未来的经营计划 ● 贷款用途 ● 客户经营记录

（一）客户基本信息

1.客户的年龄、教育水平和婚姻状况

通常，客户的年龄与其精力、健康程度是成反比的，这就可能会影响到年龄较大客户的还款能力和还款意愿。客户的年龄与客户的工作经验、社会阅历是成正比的，而客户的经验会对客户的经营能力带来助益。客户的教育水平高，其发现和把握商机的能力会强一些，社会关系面会更广一些，对自己的社会定位也会较高，这些都有利于确保还款能力和还款意愿。一般情况下，已婚且家庭稳定的客户出于对家庭的责任感、

对家庭及子女声誉的维护,经营生意的用心程度会强一些,还款意愿会主动一些。对于已婚的客户,应了解其家庭成员状况(如妻子户口、职业、目前供养人数等)、孩子状况(是否有孩子、孩子的年龄、是否上学、在什么样的学校上学等)、夫妻之间关系是否和睦、住房情况以及家庭成员之间的生意往来等信息。对于未婚的客户,应了解其父母情况(如父母户口、职业、在社会中的地位、父母对客户事业的支持程度等)、兄弟姐妹情况等信息。

2.客户的性格特征、不良嗜好等情况

性格是一个人独特的、稳定的个性心理特征,是个体在长期过程中沉积下来的习惯化的行为方式。性格急躁者通常不太能胜任需要耐心和谨慎思考的工作;性情温和者喜欢慢节奏的生活,竞争意识和上进心相对不强。把握一个人的性格特征,有助于信贷客户经理预测其在一定条件下的行为倾向。要注意了解客户是否有不良嗜好,如好赌、涉毒、涉黄等。众多案例表明,个人不良嗜好是引发贷款风险诸多因素中最重要的一个,因为其往往会对客户的家庭及生意的稳定性带来不利,并对客户的还款能力产生负面影响。对于有犯罪记录的客户,应试探性地询问犯罪的原因、犯罪行为发生时间距离当前有多久远以及客户目前对于过去的犯罪行为的认识等。

3.客户的社会地位及是否为本地人

社会地位是指一个个体在社会生活中所处的位置,它常用来表示社会威望和荣誉的高低。一般而言,在当地有一定知名度、社会地位高的客户会更珍惜自己的声誉,其还款意愿相对会更好一些。对于在本地经营的外地人,其信息往往更为缺乏,尤其是这类借款人流动性较大,一旦其在贷款后离开当地,则对贷后管理、贷款回收带来较大麻烦,因此AFR微贷一般要求贷款对象是本地人或是在本地长期居住的外地人。在实际工作中,客户经理可根据客户是否在当地有住房、其他家庭成员是否也在当地判定其是否属于"长期居住"。如果向居住地不稳定的外地人发放贷款,可要求其提供属本地常住人口、对借款人有控制力的保证人做出担保。

4.周围人对客户的评价

周围人主要包括借款人的亲属、雇员、周围商户、邻居以及合作伙伴等。在调查周围人对借款人的评价时，AFR 微贷强调要特别注意两点：一是为借款人保密，二是判断信息的客观性和真实性。同时，借款人对待他人的态度以及自信程度也能在一定程度上反映借款人的信誉好坏。

5. 其他基本信息

通过了解客户个人生活习惯、是否还有其他收入或支出、借款人家人是否有重大疾病、客户在当地的社会关系、必要的家庭费用以及近期可能的支出等信息，可以作为客户的收入用于何处的证明，也可以作为评判客户抗风险能力的一个依据。

（二）客户经营状况信息

1. 经营时间和企业的市场地位

业务经营时间的长短可以反映客户生意的稳定性与盈利能力。客户的经营规模与市场份额大一些则会增加其收入稳定性和抗风险能力。要调查了解客户现有生意的经营年限；与类似的经营主体比较，确定客户当前生意状况。对客户的利润率、市场份额与整个行业的情况进行比较，以便判断客户的经营状况。

2. 供应商、客户及雇员构成

客户的供应商较多，断货及所供应产品的价格变动风险较为分散；客户有特定的供应商且合作时间较长，通常合作条件就相对宽松。客户的主要供货商有哪些，是否仅与单一的供货商往来，与供货商合作了多久，采用怎样的交易方式（如现金结算、货到付款、款到发货、预收预付），与供应商的合作条件（如交押金、交代理费、退换货条件、有无返利），客户经理应该了解上述相关信息。

若借款人的客户多，则风险分散，现金流波动较小，但客户忠诚度较低。客户经理有必要了解借款人的主要客户、对某个客户的依赖程度、与客户的结算方式、应收账款的还款规律、与客户关系的稳定性等信息。

主要雇员有哪些、雇员受雇多久了、每个雇员的营业额情况、雇员籍贯，这些信息可以反映客户生意的组织结构和经营模式。应搞清客户依赖某个关键雇员的可能性，关注雇员的流动率。对于雇员流动率高的客户，要注意了解背后的原因，以便间接把握客户的管理能力和经营状况。

3. 企业的管理方式与发展前景

要注意确认客户是否实际拥有并管理当前生意。在实际工作中可能会出现实际所有者或管理者与证照上记载的不一致的情况,如有些客户经营的是转让过来的店面,营业执照一直没有更换。因此,客户经理有必要分清名义所有者与实际所有者。对于雇用自己的亲戚来管理店面的客户,要注意观察经营者的素质、客户本人对该店面的关注度、客户是否还拥有其他店面或产业。要了解客户所经营行业的发展前景。若存在行业处于下滑状态、商业模式已经落后、无序竞争导致明显供过于求、环保、消防安全等不能达到相关法律法规要求而今后可能被关停等情况,则不宜向客户发放贷款。

4.其他经营状况信息

客户经理在调查时,要注意经营主体管理制度的完备性、经营场地的整洁程度、存货堆放的有序性、雇员的士气和积极性等。客户若存在管理不善的现象,一般会对其经营收入带来不利,最终影响贷款的偿还。此外,在现今相对激烈的竞争环境下,对客户的风险防范和应对意识、危机感等也应予以适当关注。

(三)客户背景信息

1.经营经验和经营当前生意的动因及未来的经营计划

客户对于所涉足行业经验不足往往会导致经营失败,从而影响到正常还款。客户有何种经验?客户何时在什么地方得到这些经验?客户的经验与现在从事的生意有何相关性?这些都是客户经理要注意收集的信息。

同时,客户经理也应了解客户为什么开始做现在的生意以及将来的商业计划。一种典型的情况是客户从事当前生意前曾经营过其他生意,但都失败了。对于这种情况,要注意客户曾经的经营史,分析客户的经营能力是否存在明显问题,有无从过去的失败经历中吸取教训。对经营成功率低、经营能力不足的借款人,可考察其有无其他收入来源,如有则将其他收入纳入进来,再确定贷款额度。另一种典型情况是客户在从事其他行业时发现某一行业有着较好的前景而转行。对于这种情况,要注意分析客户转行是否是出于投机心理,其对目前生意的专业程度以及将来继续经营的动力如何等。对于行业经验不足的借款人,AFR微贷要求其当前生意的经营时间必须达到3个月以上,在经营稳定后才给予贷款。

还有一部分小微客户从事现在的生意是基于社会关系可以为其生意带来便利,如客户的亲戚开办了工厂,客户购置运输车辆专门为前者提供送货服务。这样的客户要关注社会关系网的稳固程度及其对生意稳定性的影响。

2.贷款用途

对借款人的真实贷款用途有所把握,有助于提升贷款的质量,并做出合理的贷款定价,因而贷款用途是客户经理需要重点了解的信息之一。要清楚客户为什么申请贷款,客户需要多少资金来实现他的商业计划、客户自己可以提供多少资金、客户需要向银行贷款的实际金额为多少。AFR微贷强调,一个连贷款用途都说不清楚的客户,往往反映出其对所经营生意的认真程度不高,向这类客户贷款往往隐含着较大的风险。

3.客户经营记录

客户的经营记录包括单据、账本、原始凭证、报表和银行对账单等。客户的经营记录较多,可以间接反映出客户对自己生意的规划性较强。同时,客户有无做记录、有哪些记录,也能一定程度上体现客户的经营情况。

三、硬信息(财务信息)获取的主要内容

硬信息一般具有显著的数字化特征和非人格化特征,可传递性强,方便信息接收方使用。硬信息主要包括财务信息、资产抵押品数量以及信用得分等,其中财务信息是硬信息中最为典型的一类,本书主要讨论财务信息。

获取财务信息的目的在于判断客户贷款需求的合理性、评估客户的还款能力以及为客户量身定制有针对性的贷款产品。AFR微贷强调获取对于贷款决策具有重要意义的各类财务信息,主要包括经营性资产负债信息、经营损益信息和家庭活动财务信息三个方面(见表3-2)。

表 3-2　硬信息主要内容

类型	主要内容
经营性资产负债信息	• 现金和银行存款 • 存货 • 固定资料 • 应收款和预付款 • 负债 • 所有者权益
经营损益信息	• 营业收入 • 营业费用 • 可变成本
家庭活动财务信息	• 家庭其他收入信息 • 家庭支出信息 • 家庭资产和负债信息

（一）经营性资产负债信息

1.现金和银行存款

现金包括营业场所现金和客户家庭的现金。在了解客户的现金资产时，一方面要获知其准确金额，另一方面要清楚其构成情况，即哪些是客户的当日经营收入、哪些是一段时间的现金收支结余、哪些是客户家庭消费备用现金等。对于以现金方式收款比例较高的客户，还应当询问一般存放多少现金用于日常找零。

了解客户的银行存款信息，尽可能获取客户在不同银行账户中的存款余额情况以及资金的入账日期等，注意识别为了应付客户经理调查而在短期内专门借来资金充数的情况。若客户的存款突然有大幅度增加，应搞清其中的原因。对于资金运转主要通过银行账户的客户，最好能得到一个较长时间段内（如一个生意旺季）的交易记录，以便对客户的销售情况和营业额做出准确测算。

2.存货

在实际操作中，不少客户的存货种类和数量繁多，若客户有盘存和库存记录，则客户经理需要询问客户全部存货的总体价值、各类存货的数量以及进价，重点关注最为主要的存货种类的数量、进价和销售价。

对于生产型小微企业,客户经理应获取客户生产的每单位产品中各种原材料、半成品的消耗量等信息。对于没有库存记录的客户,则需要客户经理在对存货进行合理分类的基础上通过清点存货来获取相应信息。对于存在大量库存的客户,要注意了解产生大量库存的原因以及有多大比例属于积压的库存。对于已经丧失价值的存货,在财务分析时应不计入。现实中,客户往往以销售价格而不是进货成本来计算价值,导致其声称的存货价值会高于实际价值,客户经理要对此加以区分。

3. 固定资产

固定资产表现为机器设备、交通工具、货架和房产等。客户经理需要了解固定资产的购买年份,并根据当前市场价格确定价值。如对于房产,客户经理应当向客户询问房产的现值,并通过参照周边房产的市场价格来进行估值。若相关固定资产缺乏市场价格以供参照,则采用折旧的方式来评估其价值。现实中,小微客户的部分固定资产常常采用租赁方式,并非自有,客户经理可通过客户能否提供购房合同、购物发票等材料加以判别。

4. 应收款和预付款

掌握应收款信息可用来估算客户的销售额,通过应收款数量和赊销占比,客户经理就能够测算出大体的销售额。为此客户经理应对应收账款进行详细了解,包括:客户有应收账款吗?如果有,是哪个客户的?这些款项什么时候到期?账龄多长?到期没还的原因是什么?应收款的主要对象有哪些?客户经理要注意了解客户每年不能收回的应收款的比例或金额,剔除应收款中的"死账"部分。对于账龄超过一年的应收款,收回的可能性很小,不应计入在内。在了解客户应收账款额度的同时,还应注重获取客户应收款的期限等信息,以利于对客户的现金流情况做出分析。

对于小微客户来说,预付款主要表现为进货订金。一些企业有时会要求客户以押金、代理费、保证金等形式交纳一定量的资金以变相限制客户用富余资金代理其他品牌。对市场供应紧张或紧俏的商品可能也会需要预付款。

5. 负债

负债包括借款、预收款和应付款等。借款可以分为银行借款和私人借款。客户经理应询问客户有无银行贷款,如果有,则需问清楚:从哪家银行贷的? 额度、利率分别是多少? 什么时候到期? 贷款的用途是什么? 采用怎样的方式还款? 每月还本付息的金额是多少? 若客户有私人借款,也同样需要获取借款的金额、借款的来源、利息高低、约定的偿还时间、资金用途等信息。预收款是指服务类企业发放的消费卡以及收取的顾客订金等,客户经理应搞清楚消费卡的金额和有效期等信息。应付款主要包括应付货款、应付工资、租金和税收等。

客户通常不愿意透露自己的负债信息,因此客户的经营负债信息是最难获取的信息之一。获取客户负债信息的基本方法是多问、向不同的人问,同时要注意问话技巧,采用旁敲侧击的方式,在发问后要注意观察客户的反应。

6. 所有者权益

所有者权益是指资产扣除负债后,由所有者享有的剩余权益。按照形成来源分类,所有者权益可分为投入资本和留存收益。客户经理需要询问客户的经营年限、初始资金投入量、初始资金的来源以及后续有无较大金额的追加投入或提取。客户可能会夸大初始投入资金量,但可依据每年盈利来大致测算客户目前的所有者权益价值。

(二)经营损益信息

1. 营业收入

营业收入反映了客户的经营水平,进而影响到客户的还款能力,因而是一个非常重要的财务信息。相当部分的微小贷款客户没有完整的销售记录,但或多或少会留存一部分可以反映其收入情况的记录,如部分进销货记录、赊销账单等,客户经理应特别注意查看这些记录。在了解客户销售额时,应搞清客户主要销售的产品。对于既销售商品也提供服务的客户(如美容店,同时提供美容服务和销售美容产品),则应了解客户提供各类服务的价格以及产品和服务各自所占的比例。当客户面向不同对象的产品销售,其应收账款的回款周期相差比较大时,则要将不同对象的产品销售收入分开计算。不少微小客户的经营存在一定的淡旺季现象,旺季和淡季的营业收入在有的行业存在很大的差别。对于生产加工型企业,通常可以通过各季度不同的用电量或雇员淡旺季的工资水平来估算相应季节的销售收入。

　　客户经理在询问营业收入数据时,部分客户出于害怕信息被泄露的顾虑,通常会有所隐瞒。若客户不愿提供营业收入信息,则可了解其大致的收入情况,并通过调查其他信息来核实客户所说的收入情况是否属实。通常,应尽可能地获取客户近期的营业收入数据。原因有二,一是方便获取(如客户经理可以相对容易地了解到昨天和今天的销售收入),二是近期数据能更真实地反映客户生意的经营情况。

　　2.营业费用

　　营业费用是指不随企业营业额变化而变化的成本,主要包括员工的底薪、店面租金、交通费用和通信费等。客户经理应了解客户雇用的员工人数、工资水平以及工资的计发方式。有些客户对雇员工资支付没有记录,客户经理可通过与雇员进行交谈并结合当地平均工资水平来估算工资的具体额度。店面租金系指客户的商店、摊位、门店的租金,客户经理应了解客户每月或每年的租金支出水平、支付租金时间等。对于不能提供租赁合同的客户,客户经理可根据当地的租金水平来判定客户口述的真实性。交通费用包括自有车辆的税费、保险费、油费和维护费等。通信费包括电话费、手机通话费等,对于经常出差或销售对象在外地的客户,因长途话费较多,客户经理可要求客户出示通信运营商提供的话费清单。此外,定额税、水电费通常也归入营业费用。

　　3.可变成本

　　可变成本是指随企业营业额的变化而变化的成本,主要包括员工提成工资、进货成本等。其中,生产加工型企业的可变成本主要是各类原料。为了便于估算单件产品的成本,客户经理应了解生产加工过程的各个环节,并对每个环节的用料量和相应价格进行记录。而批发零售类客户因其销售商品种类较多、各类商品的销售比例难以确定,故直接计算加权平均销售成本难度较大。在实际操作中,客户经理可通过询问毛利率的方式来倒推批发零售类客户的销售成本。

　　需要注意的是,有些费用对于有的行业来说是可变成本,但对另一些行业来说是营业费用。如水电费,对于洗车店、理发店来说是可变成本,对服装店、烟酒零售店来说则是营业费用。这就要求客户经理对所调查的行业有所了解,并加以区分。

（三）家庭活动财务信息

对于微小客户来说，家庭经济状况是经营结果好坏的一个反映，可以作为其经济实力的一个佐证。同时，家庭的消费借款等负债也会对其还款能力产生影响。事实上，不少微小客户经营活动的收支与家庭日常收支通常没有明确的界限，存在相当程度的资金互换性，这就需要将借款人的家庭活动财务信息、家庭经济实力也纳入考察范围。只有全面地了解借款人家庭活动和经营活动的信息，才能更准确地测算客户的现金流，为微小贷款决策提供更充分的依据。

1. 家庭其他收入信息

家庭其他收入主要包括配偶的工资收入、其他经营活动收入、副业收入、租金收入和财政补贴收入等。客户经理应了解这些收入的水平以及形成收入的时间，并最好能通过一定的方式进行核实，确认收入的真实性。

2. 家庭支出信息

家庭支出通常包括生活消费支出、人情往来支出、子女教育支出、医疗支出及赡养老人支出等。家庭生活消费支出主要是衣食住行等方面的支出，一般可询问客户并结合当地平均消费水平来判断。对于人情往来支出可根据客户口述情况和当地风俗习惯等因素来估算。对于子女教育支出，客户经理需要把握客户孩子的数量、孩子就读的学校、学费水平、孩子在学校的基本生活费、课外辅导支出等。对于家中有病人的客户，客户经理需要关注目前的医疗支出情况及后续可能面临的医疗费用。对于家中有重病病人的客户，在提供贷款时尤其应审慎评估。若客户有需要赡养的老人，也需要与客户核实赡养老人方面的支出情况。

3. 家庭资产和负债信息

家庭资产和负债主要涉及房产、汽车等的按揭贷款及其他负债等情况。房产是家庭经济状况的一个重要表现，客户经理需要关注客户房产所处的位置、面积、建造时间、装修情况、目前的市场价格等信息，并要求客户出示房产证明。对于汽车等家庭资产，客户经理应了解这类资产的购买时间、价格和新旧程度等。若客户的经营场所与居住场所合在一起，则应区分经营资产与家庭资产。客户经理需要询问客户的按揭贷款和家庭其他负债情况,并与征信中体现的信息、客户的银行流水进行核对。对于近年来有较大支出(如购房、子女婚嫁等)但声称没有负债的客户,还应询问相关支出是如何筹集的。

第二节　AFR 微贷信息获取的途径

AFR 微贷信息获取的途径和方式主要包括扫街营销、受理贷款申请和实地调查等。

一、扫街营销

AFR 微贷强调,微小贷款的推广不应依赖铺天盖地的广告宣传,而应选用微贷客户经理分组划片亲自上门营销(扫街)方式。特别是对于微贷培训生、初级客户经理来说,营销手段应以扫街为主,通过此方式既可提升其综合素质,也能使客户获得面对面的情感交流。扫街营销的优点在于,通过面对面的接触,微贷客户经理向微小客户讲解贷款产品的支持对象以及在担保方式、还款方式等方面的特点,现场回答客户提出的各种问题,使得通常没有与银行打过太多交道的微小客户对专门为其所设计的微小贷款产品有个大致的了解并产生一定的兴趣。这种营销方式虽需花费较多时间,对微贷客户经理的交流技巧也有较高要求,但其交互性强,更容易建立联系,可深入细节,传达的信息量大。

扫街营销目的有三:一是让客户知道客户经理所在银行可以贷款;二是使客户了解客户经理所在银行的贷款产品;三是使客户有资金需求时能想到客户经理所在银行。扫街营销需要遵循的原则是:让客户知道而不必让他清楚,只要引起潜在客户的兴趣即可,更详细的信息可以让客户主动找银行做进一步的了解。

扫街营销时宜携带统一设计的微贷产品宣传资料,做好潜在客户信息搜集工作,相关信息记入客户信息登记表(见表 3-3),并及时对客户信息进行整理汇总(见表 3-4)。要重视与客户展开深入的交流,以便获取基本信息。

表 3-3　客户信息明细表(样表)

客户姓名		联系电话	
企业或店面名称		行业	
银行信贷情况(注明××银行××金额)		从业时间	
本行信贷情况(注明××支行××金额)		第几次营销走访	
水电费扣款或交款银行			
经营地址			

客户经营情况感受:(如租用店面几间,雇员情况,有哪些设施,客户介绍的一些简单情况等)

客户反馈信息:(客户的资金需求或对微贷产品的反馈建议等)

能否视为潜在客户及后续工作措施:

客户经理:		日期	年　月　日

表 3-4　客户信息汇总表(样表)

序号	客户姓名	经营企业或店面名称	行业	经营地址	从业时间	联系电话	银行信贷情况(注明××银行××金额)	本行信贷情况(注明××支行××金额)	水电费扣划银行	营销客户经理
1										
2										
3										
4										
5										
6										
7										
8										
9										
10										
⋮										

扫街营销的注意事项主要有：

(1)避免"跳跃式"扫街；

(2)微贷客户经理在业务介绍过程中应尽量穿着印有银行标识的工作服,保持平等、平和、主动、自信的心态；

(3)针对不同的场合、不同的客户采用灵活的交流方式,根据客户的反应来判断进一步的宣传重点；

(4)遇到曾被银行拒绝的客户(实践中此类客户中有不少系曾受到银行不公正的对待)时,微贷客户经理要避免和客户产生正面冲突；

(5)做宣传时,不能给客户一定可以得到贷款的承诺；

(6)宣传中不得诋毁同行及同行的贷款产品；

(7)不应抱有即时可以带来客户的想法,要坚持反复扫街,秉持"简单的事情重复做、重复的事情用心做"的理念。

二、受理贷款申请

在受理客户的微小贷款申请时,微贷客户经理可根据初步掌握的客户软信息和基本财务信息,从而做出是否进入调查环节的决策,为贷前准备做好铺垫。对于前来申请贷款的微小客户,微贷客户经理应请客户介绍其申请贷款的用途、业务运作方式,询问客户的行业、经营地址、规模等基本信息。如行业、用途、贷款额度等不符合银行的信贷政策,则应提示原因,委婉拒绝;若无明显问题,则可以请客户填写贷款申请表(见表 3-5),并进一步获取经营历史、家庭情况等软信息。

表 3-5　××银行微贷客户贷款申请表

申请日期:　　年　　月　　日

申请人信息	姓名		客户号	
	身份证号		联系电话	
	婚姻状况	□未婚 □已婚 1.有子女 2.无子女 □离异 □再婚 □丧偶		
	居住条件	□自置 1.别墅 2.商品房 3.立地房 4.营业房 5.农村房产 □按揭 □父母及亲友房产 □集体宿舍 □租房 □共有住宅 □未知		
	职业		单位联系方式	
	户籍地址			
	居住地址			
	学历	□本科以上 □本科 □大专 □高中 □初中 □小学 □其他		
客户经营信息	所投资企业名称		营业执照	□有　　　□无
	经营地址		经营项目	
	组织形式		股份占比	
	资产规模		毛利率	
	雇员人数		从业时间	
	主要供应商		付款方式	
	主要客户		结算方式	
	上月销售额		上年销售额	
	淡旺季月份		旺季月销售额	
	平常月销售额		淡季月销售额	
	年销售成本		年经营成本	
	总资产		总负债	

续表

客户家庭信息	配偶姓名		配偶身份证号	
	配偶工作单位		配偶电话	
	主要家庭成员	工作单位或学校	主要家庭成员	工作单位或学校
	家庭收入		家庭支出	
	家庭主要财产		家庭主要负债	
客户信贷情况	申请金额(大写)		借款用途	
	还款资金来源		期限	
	银行信贷经历	□有　　□无	担保记录	
	本行信贷记录	□有　　□无	关联人信贷记录	□有　　□无
	存款账户		开户银行	
	贷款银行	贷款金额	欠贷金额	贷款时间
保证人情况	保证人	保证人1	保证人2	保证人3
	证件号码			
	单位			
	地址及通讯方式			
	抵押人		抵押物	
	质押人		质押物	
信息来源	□报刊□电视广播□宣传栏□流动广告□网络□朋友□银行客户□信贷员上门推广□手机短信□为他人担保□其他			
授权	我允许××银行在受理、办理本人相关信贷业务时调查本人曾经以及目前在任何其他金融机构、贷款组织或私人的贷款情况,并授权你行查询、打印、保存本人的信用信息数据及信用报告;同时××银行可以通过其认为必要的途径来审核我的贷款申请(包括允许你行与我在申请表中所填内容相关的人联系) 授权人签名:　　　　　　　　　　　　　　　日期:			

续表

声明	我在此声明所提供的所有信息都是正确和真实的,是以充分信任的态度提供的。我已就本笔借款情况向担保人做了说明,担保人已明确知晓,如果我不能及时偿还全部贷款本息时,其应当承担替我偿还的责任。我清楚如果我提供虚假信息,将会导致贷款申请被拒绝,并且将来也不能获得贷款 声明人签名: 日期:
我行承诺	我行承诺对在调查中取得的所有客户信息进行保密,绝不外泄
受理人意见	
否决类型	□客户拒绝□征信系统查询有不良记录□未达到其本经济条件□信用及品质不佳□违规贷款□违法经营□异地经营□异地客户□无存款□其他
否决原因	
受理人签名	日期
主管意见	
调查人员	主调查人 辅调查人
主管签名	日期

为了更好地赢得客户,对于尚不了解银行微贷产品的申请人,微贷客户经理应首先向其详细介绍微贷产品的金额、还款方式、担保要求、期限等基本信息,增进客户对微贷产品的了解,确认微贷产品是否符合客户的需要,进而引导客户做出正确的贷款决策。

在客户填写申请表和提交相关申请材料后,微贷客户经理应对资料的真实性、完整性与规范性进行审核,如身份证原件是否真实、身份证照片与本人是否相符、营业执照是否为市场监管部门颁发的等,对于客户难以提供或一时无法提供的信息进行标注。

在此基础上,微贷客户经理应对客户的申请做出初步的分析和评估。根据受理过程中对客户的印象对其还款意愿加以初步判断;根据客户生意的资金循环过程,做出贷款用途是否真实、贷款申请是否合理的大体判断;通过对财务数据的大体测算,对客户的还款能力进行初步评判。通过贷款受理的,客户经理应把申请表等资料提交微贷主管审核,审核通过则分配调查任务。

为了提高工作效率和客户体验度,受理时间不应太长,通常单笔贷款受理不超过30分钟。受理结束前,应向客户介绍整体贷款流程,告知客户实地调查时需要准备好的资料清单。

三、实地调查

AFR 微贷基于多渠道来获取信息,其中通过实地调查,广泛收集第一手的数据和信息是最重要的方式之一。在借款人填写贷款申请表提供基本信息后,微贷客户经理需要到申请人的经营场所及家庭进行调查,了解客户及其经营的全面情况。

实地调查前需做好必要的贷前准备工作。应调阅客户的贷款申请表和同类型客户的贷款资料,询问有经验的信贷员、查询本行数据库、借助公开媒体和亲朋好友、咨询已知上下游客户等来获得相关信息,并完成贷前准备表(见表 3-6),明确调查的主要内容、潜在的风险点和分工等。通过充分准备,利于查漏补缺,充分了解客户,解开客户信息疑点,提高调查的效率和成功率。

表 3-6 贷前准备

已调阅的资料	
目标客户的上下游关系图	
调查前的主要问题	
客户需要带至调查场所的重要资料	
主、辅调客户经理之间的任务分配	
本次调查预计可用的交叉检验方法	
客户经理签字: 主管签字: 日期:	

在开展实地调查时,AFR 微贷采用双人调查,即某一客户经理作为主调,负责客户的调查工作,另一客户经理作为辅调,协助主调进行客户调查。主调主要与客户进行谈话,了解经营情况;辅调侧重于清点存货、查看单据、从其他人员处侧面了解情况等(见图 3-1)。具体而言,主调的分工通常包括:调查贷款目的与基本经营信息、调查经营性资产负债信息、调查损益信息、调查家庭信息和调查保证人信息等。辅调的分工一般包括:①调查第三方信息,指从雇员、商业合作伙伴、家庭成员或邻居等渠道来获取相关信息;②盘点存货,观察经营场所环境;③调查客户的软信息;④收集客户影像资料。

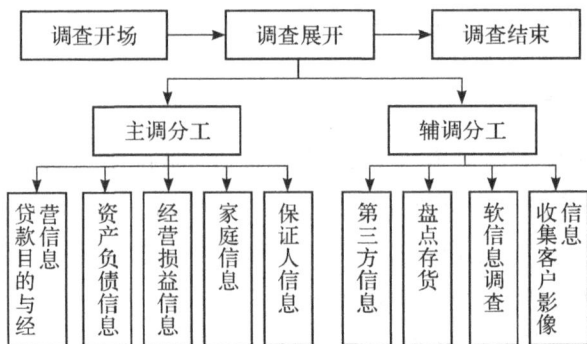

图 3-1　实地调查中的主、辅调分工

　　在开展调查时,客户经理一般从客户的基本信息或客户比较熟悉的方面谈起,然后围绕客户所述的有关信息逐步深入下去,对事先已了解的信息也要做进一步核实。对于涉及客户的负债、营业收入、利润水平等敏感信息时,先从侧面进行了解,再与正面询问相比对。同时,正面询问上述敏感信息时一般应选择在没有第三者(如雇员)在场时进行,否则会导致客户的回答模糊并令客户产生反感。若调查过程中,客户的口述前后存在矛盾,应敏锐地及时追问,不应一味套用模式化的交流方式提问。同时在调查过程中客户经理要通过细致观察以便获取与客户还款意愿相关的信息,如客户的家庭关系、客户对保证人的态度、客户对自身商业信誉的重视程度等。也可以询问一些与贷款申请没有直接关联的细节问题,以判断客户对业务的熟悉情况和经营能力。

　　家庭情况调查也是 AFR 微贷实地调查的一个重要组成部分,要求微贷客户经理去客户的家里了解情况,通过与家庭成员的交谈以了解更多关于贷款申请者的信息,并记下客户家庭的准确地址,便于贷后管理。当贷款申请者不愿客户经理拜访其家庭时,客户经理需要询问具体原因,不能给出合理解释者一般应拒绝其贷款申请。

　　调查过程中针对不同态度的客户应进行有针对性的应对。对于过于配合的客户,可先判断周围的人和所处环境是否与客户存在利益关系,然后试着换个环境或提问角度测试客户所提供信息的真实性。对于配合积极但不善言谈的客户,可以观察客户经营场所的摆设,判断客户的喜好,从客户愿意谈的话题入手,快速消除客户对客户经理的陌生感。对于调查过程中喜欢说个不停的客户,客户经理要及时转移话题,紧扣调查重点来互动交流。对于心存疑虑、不愿提供关键信息的客户,客户经理应向客户说明银行有严格的保密纪律,以便消除客户的担忧,同时要让客户感觉到客户经理是有韧性的,对了解相关情况有着足够的耐心与决心。对于不配合调查的客户,客户经理应尽量心平气和地说服客户,强调配合调查能够带来的好处,如其仍不配合,则停止调查。

客户影像信息收集应在获得客户同意后进行,并注意影像信息的分类。AFR 微贷强调,微贷客户经理在调查过程中必须遵守"六不准"铁纪律,做到"不喝客户一口水、不抽客户一根烟、不吃客户一顿饭、不收受客户任何礼品、不泄露客户任何信息、不增加客户除利息以外的任何费用"。同时不论客户的情况如何,调查过程中客户经理不能对能否贷到款以及可以贷到多少款做出任何承诺。

调查进行过程中,微贷客户经理应做好调查记录,避免信息的遗漏和丢失,对每个客户的调查记录进行存档。调查结束后,客户经理回到银行后应尽快整理调查资料,并对客户进行分析。

第三节　信息获取:案例与心得

一、案例

(一)案例一:眼见为实,耳听为虚

1. 案例陈述

客户周老板是客户经理小黄在扫街营销过程中认识的一位经营烟酒行的老板。经交谈了解到,周老板今年 40 多岁,从事酒类批发零售近10 年时间。自经营以来,夫妻二人在银行从未发生过贷款业务,是典型的原生态客户。最近其正打算代理一个新酒品,代理费用需要 30 万元,但目前手头上只有 20 万元,资金缺口 10 万元。在获悉微贷产品信息后,周老板很感兴趣,但是代理事宜还没有谈妥,周老板表示等考虑成熟后会与小黄联系。

一周以后,周老板来微贷中心申请了贷款。当天下午,小黄就上门

开展贷款调查。刚到店里的时候,周老板不在,周太太在店里,小黄询问店内的营业情况。周太太说:"店里平时生意好的时候一天能卖1000多,不好的时候几百元。"小黄又问了一下平时是微信收款多还是现金收款多,周太太说:"现在年轻人大多都用微信支付,平时店内微信收款多一些。"正聊着,周老板回来了,小黄就接着问了问营业收入情况,周老板说:"我们店里平均一天能卖两三千块,差的时候也有一千多,春节期间一天能卖五六千块。"显然,周老板所说的营业额比周太太所言翻了一番多。按照店面所处的地理位置,店面很难有两三千元的日营业额。小黄又问周老板:"微信收款多还是现金收款多?"周老板回答也是微信收款多。于是小黄要求查看微信收款记录。经查看,最高月份也就6000多元,大多月份都是三四千元。问其原因,周老板连忙解释:"微信、现金收款都有的,有时候现金收款更多些。"随后小黄要求周老板出示一下店内现金,经双人查看,仅有600元,当天微信收款只有30元,而且在调查的近一个小时里仅有一位顾客进店消费,买了一包香烟。种种迹象表明,客户很有可能虚报了营业额。

周老板可能看出小黄的疑虑,连忙解释:"门店只是为了给媳妇找份差事,收入来源主要为酒类批发,平时给市内各县送酒,月营业额10万元左右,毛利2万元左右。"小黄问:"平时批发有没有销售记录?比如供货清单、收款记录什么的。"周老板说:"我与两个亲戚合作注册了公司,自己平时只管送货,记账由公司会计记录,收款账户是公司账户,也不在我的名下。"小黄又问能不能到公司去看看情况,周老板表示不方便,因为是与他人合资,此次贷款与公司无关,而且不想让公司其他人知道,毕竟代理新酒品是私下行为。周老板不想让其他人知道自己要代理新酒品,小黄认为也算合情合理,毕竟合伙人都是经营烟酒行的,存在竞争关系。接着,小黄让周老板提供合资协议或者公司章程之类的证明文件,周老板表示没有这种东西。

调查一时间进入瓶颈,尤其是很难确定公司入股是否属实。营业收入,包括周老板说的自己现有20万元存款,均不在个人账户上。后来,索性以退为进,小黄跟周老板说:"我们认为您的营业额并没有您所说的那么高,您的贷款很可能批不下来。"周老板有些急了:"我每周光烟都得进两三千元,怎么就没有那么高营业额?"周老板的这一句话反而点醒了小黄,既然主营的酒类销售无法核实,烟的进货一定是有记录的,因为给烟草公司打款必定有银行转账记录。于是小黄立即要求查看周老板进购香烟的系统。但周老板话头一转,称烟进购也没那么规律,也有少的时候,而且表现出并不想让外人看系统的意思。在小黄的引导下,周老板还是打算打开电脑让小黄看一下。不巧的是,周老板店里停电了,也就没能看到。最后,小黄让周老板等到电来了以后,把进购香烟的记录拍照发给他,周老板口头答应了。

在回银行的路上,小黄和同事交流,两人都认为疑点重重,但是并没有足够的证据。这时周老板发来微信,内容是几张在烟草公司系统进购香烟的记录。从流水看,确实每个月进烟一两万元,再仔细一看,用户并不是周老板的名字,而是他所称的自己的合伙人,也就是他的亲戚。问其原因,周老板解释道,自己之前和亲戚共同经营,后来自己独自开店,亲戚就把之前的烟草证给了自己。随即小黄又上网查询了周老板所说合资开立的公司,公司确实存在,但股东只有两个人,并没有周老板。后来又针对烟草证能否借他人使用,询问了其他经销香烟的客户。对方说:"现在烟草证管理非常严格,全部是实名制,不可能一个人办两个,也不能使用他人的烟草证。"最终,小黄否决了这笔贷款。

2.案例分析

原生态客户经理首先需做实原生态客户。对于周老板这样的从未有过银行贷款经历的客户,银行应非常珍惜。在对周老板这笔贷款的实地调查中,客户经理一直在积极引导其开诚布公,提供真实的经营情况和财务信息,并多次告知周老板如果提供虚假信息,他的贷款将会被否决,但是周老板始终没有信任银行,一直遮遮掩掩。该笔贷款最终没有发放成功,即使后来客户经理二次上门也未能使周老板松口。如果按照周老板所述的营业情况,发放10万元贷款是完全符合要求的,但是对于周老板的经营状况并未能"眼见为实",因而不应采信。若因为不容易取证就对客户"言听计从",不但有悖微贷调查的原则,更重要的是发放一笔风险极大的贷款,对客户、对银行都是极不负责任的行为。微贷要珍惜每一个客户,尽心尽力为其服务,但同样要坚守原则,把握好底线。

3.案例总结

微贷实地调查要重视"眼见为实"。对于客户不配合或者不愿意提供有关信息的情况,我们不能仅仅依靠自己的主观臆断去胡编乱造数据,而是要尽量引导客户。客户今天不愿意提供,我们可以给其一定的时间去考虑。如果客户一直拒不提供相关信息或继续提供虚假信息,那就要考虑该客户到底是不是我们的客户了。

(二)案例二:多角度了解客户的婚姻软信息

1.案例陈述

一天下午,微贷客户经理小卢与同事前往一家米面油蔬菜经销店调查。此客户系在前期客户经理扫街宣传时了解到微贷业务办理信息后随之与银行取得联系的。客户自 2015 年 3 月起经营一家便民粮油蔬菜店,店面为经营居住两用。经营期间,与周围商户来往密切,好多商户都愿意来这里采购,加之周边为居民区,生意较好。在与客户闲聊的时候,客户告诉小卢,他现在为单身,已经离异两年,独自带着两个女儿。小卢问客户:"与前妻离异的时候,有没有给前妻金钱赔偿?"客户说道:"我没找她要钱已经算仁至义尽了。当时离婚的时候,找她要钱,她说自己没钱,我也没打算要,只要把孩子留给我就行。"因为当时只想着权益变化,一时没有太多在意客户的婚姻问题,于是小卢转移话题说道:"店里有没有雇员"? 客户答道:"可以算有,也可以算没有。"小卢不解:"那么收银台那位是?"客户答道:"是我女朋友,不过没有领证,在一起已经两年了。"问其原因,客户说:"女朋友至今未和自己的丈夫办理离婚手续。"对于客户的回答,小卢当时也没有多想,一心只顾着营业额、存货、毛利率等数据,忽略了对客户软信息的进一步了解。

在回银行的路上,小卢越想越觉得哪里不对劲,直到晚上才想明白问题出在哪里:该客户与前妻离婚的原因是什么?

第二天早上,小卢与担保人的母亲取得了联系。之所以联系担保人的母亲,是基于以下考虑:担保人可能不会对客户经理说真话,可是担保人的母亲就不一样,因为自己的儿子要为别人担保贷款,往往心存忧虑,会选择向银行说真话。小卢询问担保人的母亲关于客户离婚的原因,她回答:"对他的婚姻我不是很了解,只知道他店里的生意不错,而且现在在店里帮忙的'那位'很是勤快,经常起早贪黑照料生意,对两个孩子也照顾得无微不至。"听了担保人母亲的话,可以肯定一点就是借款人现任女朋友人不错,心地善良,且店面经营良好。听到这样的回答,小卢心里稍显宽慰,接着又与担保人的妻子联系,她的回复和担保人的母亲的说法基本一样。虽然前面两人就客户的婚姻状况给出了一致的信息,但小卢心里还是不够踏实。他经过一番考虑,最后决定直接问客户:"我知道接下来的问题很唐突,会涉及您的隐私问题,但是我们微贷对客户的信息是绝对保密的,为了能让该笔贷款快速审批通过,我不得不搞清楚这件事。"客户说:"没事,你有什么问题,我都会告诉你的。"听到客户的回答,小卢坦然了,说道:"能否告诉我您现在对自己婚姻是怎么看待的?与现任女朋友接下来怎么办? 与前妻离婚到底是因为什么原因?"客户顿了顿,说道:"我自己也不知道接下来怎么办,与前妻离婚是因为自己前几年做生意不景气,妻子过不了穷日子,回了娘家,怎么劝都劝不回来,之后由法院判决离婚,两个孩子归我抚养。妻子走的时候也未给两个孩子留生活费,至今未曾联系过。"听了客户的回答,小卢半天没有说话,在为客户感到可惜的同时也有一种胸口的大石终于落下的踏实感。

2.案例分析

客户一开始就告诉小卢,他目前是单身、他憎恨前妻等。对于客户经理来说,不能了解到借款人婚姻状态是离异就行了,而要从客户反映的信息当中提取重要的部分进行深入了解。客户经理需要去探究:该客户与前妻离婚的主要原因是什么? 到底是谁的过错? 如果是前妻,可以适当忽略不计;但如果是客户自身原因导致婚姻破裂,就应该考虑该客户在对待婚姻、对待家庭以及子女的问题上是否存在不负责任的情况。一个对家庭不负责的人自然不会对自己的事业有多大责任心。当然,因为涉及个人隐私,客户经理在实地调查时应根据客户的语气、情绪等来判断是否适合当场向其刨根问底。若客户有什么难言之隐,应适当转移话题以缓解气氛。客户经理应该意识到,对于有离婚史的客户,是有必要了解其离婚原因的。这种了解可通过多次与借款人的沟通来实现,也可以通过周边商户或者担保人及其家人侧面了解。

3.案例总结

客户婚姻状况和客户家庭的稳定性是一项重要的软信息。作为微贷客户经理,应坚持"不轻易否决一笔贷款,不轻易放弃一个客户"。对于婚姻状况等软信息中的疑点,应通过多角度了解以弄清楚事实的真相,以便对贷款风险做出准确评估。

(三)案例三:引导客户说出财务信息

1.案例陈述

经营汽车玻璃店多年的罗老板是一个有趣又固执的老头,他从未有过贷款经验。一天打电话过来给客户经理小余的时候,电话那头还有"你接,我不知道说什么,还是你来接吧"的话外音。小余还以为是诈骗电话,刚想挂断,他才支支吾吾地说想要贷款,问他能不能贷。小余了解了一下他的基本经营情况后,发现大体符合银行的贷款要求,于是告知他要进行实地调查。他很高兴地大声告诉小余:"我在××路××号,不要走错了。"挂了电话后,小余想起前不久扫街时确实有相邻的两家店说到时候要一起贷款,发现刚才两人在电话那头不好意思地推来推去的样子,有些让人忍俊不禁。

下午小余和同事来到客户所提供的地址,迎出来的是一位阿姨。小余表明身份,阿姨热情地招呼小余进去,说她和隔壁玻璃店的老罗都想贷款。这时才走过来一个瘦老头,摸着肚皮问阿姨贷多少,阿姨说自己贷5万元就足够。老罗说那他也贷5万元好了。小余向他解释需要多少就申请贷多少,每个人情况不一样的。他却固执地说和隔壁老板娘说好的,要和她一样。加之老罗是外地人口音,他刚才说的话听起来竟有些撒娇的感觉,让小余忍不住笑了。在询问隔壁老板娘的经营情况时,老罗一直抱怨客户经理怎么连这么隐私的问题都要问,隔壁老板娘向老罗解释,说:"人家不需要我们提供抵押担保,当然要问清楚了,不然怎么贷?"老罗在旁边一直小声嘀咕:"这都是我们的商业机密,怎么能告诉别人?"于是小余向他说明了银行的纪律,保证不会泄露客户的隐私,但他还是抱怨了好一阵子才停下来。

稍后去老罗店里调查的时候,问及店内玻璃销量、成本时,他总是说客户经理愿意写多少就写多少好了,其随口提供的数据也明显不符合行业特征。小余告诉他,不如实相告的话就无法提供贷款。他犹豫了许久微微松了点口,但还是有较多隐瞒。小余只好中止这次调查,让他有需要再打电话。但隔壁老板娘的贷款成功发放后过了许久,老罗都没有再打电话过来。

直到两个月后小余开会时突然接到老罗的电话,问他还能不能贷款。小余惊讶于他态度的转变,同时又郑重地告知他需要配合提供比较详细的经营信息才有可能获得贷款,他连声说好。于是,第二天小余又和同事去他店里开展了第二次正式调查。

第二天一见面,老罗就直接搬出了他店里的记账本,里面有给各个汽修厂配送玻璃的记录,包括应收账款的欠条等。小余笑着打趣他"今天怎么这么配合",他挠挠头有些不好意思。恰巧隔壁老板娘过来串门,告诉小余他家儿子和儿媳妇闹矛盾砸了仓库里所有的玻璃,损失10来万元,急需备货资金。后来经过调查分析,老罗终于成功获得贷款。

2.案例分析

玻璃店老板老罗在初次申请贷款时其实是抱着试探的心态,碰到隔壁老板娘想贷款,他也是觉得新鲜想尝试一下,这从他没有具体的贷款申请金额,说隔壁老板娘贷多少他就贷多少中可以看出来。应该说他在当时并没有资金需求,调查时的神神秘秘、完全不配合也是对微贷客户经理和微贷产品的不信任。若当时就草率地贷给他,只会让他觉得客户经理不专业。后来隔壁老板娘的成功贷款,以及他的贷款申请未获通过,多多少少让他意识到银行的贷款不是随随便便就可以获得的,需要有数据和信息的支撑。加之后来情况的变化使得他产生迫切的贷款需求,促使他在第二次调查时态度迥异,特别是经过客户经理的积极沟通、耐心解释后,他也是放下了心理防备,主动提供之前不愿透露给客户经理的有关信息。出现客户不配合调查的情形时,客户经理应尽量心平气和地说服客户,但对于不配合的客户也不能一味迁就,不能表现出急于把贷款贷给客户的情态,这样会让客户占主导地位,不利于调查。客户经理要秉持"高调扫街营销,低调调查放贷"的原则。

3.案例总结

现场调查是客户经理与客户的一个博弈过程。客户不可能一次性就把"底牌"直接亮给客户经理,甚至有许多保守的客户觉得客户经理是在窥探他们的"商业机密",一开始肯定会有所保留。微贷客户经理要做的就是把握好调查的节奏,一步步引导客户说出接近事实的情况。

二、微贷客户经理心得与感悟

(一)心得与感悟之一:不泄露客户的任何信息

前段时间,客户经理小胡去××××服装市场开展微贷营销。相对于大街上挨家挨户的营销方式,这种集中营销的群众效应更为明显。在发放微贷宣传资料时,反面评论也较多。一些客户对其他银行的类似产品稍有接触,进行比较后对小胡所在银行推出的微贷产品采用分期还本付息的还款方式觉得不太接受。在营销过程中,总有个别人诋毁小胡所营销的微贷产品,导致营销过程颇为坎坷。那些对微贷产品不感兴趣的客户不少属于暂时对资金没有需求者,小胡幸运地在他们中间找到了一个卖内衣的潜在客户——应女士。应女士在市场内经营一家内衣店,初步了解贷款程序后隔日就来微贷中心提出贷款申请。申请的当天下午,小胡便进行了实地调查。应女士的内衣店相对其他店生意还算好的,手头上有一些老客户。在翻查经营单据时,小胡发现每月交易量并不大,应女士说自己并没有做账的习惯。正感到为难时,小胡猛然想起自己以前在品牌内衣店购物时,满一定金额店主总会让她办个会员卡,于是便问应女士是不是有类似的会员档案登记。巧的是应女士确实都有存档,会员的当日消费金额是多少、累计消费金额是多少等都有记录。经核算这些会员消费,与进货单据进行对比,基本与应女士告诉客户经理的信息相符。

在谈及是否要找保证人时发生了一个小插曲,小胡也感觉自己犯了一个信贷员最忌讳的错误。调查接近尾声时,隔壁摊位的老板过来串门,而此时调查还在继续。小胡要求客户提供一个保证人,这时候隔壁摊位的老板好奇地问:"就贷那么4万块钱,也需要保证人啊?"小胡想当然地以为客户与丈夫离异的事情人尽皆知,于是顺口解释说,因为客户是单身,而××××服装市场经营还不是很稳定,所以要有担保人。隔壁店老板惊呼:"你跟×××还没领证啊?你怎么想的呀?快点去领证呀!"

应女士当时一脸尴尬,小胡恨不得抽自己两下。原来,客户离异后又找了一个男朋友,对外都称是自己丈夫,但两人还未领证。小胡连忙跟应女士道歉。虽然应女士说"没什么",但小胡总觉得挺不好意思的。经过这个事后,小胡得到了一个教训,作为微贷客户经理是有义务为客户保密的,但由于自己的疏忽而让客户的隐私被外人知晓,实在是难辞其咎。以后在有外人在的时候,调查尽量不要聊核心的东西,等别人走后再询问相关情况。

(二)心得与感悟之二:善于观察客户的喜好

客户汤老板在W镇经营着一家理发店。据了解,他从事美发行业已经10年多了。之前在美发店打工,后来自行创业。汤老板的理发店开业至今也有4年多的时间了。W镇虽地理位置相对偏僻,却也有着它的热闹,微贷客户经理小吕所供职的农商银行也在当地设立了支行。而汤老板的理发店也处于镇上较好的位置,且经营时间较久,有了一定的客户源,周围群众的反响比较好。

再看汤老板本人,他讲着一口并不是很标准的当地方言。原来他出生于省内的另一县,在年幼时由于母亲改嫁嫁到了当地,他也跟随母亲一起过来了,在W镇也娶了老婆,育有一个10多岁的儿子。然而几年前汤老板和妻子离婚了,目前由他带着儿子生活。汤老板表示,虽然日子过得比较艰苦,但理发店的小规模经营正好能维持父子俩的日常生活。

实地走访时,小吕发现汤老板的理发店很小,房租也很便宜,摆放着一张洗头床和一把椅子,他一个人负责洗头、剪头发、烫染等所有工作。这次找到微贷中心申请贷款,汤老板口述的用途是店面装修。然而在调查了解的过程中,小吕看到汤老板一直在关注股票行情,便和他聊起了股票,并表现出浓厚的兴趣,进而拉近了彼此之间的距离。最后在小吕的引导下,汤老板说出了他的真实贷款用途其实是想拿去炒股。考虑到汤老板的贷款并不是用于经营周转,而是投入股市,小吕便拒绝了这笔贷款申请。

汤老板的贷款申请金额为5万元,用途是用于店面装修,鉴于汤老板的店面看起来已显陈旧,其口述的贷款用途按照常理来说是合情合理的。但客户经理小吕捕捉到了汤老板的一个小细节——看股票行情,便以此为突破口,拉近了与汤老板之间的距离。当汤老板卸下防备,与小吕像朋友一样聊天时,便透露了他真实的贷款目的。从这一实地调查经历中,客户经理小吕得到了两点感悟:一是在现场调查时,不能光听客户的口述,也要善于观察客户的喜好,找到突破点拉近与客户之间的距离,以利于获取真实的信息;二是要多问,多次询问客户的真实贷款用途并进行正确分析,防止客户将贷款资金挪作他用或转借他人,从而产生风险。

(三)心得与感悟之三:从交易痕迹中寻找突破口

客户唐老板在××商贸城附近开了一家早餐店。该早餐店的地理位置优越,周边人流量也较大。开店4年,生意越做越红火,附近的居民以及上班族渐渐成为早餐店的老熟客。近几个月,唐老板心里萌生出了一个想法。考虑到现在的早餐店生意还不错,打算去老家再开一家早餐店。于是就把这个想法告诉了妻子和儿子,也得到了他们的支持。但是问题来了,再开一家店需要投入资金,可近几年赚的钱都用在了老家房子的装修上,一下子拿出那么多钱有些困难。当唐老板为这事发愁时,微贷客户经理小顾正好在早餐店附近扫街。小顾走进店里向唐老板介绍了微贷产品,微贷的快速放贷特点打破了唐老板对银行办理贷款的时间往往比较长的传统印象,遂产生了兴趣。在与唐老板细说了一些他不清楚的跟贷款申请相关的问题后,他最终决定选择微贷。小顾也马上对唐老板的早餐店进行了实地调查,但像唐老板这样的经营小生意的客户,能拿出的实际数据却十分少。唐老板平时没有记账的习惯,赚的钱也从不过银行,这让小顾有些犯难。正当小顾对早餐店的营业额数据一筹莫展时,忽然想到早餐店肯定也是需要用容器装食物的,于是就问了唐老板快餐盒、纸杯和纸袋的进货频率,再结合每种早餐的卖价,最终推算出了营业额。

微贷面向的是微小客户群体,而这类客户的一个基本特点就是没有财务报表。可能其中有些微小客户有一定的手工记账,但还是有不少客户连手工记账都没有。这样的客户难道就直接放弃吗?或者告诉客户因为没有办法推算营业额的数据所以就贷不了吗?如果是这样,何以能让这些客户信赖微贷?关于营业额等财务信息,客户经理不要把思维局限起来,可以"多渠道获取信息"。就像唐老板的早餐店,通过盛放工具可推算出营业额,得到接近实际的数据。就算客户的生意做得很小或是没有完整的记账数据,他们肯定也会有一定的交易痕迹,可能有些比较明显,有些比较隐蔽,而客户经理要做的就是细心地把它们找出来,获取所需要的信息,进而让客户贷到满意的金额。

(四)心得与感悟之四:微信朋友圈的"奥秘"

上周微贷客户经理小蔡走访了三家客户,分别是一家快餐店、一家五金店和一家装修装饰公司。在走访聊天的过程中,小蔡像往常一样和客户聊他们的经营。但小蔡觉得这次扫街最大的一个收获就是加了老板的微信后,通过观察他的朋友圈获得了一些重要的软信息,而这些信息是扫街走访的时候不容易获得的,其对于全面了解和分析客户软信息有着非常重要的作用。

先以五金店老板为例。在营销走访的时候,小蔡并没有感觉五金店老板和其他的店主有什么区别,聊的话题也是中规中矩。但是走出店、回到家整理走访的客户信息时,小蔡点开他的朋友圈看了看,里面记录了很多这位老板的日常作息和思想感悟。比如,他经常一早一晚去店旁边的河边锻炼和散步,还加入了一个晨跑的队伍,通过朋友圈的小视频可看到这群人对于生活都非常积极向上,他们都非常重视身体健康,对于体育锻炼有着超乎常人的热爱。同时,这位老板还经常发一些心灵感悟,一些对于生活的正面的、乐观的体会。通过其朋友圈,小蔡能强烈地感受到五金店老板是一个对生活乐观、积极向上、爱运动的人。试想一下,如果这种人将来申请微贷,他们违约的可能性要比一般人或者悲观的人小很多,他们的还款意愿也一定不弱。我们当然不能仅通过这一点就判断该客户值不值得向其贷款,但却能很大程度上反映出客户的一些重要的软信息。

再来说快餐店,小蔡去走访的时候男老板不在家,是女老板和孩子们在家。这家店位于一个小区的沿街房里,由于沿街楼刚刚盖好,所以这家店的经营时间不是很长,仅一年左右。当小蔡询问具体贷款金额的时候,女老板比较保守,不愿过多透露,只是说至少要好几十万元。小蔡心里当时还犯嘀咕,这家店面并不是很大,为什么要贷那么多呢?出门后小蔡点进她的朋友圈看了看,结果超乎想象,原来他们还经营着一家度假村,承接各种旅游团、会议学习和拓展训练等,而且生意非常忙碌,来来回回很多大巴旅游车,餐厅里准备的饭菜有好几十桌。这些信息在扫街走访的时候店主都没有透露,和她朋友圈里的度假村相比,这家快餐店好像是作为副业一般的存在。如果不看她的朋友圈,还以为他们就经营了一家小快餐店呢。

由此看来,朋友圈是获取客户性格、行为习惯、经营状况等信息的非常好的一个渠道。在加客户微信的时候可以告诉客户有什么业务需求都可以微信联系微贷客户经理,客户一听感觉不错,说不定将来就能用到呢,于是就愿意加客户经理的微信好友。虽说双方平常直接通过微信联系可能会很少,但这就像是客户经理在客户身边安插了一双眼睛,可以通过朋友圈了解他们的生活习惯、思想动态、经营情况变化等信息,有助于更加及时、全面地了解客户,节约贷前和贷后的调查时间与管理成本。走访一个客户就加个微信,对于客户经理来说可能会有意想不到的收获!

(五)心得与感悟之五:关注客户子女的教育水平

上月底微贷客户经理小叶营销走访了一家卖水电装修材料的商铺。当时已经是晚上7点,客户没有关门,小叶站在门口往里看,大厅的中间摆了一张小桌子,妈妈和儿子正趴在小桌子上学习。本来觉得打扰别人辅导孩子是很不礼貌的,但是妈妈的一个举动吸引了小叶走进店铺。这位妈妈和小叶平时见到的其他家长辅导孩子的方式不一样,她没有过多地关注孩子在写什么、做什么,而是自己也拿了纸和笔坐在一旁和儿子一起学习,互不打扰。走进店铺以后,首先映入眼帘的就是密密麻麻贴了半面墙的各种奖状和喜报。小叶表明身份和歉意以后,这位妈妈没有表示任何不满,儿子也非常有礼貌地和小叶打招呼,让小叶对这个家庭的第一印象非常好。

后续交谈过程中,小叶发现这位妈妈对自己和行业的经营情况,以及目前线上经营对实体店的冲击都有很客观的理解,同时对自己的上下游交易对象和未来的经营走势也分析得很透彻。客户广泛的知识面让小叶了解到了很多原来并不知道的行业内幕。除此之外,客户聊天过程中透露的逻辑思维也非常强。这个客户的教育程度并不高,但是对子女的期望很高,而且也获得了良好的效果。关注到子女情况后,小叶又联想到之前走访的几家商户,发现凡是子女正在上学的,其经营项目在一定程度上都会考虑到照顾上学子女的方便。

通过对这些商户的总结小叶意识到,在客户基本信息方面,不仅要关注客户的教育水平,还应当同样关注客户子女的教育水平。因为客户的教育水平只是对客户过去情况的一定总结,虽然一定程度上可以反映客户对自己信誉的重视程度,进而推断出客户的还款意愿和还款能力,但是随着社会阅历的丰富及长期经营实践的积累,客户对信誉风险的认知会发生很大改变。同时,微贷所面向的客户群体本身就具有文化程度普遍较低的特点,过度依赖对客户教育水平的判断是片面的。但是,客户对子女教育的重视程度是"正在进行时",客户对子女的教育期望一定程度上反映了客户对改变目前现状的渴望程度及积极向上的生活态度,并且客户对子女的教育结果也能反映出客户的教育水平及思想觉悟高度。很多时候孩子是父母的影子,孩子的教育结果一定程度上能反映客户在日常工作和生活中的处事态度。

当然,看问题也要有辩证思维。现实中也有一些客户为了子女教育而放弃扩大店面以及发展生意的机会,全身心地投入到孩子教育中,经营反而处在次要地位。像这种客户,还款意愿会很强烈,但是还款能力有待考证,客户经理要考虑到这种可能性。

第四章　AFR 微贷与信息识别

在获取信息的基础上,微贷客户经理还需要对信息的真伪进行判断。微贷客户经理向微小客户获取信息时,微小客户可能会有意或无意地提供某些虚假或不真实的信息。若未对所获取的信息加以识别,则难免会造成信贷决策的失误。因此,信息识别也是 AFR 微贷运行中的重要一环。

第一节　AFR 微贷信息识别的基本方法:交叉检验

AFR 微贷最常用的信息识别方法是交叉检验。所谓交叉检验,是指微贷客户经理通过对从各种渠道获得的信息进行比较、鉴别,来验证信息真实性、合理性与一致性的一种方法,它是针对微小客户无正规的、经审计的财务报表情况下所设计的验证工具。

一、交叉检验的逻辑基础

交叉检验这一信息识别方法的基本逻辑在于:信息之间存在着逻辑关联,不真实的信息总会有相互矛盾和难以自圆其说的地方,从不同的角度、不同的侧面来进行验证,这些矛盾就会暴露出来。因此,我们可以通过信息比较来验证客户提供的信息是否准确。验证的角度越多,对所获取信息与数据的准确性和合理性的验证也就越充分。另外,从多个角度开展验证,也有利于把握不同信息之间的内在结构,便于更全面地掌握微小客户的真实情况。

只有通过对所获取信息多角度的相互印证以及对数据之间关系的逻辑判断,方能确保所获取信息的准确性,了解到客户真实或接近真实的情况,进而为微小贷款决策提供客观的数据基础。AFR微贷认为,一个数据要尽可能通过至少两种方式的交叉检验,以便形成对微小贷款分析有价值的信息,作为一个组成元素进入客户授信调查报告中。

二、交叉检验的主要角度

实践中,交叉检验可以从以下多个角度开展。

1. 客户经理亲眼所见的情况与客户口述的信息是否一致

如客户口头所述的现金、存款、库存等数量与客户经理实地调查时的盘点情况是否相符,客户所述的销量与调查期间看到的客流量是否匹配,客户所述的年收入水平与实际看到的客户家庭生活状况是否吻合等。

2. 客户提供的信息与当地同类行业的平均水平是否大体一致

如客户口述的利润率、营业费用、款项结算方式、淡旺季情况、雇员的工资水平、房租、家庭支出等信息,与当地的平均水平相比较,是否相一致。若不一致,则需进一步核实。

3. 从不同渠道所获取的信息是否一致

如客户口述的信息是否与书面信息相一致,具体包括:客户口述的财务信息是否与原始单据、发票、经营记录、销售合同等相一致;若客户将每天的营业所得存入银行,则可将客户口头提供的营业额与银行对账单比对,看其是否一致;若客户通过转账方式支付进货款,则可考察客户口述的进货金额、进货频次是否与打印的银行交易明细一致。又如不同的人对同一问题所提供的信息是否基本一致,具体包括:客户、客户的雇员、客户的合伙人关于雇员工资水平、工资发放方式所提供的信息是否一致;客户、客户的合伙人对营业额、利润水平的口述是否一致;客户、客户的配偶、客户的父母关于贷款用途的陈述是否一致等。

4. 不同时间周期的数据是否一致

如客户提供的每日营业收入的累计值是否与月营业收入大致相符,

每月营业收入的累计值是否与每年的累计收入大体相同;根据调查时最近几天的营业收入估算的月营业收入是否与客户口述的月营业收入大体相当;流量和期末数据相加能否和期初数据大体对应,举例来说,客户的经营启动资金加上每年的利润、减去每年的非商业支出是否与客户的实有权益大致对应。

5.不同的信息和数据之间的关系是否匹配

具体包括:客户的经营数据与客户的经济实力是否对称,如客户口述每年的利润可观且经营时间长达10多年,但客户没有多少财产和资产积累,这就存在相互矛盾。财务数据之间的内部关系是否合理,如客户的营业额与库存水平的关系是否合理、客户的营业额与应收账款的关系是否对称。投入与产出之间的关系是否对称,如客户声称月营业额很大,但查看电表、水表发现每月的耗电量、用水量很少,这显示出客户所提供数据的可信度存疑;又如客户采用按件计付雇员的工资,则可考察雇员的工资总额数据与每月的销量、销售额数据之间的关系是否匹配。此外,还包括经营淡旺季、销售额与客户申请贷款的时间、额度是否匹配,客户经理根据经验和已积累的行业信息对相关财务数据(如毛利率、赊销率、平均库存天数等)的估计与客户口述的信息是否吻合等。

6.不同时点、不同场合所提供的信息是否一致

如客户来银行申请贷款时所口述的信息与客户经理入户调查时客户口述的信息是否一致;前期营销走访时客户提供的信息与客户实际申请贷款时提供的信息是否存在偏差;多次询问过程中客户给出的信息是否前后一致;单独询问客户时客户口述的信息与有其他人员(如客户的妻子)在场时客户提供的信息是否一致。

三、交叉检验的注意事项

作为检验客户所提供信息的真实合理性的标尺,交叉检验是十分重要的工具,因此不要为了交叉检验而做交叉检验。

交叉检验的有效开展,需要微贷客户经理对当地不同行业的经营方式、产销渠道、产品售价、投入品价格等有较全面的了解,而当地的行业门类可能较为广泛,且各行业的发展本身也是不断变化的,因此要求客户经理注意系统总结,持续积累相关的行业信息。

在现场调查时,AFR 微贷强调要通过与客户的家属、雇员、邻居以及他的客户等多个群体的直接交流来获取信息。但应该注意,为防范产生集体隐瞒现象,客户经理需要重视对此类第三方信息真实性的验证。在向第三方询问客户信息时,应了解其与客户的关系。

在一些微小贷款发展较早、信贷市场竞争相对充分的地方,部分微小客户已拥有较丰富的与银行打交道的经验,并存在一些面向微小客户提供申请银行贷款所需资料的中介机构。在这些地方,客户及客户的雇员等第三方所提供的信息往往会看起来很完美。此时,应更加注意在现场调查时的"眼见为实",在调查中的每个环节做好与事实的交叉检验,确保进入后续自编报表数据的真实性和准确性。

越是关键的信息(如影响客户还款能力的营业额数据等),越应注意通过更多角度、更多方式的交叉检验以确认其真实性、有效性。当然,通过多种方式进行交叉检验的前提是客户经理要收集到较完整的信息。

交叉检验不存在一成不变的角度和方法,针对不同的客户,客户经理可以应用不同的方法。

第二节　AFR 微贷财务信息与软信息的交叉检验

交叉检验的重点是对与客户的还款能力和还款意愿相关的信息和数据进行核实,从检验信息的类型来看,主要包括财务信息的交叉检验和软信息的交叉检验。

一、财务信息的交叉检验

财务信息包括存货、应收账款、负债、营业收入和权益等方面,其中权益的交叉检验是最为核心的内容。

(一)存货

不少微小客户没有存货记录,会向客户经理提供一个大概的估计。这种情况下,对存货信息进行核验的直接方式是客户经理对存货进行清点。首先,客户经理要剔除客户拥有的已经丧失价值的存货,不将其计入在内。其次,鉴于客户的存货通常是种类、数量繁多,为了提高效率,客户经理清点存货时可以先对存货进行一定的分类。通常,对于生产加工型的微小企业,可将其分成产成品、半成品、原材料等类型;对于小超市、服装店、烟酒店等客户,可按照销售商品的种类来分类。然后在分类的基础上,根据每一类商品的数量和进货价格来计算存货的价值。在实际清点过程中,为了加快清点的速度,可按箱、存货的堆放高度、堆放面积等进行估算。但对于价格较高的存货,最好进行单独清点和计算,以免因合并估算产生较大的误差。此外,若客户声称在经营场所之外的其他地方(如家中)还有存货,客户经理应该去现场查看,以识别欺骗问题。

对于从事养殖的客户(如养猪、养鸡的客户),客户经理可依据盘点的存栏数量、所处的养殖阶段、目前的市场价格等来验证存栏的价值。对于从事种植的客户(如种蔬菜、水果、药材的客户),若申请贷款时种植作物即将进入收获期,客户经理可根据实际看到的种植规模、相对于往年的收成和价格变动情况等来核实存货价值。但对于离收获期还有较长时间的作物,不能直接算作存货。

(二)应收账款

客户的应收账款的数量多少和周期长短,一定程度上能够反映其产品的市场竞争状况。但也有不少的微小客户不能提供欠条或其他单据来表明应收账款的真实性,这就需要进行交叉检验以核实应收账款。

客户经理可以通过向主要的应收账款付款人侧面打听来做些验证,但应注意识别客户与付款人联合作假、用根本不存在或已经清偿的应收账款包装自己的可能性。客户经理也可以通过应收账款集中度来估算应收账款总额,并做交叉检验。例如,现场调查时客户告诉客户经理有40万元的应收账款,最大一户应收账款是14万元;然后客户经理找一个时机,出其不意地询问客户最大一户占应收账款的比重是多少,客户说是三分之一左右。那么从集中度角度可估算出应收账款总额(14×3 = 42),并与客户的口述进行比较,看两者是否大体相符。客户经理还可以通过应收账款与营业额的钩稽关系来做应收账款的交叉检验。例如,客户告诉客户经理其有一半是赊账销售的,账款周期3个月,当前有应收账款60万元。同时,经询问,客户声称一年营业额300万元,经营没有淡旺季。那么,客户所述是不可信的。这是因为:每月应收账款为20万元[60(万元)÷3(月)],从而可测算出客户一年的营业额为480万元[20(万元)×12(月)],这就与客户的口述有较大出入。对于应收账款数据差距较大的,客户经理在现场调查时可以引导客户做出进一步说明。

（三）负债

对于客户从银行等正规金融机构获得的贷款,客户经理可通过查询人行征信系统进行核实。但有不少微小客户通常会有征信系统尚未覆盖的负债,如从亲朋熟人处获得的借款、民间借贷、民间融资平台（机构）的借款等。此类负债,客户可能会瞒报或少报,需要客户经理通过有效的方式做交叉验证。尤其是对于最近几个月征信查询次数较多的客户（查询次数多通常意味着客户在近期急于申请贷款或信用卡）,客户经理更应对客户的隐性负债保持警惕。

首先,客户经理可以让客户提供主要资产的原始凭证或证明文件,如房产证、车辆登记证等。若客户不能顺利提供,则可能是客户已经将其做了抵押,用来获取其他非正规融资。其次,客户经理可以借助负债与资产的钩稽关系来交叉验证。如客户在某个时期购置了车辆、房产等大额资产,但同期却没有新增的银行负债,根据资产扩张与负债规模不同步的情形就可以怀疑客户通过民间借贷等非正规渠道获取了资金。又如,客户经理可以考察客户前几年的经营利润和资产形成情况,若客户的显性负债增量与利润累积之和大于资产的增加,则反映出可能有其他负债融入被用于经营。最后,客户经理还可从客户的银行流水情况（交易对象、资金进出的规律性等）进行判别。如果客户的银行交易明细中存在包含"投资、担保、金融咨询"等名称的对手方,而且客户的经营内容与这些对手方不存在上下游关系,则表明客户可能从这些机构获得了借贷。同样,客户在特定日期从某一对象获得一个整数的金额,以后又对同一对象以大体相同的时间间隔发生多笔零散支付,这也意味着存在民间借贷付息的可能性,需要进一步关注。

（四）营业收入

客户经理通过询问获得客户的营业收入信息后,若客户不愿提供销售记录或没有销售记录时,客户经理需要通过其他信息来对客户口述的营业收入进行验证。

一是通过相关成本支出来做交叉检验。如对于洗浴店,通过每月的水费支出来测算其营业额;对于一部分从事生产加工的客户,可通过每月的电费支出来测算出其销售额;对于搞货运的客户,可通过每日、每月的加油费来测算其营业收入。当然,客户经理还需要清楚每单、每客、每件产品、每公里的电费或油费成本水平。

二是通过进货额来做交叉检验。销售额与进货额有以下关系:销售额＝(期初存货－期末存货＋期间进货)/成本率,若客户的存货水平保持稳定,则期间的进货量与销售量大体相同。举例来说,有一从事皮鞋零售的客户,客户经理上门调查时口述:"鞋子是从100多公里外的省城的一家鞋服批发市场进的,通常进价80元的皮鞋卖给顾客120元;每年的1、3、8、11、12月份是销售的旺季,其他月份是平季;旺季每月营业额为5万元,平季为3万元。"同时,客户经理查看汇款流水发现,客户在过去12个月中共向鞋子批发商汇款了30.5万元。根据以上信息,客户经理可测算出销售额＝30.5万元÷80元×120元＝45.75万元,而客户口述的销售额为5万元×5＋3万元×7＝46万元,两者比较,可发现基本一致。

三是通过员工的工资来做交叉检验。不少的微小客户对雇员的工资支付方式为计件制或底薪加业绩提成方式,由此,在知道了单件报酬、雇员的工资额等信息的基础上,即可倒推出客户的月营业额。例如,客户张某按照计件制给3名雇员发工资,5元/件,雇员平均月工资4000元,张某按照每件30元销售,则可推算出月销售额为4000×3÷5×30＝72000元。

四是通过收款账户明细来做交叉检验。如果客户向客户经理出示了最近几天的支付宝、微信收款记录,而此类第三方支付平台付款占销售额的60%(另40%为现金收款),则客户经理可估算出平均日营业额,进而再推算出月营业额。

(五)毛利率

毛利率是反映客户经营状况的重要指标之一。通常,行业的竞争程度越高,毛利率越低。除了采用与同行业比较的方式之外,通常可以通过计算加权毛利率并和客户口述对比的方式来做毛利率的交叉检验。在计算加权毛利率时,要按产品不同种类得到每种产品的毛利率,同时了解每种产品的销售收入占总收入的比重,在此基础上以每种产品的销售收入占总收入的比重为权重对毛利率进行加权平均。例如,一经营小吃的客户的各经营品种的毛利率及收入占比如表 4-1 所示,则可据此计算该客户加权毛利率:

加权毛利率 $= \sum$ 产品毛利率 $\times$ 其销售收入占比 $= 80.00\% \times 50.00\% + 70.00\% \times 5.00\% + 65.00\% \times 11.00\% + 66.67\% \times 5.00\% + 57.14\% \times 8.00\% + 83.33\% \times 2.00\% + 57.14\% \times 6.00\% + 70.00\% \times 5.00\% + 50.00\% \times 8.00\% = 71.15\%$。

表 4-1　某小吃店各品种的毛利率及收入占比

品名	成本/元	售价/元	毛利率	收入占比
土豆片夹馍	1	5	80.00％	50.00％
鸡蛋	0.3	1	70.00％	5.00％
火腿	0.7	2	65.00％	11.00％
凉皮	2	6	66.67％	5.00％
肉夹馍	3	7	57.14％	8.00％
粥	0.5	3	83.33％	2.00％
麻辣粉	3	7	57.14％	6.00％
醪糟	1.5	5	70.00％	5.00％
豆浆	1.5	3	50.00％	8.00％

（六）权益

权益的交叉检验对于客户经理发现或识别客户夸大经营、虚构利润、存在不良嗜好引致额外支出而使资本积累不正常等情况具有重要作用,通常可以通过比较应有权益与调查时的实际权益来进行权益的交叉检验。应有权益的计算公式为:应有权益＝初始权益＋期间利润＋期间生意外注资－期间生意外提款＋资产升值－资产折旧或贬值。其中,期间利润应向客户逐年询问并累加,不宜用一年的利润直接乘以经营年限,因为不同年份之间小微客户的生意往往波动较大;实际权益则为资产负债表中的权益。

例如,客户李先生 2019 年元月开始经营一家小超市。初始投资 50 万元,其中亲戚借款 15 万元,自己投入 35 万元。初始投资为现金 4 万元,房租、设备 6 万元,存货 40 万元。开业一年,扣除家庭日常开支后每月结余 0.5 万元,2019 年折旧 1.2 万元,期间借款 3 万元,12 月提款 2 万元用于支付孩子上初中的择校费。若客户经理 2020 年 1 月进行现场调查,则调查时的应有权益为多少? 根据应有权益的计算公式,调查时的应有权益=初始权益 35 万元+期间利润(家庭结余)6 万元-期间生意外提款 2 万元-资产折旧 1.2 万元=37.8 万元。

应有权益与实际权益对比,若两者大致相等,则表明权益吻合,通过了交叉检验。若应有权益明显大于实际权益,造成这种情况的可能原因主要包括:客户有赌博等恶习花掉了收入、初始权益中有部分负债没有调查出来并加以剔除、评估资产负债时过于谨慎导致表内权益被低估、测算客户盈利能力时过于乐观而高估了利润或少算了支出、有部分资产没有调查出来并计算在内或者客户有其他投资等。对于应有权益大于实际权益的情形,客户经理要特别注意客户是否存在隐瞒一些特殊支出而使当前权益减少的情况,防止客户因涉赌、家外有家等不良行为所带来的严重风险隐患。若应有权益明显小于实际权益,造成该种情况的可能原因主要有:客户经理在评估客户盈利能力时过于保守而低估了实际利润、客户有其他未知的收入来源、客户的供货商存在铺货的情况、客户经理在评估资产负债时违背"谨慎性"原则导致表内权益被放大、存在一部分不属于客户本人所有的资产、客户拥有民间借贷等隐性负债未被调查出来等。对于应有权益小于实际权益的情形,客户经理要注意辨识客户为了获取更大的贷款额度而夸大自身资产的可能性。

二、软信息的交叉检验

软信息对于判断小微客户的还款意愿和还款能力具有重要意义。通常可以通过密切观察,关注细节,来对不同的软信息之间、软信息与财务信息之间的逻辑对称关系进行相应的交叉检验,为将软信息纳入小微信贷决策依据奠定坚实的基础。

(一)细节观察与软信息交叉检验

软信息的具体内容包罗万象,对软信息的交叉检验重在通过细节观察,既包括看到的,也包括感觉到的,还包括听到的。在现场调查以及与客户接触的过程中,客户经理要察言观色,关注客户的言谈举止、衣食住行等细节,随时进行交叉检验。

在言谈举止方面,可能会出现客户当着客户经理的面大吹大擂,声称自己的经营规模、资金实力如何了得,但眼神不定,询问其业务却表现出不甚了解,这就意味着对方可能在说谎;客户经理到客户家里调查时,若客户的配偶等家人的态度比较冷淡,一副漠不关心的样子,或者客户总是尽量避免客户经理与家人直接交流,意欲早点结束入户调查,这就显示家人对其贷款的支持度有待进一步考证;客户经理与客户的雇员交谈时,若客户与其雇员之间总是有些眼神上的交流或暗示,这可能意味着客户想避免一些事实被"拆穿",客户所言信息的可信度存疑;进入经营场所现场调查时,周围商户对客户经理前来调查表现出疑惑的神情,客户经理要求提供电费单、进货记录等基本材料时贷款申请者毫无头绪地四处翻找,这可能与其声称的该经营场所为其所有不相吻合。

在衣食住行方面,要关注其表现是否与经营特点和收入水平等相符合。如果一个全身上下都是奢侈品的客户声称自己所从事的是劳动密集型的手工作坊,那么可信度就不高;客户餐桌上剩余菜肴种类、碗筷、食物残渣较多,通常表明家庭用餐成员较多、客户家庭稳定;客户办公室内物品摆放凌乱、卫生较差,一般暗示客户经营管理水平低下;客户有多年驾龄,但对所开车的操控不太熟练,可能意味着车辆并非本人所有。

(二)贷款用途的验证

贷款用途直接决定了资金的流向。若客户的贷款资金流入了一些高风险领域甚至是违法领域,则会显著加大该笔贷款的风险。虽然客户在申请贷款时会告知贷款的用途,但其所声称的贷款用途的真实性难以得到保证,需要通过交叉检验来验证。

对贷款用途真实性的核实,一是可通过与第三方的说法进行比较来进行交叉验证,即考察客户所说的贷款用途与客户的配偶、父母等关于贷款用途的说法是否一致。如一个客户申贷贷款 15 万元用于开设一家打印店,但客户经理从其配偶处侧面打听到开设打印店的资金已经凑齐,则表明客户声称的贷款用途是有问题的。二是根据基本的逻辑关系进行分析判断。如客户说申请贷款用于进货,但客户的存货数量很多,能销售好几个月,且目前又不属于销售旺季,则贷款用途用于进货的说法就不可信。同样,若客户声称申请贷款是为了购买设备、扩大生产,但调查发现客户尚有不少的生产能力闲置,那么购买设备的用途就与客户的经营现状不相匹配。三是观察客户的反应来判断贷款用途的真实性。如客户表示需要贷款用来进货,客户经理可以试探性地询问客户是否接受将审批下来的贷款直接转入其上游供货商的账户,若客户不同意采用将贷款款项直接打入供货商账户的方式,或对此显示出非常犹豫的态度,则暗示客户有将贷款挪作他用的可能。

总体而言,贷款用途要与客户的经营经验、生产周期相匹配。当贷款用途初步判断为不真实时,客户经理应继续向客户追问,并相应地再进行交叉检验,以深究客户贷款的真实用途。

(三)客户经营状况的验证

首先是注意分析客户的经营履历。一般情况下,客户从事同一门生意的持续时间长,往往反映出客户应对市场波动的能力相对较强,存在的经营风险就低。因此,对于经营时间较短的客户(尤其是还未经历一个完整的经营周期的客户),客户经理通常要保持警惕;对于年龄大且经常变换生意门类的客户,更要采取谨慎态度。

其次是通过客户的家庭财产与经营匹配度来作分析。通常,如果客户经营状况良好,在经过一定时间的盈利积累后会添置房产、汽车等家庭财产。因而,家庭财产是客户生意状况的一个重要表征。客户经理可将家庭财产的购买行为和积累情况作为验证客户经营状况的一个角度,但也要注意识别有的客户崇尚高消费或为了"装点门面"而购置豪宅和豪车、实则与其经营情况完全不匹配、主要靠对外举债来支撑的情形。

最后是通过对客户经营场所的细节观察和侧面了解来验证其生意经营情况。客户的经营场所是判断其生意状况的重要基础。如客户经营场所布满蜘蛛网、货品上积有灰尘、机器锈迹斑斑,则与客户自称的生意红火就不相匹配;经营场所墙上挂着的营业执照标注的是他人的名字,则对于客户自称系独资经营业主的说法矛盾;经营场所的面积大小和所处地段亦可用来对客户口述的营业额或销售规模进行大体验证。若客户有雇员,客户经理通过与雇员拉家常式的交流,可以侧面验证雇主的经营状况。如随意问问雇员一年中什么时候比较忙,雇员的回答可以验证客户生意的淡旺季情况。在与雇员"不经意"的交谈中获知雇员在贷款申请人这里已经受雇好多年了,则可验证贷款申请人生意的稳定性和管理水平的高低。

（四）不对称偏差分析法

若要对软信息作组合分析,则可采用不对称偏差分析法。所谓不对称偏差分析法,是通过设定软信息维度及层级,并根据某一客户相关软信息的分布得到偏差度,进而借助对偏差的分析来对风险做出判断。在实际工作中,不对称偏差分析能够从软信息层面对客户的风险做出直观的可视化判断,帮助客户经理找出客户风险点,是一项实用的软信息决策支持工具。

在做不对称偏差分析时,首先需要在考虑信贷产品定位、客户群体基本特征、地域环境等因素的基础上确定软信息分析维度。维度的选定不应过多,维度太多容易造成混乱,导致无法得出准确的结果。同时,选定的软信息维度一般应针对那些客观的、有事实依据的软信息,如婚姻状况、年龄、经营年限、财产状况和受教育程度等,而涉及主观判断的软信息(如家庭关系和睦程度、客户经营能力和客户在家庭中的地位等),则不适合选作维度。然后将选定的各个维度的软信息分为若干层级。层级不应太多,一般分成 4～5 级,否则会造成许多客户存在异常的误判。例如,我们可将客户年龄分为"20～30 岁""30～45 岁""45～55 岁"和"55岁以上"四个层级,将经营年限分为"1 年以下""1～3 年""3～10 年"和"10 年以上"四个层级。最后,客户经理根据客户的实际情况,制作不对称偏差分析模型图,在图中标出客户所处位置组合,观察其与正常客户画像的偏离程度。

例如,客户 A,37 岁,本地人,开了一家童装店。客户早年在外地打工,26岁返乡创业,开始经营这家童装店,现已连续经营11年。客户的妻子平常都在店里,与丈夫一道经营。客户有一个孩子,正在上小学,成绩较好。客户两年前以自有资金为主购买了住房,人民银行征信系统记录良好。客户本次申请贷款8万元,是为了租下左侧紧邻着的一间店面以扩大营业面积。

根据以上信息,可画出客户A的不对称偏差分析图(见图4-1)。图中客户A的信息组合轨迹呈水平直线形状,表明这一客户与通常认定的特定阶段客户的软信息是匹配的,风险性一般较小。

客户情况						
婚姻状况	年龄	经营年限	信用记录	财产状况	配偶	子女
未婚	20~30岁	1年以下	不良信用记录	没有私人财产	其他生意	无子女
已婚	30~45岁	10年以上	良好信用记录/无信用记录	良好私人财产	参与生意	上学/年幼
再婚	45~55岁	3~10年		部分私人财产	其他工作	工作/参与生意
离异	55岁以上	1~3年	非主观不良信用记录	少量私人财产	无业在家	无业

图 4-1　客户 A 的不对称偏差分析

若某一客户的情况与对标准客户描述的差异较大,则信息组合轨迹就会呈现出不平坦的波动形状,客户经理需要沿着波动方向对客户做进一步分析。例如,客户B,38岁,本地人,经营一家网吧。半年前客户开始经营这家网吧,至今6个月。客户的妻子在家做家务,孩子14岁,上初一。客户一年前购买了住房,房款共80万元,首付三成,人民银行征信系统无逾期记录。客户本次申请贷款8万元用来盘下边上的商铺,准备开一家烧烤店。根据以上信息,可以绘制出关于客户B的不对称偏差分析图(见图4-2)。从图中可以发现,客户B在选定维度上的软信息呈现大幅波动的特征,也就意味着客户B相对于正常客户的软信息是不匹配的。偏差的出现其实也就对客户经理发出了风险预警,客户经理要核实客户的软信息是否真实。若信息真实,还应进一步考虑和评判由信息不匹配所带来的问题,如客户年龄已经38岁了,但经营现生意的时间很短,他过去有着怎样的经营履历? 仅过了半年,就打算新开一家烧烤店,是否表示当前生意很不理想? 小孩已上初中,但客户妻子未参与生意经营,是否表示劳动意愿不强等。

客户情况						
婚姻状况	年龄	经营年限	信用记录	财产状况	配偶	子女
未婚	20—30岁	1年以下	不良信用记录	没有私人财产	其他生意	无子女
已婚	30—45岁	10年以上	良好信用记录/无信用记录	良好私人财产	参与生意	上学/年幼
再婚	45—55岁	3—10年		部分私人财产	其他工作	工作/参与生意
离异	55岁以上	1—3年	非主观不良信用记录	少量私人财产	无业在家	无业

图 4-2　客户 B 的不对称偏差分析

总之,不对称偏差分析法通过将不同维度的软信息加以排列,可以展现出客户哪些方面的软信息存在不对称问题,提示客户经理可能的潜在风险点在哪里,为小微贷款的决策提供依据。

第三节　信息识别:案例与心得

一、案例

(一)奶茶店财务信息的交叉检验

1.案例陈述

借款人大学毕业后与朋友一起合伙开设了一家奶茶店,借款人占股80%,主要产品为冷热饮品。店内的销售情况主要分为两类,一类是零售,另一类是供货给附近的一所职高(该所职高学生在学校开立的休闲吧内的饮品都是从该店进的货),但主要的经营收入还是来自零售。

借款人的奶茶店自开业以来客源相对稳定,基本为附近的初中生及高中生,平时放学后学生时常结伴到借款人店内消费。借款人店内为顾客提供了贴心情便笺条的区域,柜台上、墙上都密密麻麻贴满了顾客的留言,这从侧面反映出这家奶茶店还是比较受顾客欢迎的。然而,借款人虽通过电脑录入经营记录,但基本在每天营业终了会对当天的销售情况进行删除。同时,借款人对于进货的汇款单和进货单据基本都不进行留存,客户经理收集到的都是非常零散的单据。在仔细查找后,客户经理仅取得借款人以下日期的相对全面的销售记录:5月5日,5月6日,5月13日,以及4月1日到4月8日。此外,借款人还保存有近期的职高销售单据。那么,客户经理该怎样通过交叉检验以核实借款人的有关信息呢?

(1)销售情况的交叉检验

借款人口述周五到周日每天零售200杯左右饮品,周一到周四每天零售160~170杯饮品。根据前述借款人较完整的销售记录中的5月13日这天来看,该天为星期日,销售记录显示当天共发生129笔零售,其中消费金额在10元以上的有67笔。因店内饮料每杯的单价在5~9元之间,故消费金额在10元以上的基本都是两杯饮料的购买量,因此5月13日周日这天实际的销售杯数大约为196杯,与借款人口述基本相符。

根据借款人记录的销售信息,核算出平均每杯销售额6元,则合计一周的销售额为(200×3+160×4)×6=7440(元);根据借款人电脑中拥有较完整的销售记录的4月2日至4月8日这一周的数据,累加算出销售额为7545元,与前者基本相符。

(2)毛利率的交叉检验

借款人口述毛利率在60%左右。取样一杯柠檬奶茶的组成:一杯柠檬奶茶=奶粉一勺(25克)+糖一勺(20克)+珍珠一勺+柠檬汁一勺(25克)+一个杯子+一个杯盖+一支吸管。借款人虽然进货单据不全,但其中都记录有奶粉、糖、柠檬汁等的整件价格,可根据每杯奶茶对各种材料的用量来得到一杯奶茶的成本之和。具体如下:

奶粉一勺:(385/25000)×25=0.385(元)。奶粉每袋为25千克,每袋385元。

糖一勺:(420/50000)×20=0.168(元)。糖每袋为50千克,每袋

420 元。

珍珠一勺:8/20＝0.4(元)。珍珠每袋可做 20 杯,每袋 8 元。

柠檬汁一勺:(47/3000)×25＝0.391(元)。柠檬汁每桶为 3 千克,每桶 47 元。

杯子一个:23/100＝0.23(元)。杯子每条为 100 个,每条 23 元。

杯盖一个:3.5/20＝0.175(元)。杯盖每条为 20 个,每条 3.5 元。

吸管一支:5.5/100＝0.055(元)。吸管每包为 100 支,每包 5.5 元。

则合计一杯柠檬奶茶的成本为:0.385＋0.168＋0.4＋0.391＋0.23＋0.175＋0.055＝1.804(元)。柠檬奶茶售价 6 元,故毛利率为(6－1.804)÷6×100%＝69.9%,稍高于借款人口述,大体相符。

2.案例分析

对于这个奶茶店客户,客户经理在实地调查中遇到的主要问题之一是借款人销售记录不完全,电脑中记录的销售情况存在删除现象,而且借款人没有完整的进货单据,单据残缺得非常厉害,经营 8 个多月下来客户留存的单据只有屈指可数的几张。因此,如何核实借款人的销售情况成为一个难题。针对这一难题,客户经理采用以有限的资料和数据来估算总体情况的方法来加以克服,通过所掌握的调查特定日期的销售情况与客户口述的数据是否大体相同的方式成功地进行了交叉检验。同时,客户所销售的一杯奶茶的实际成本究竟是多少、进而其销售毛利率是多少也一时难以准确判断,通常会感觉心中没底。对此,客户经理通过细致的工作,以"抽丝剥茧"的方式计算出一杯奶茶的生产成本,即客户经理了解清楚奶茶的加工环节,把握加工一杯奶茶需要的奶粉等各种原料的用量,并获知各种原料的价格,在此基础上最终核算出一杯奶茶的实际成本。

受理一笔贷款申请时,需要核实各方面的信息。但单据并不是测算借款人现金流的唯一标准,当然能够取得销售单据和进货单据是较为理想的状况。当遇上借款人平时经营不做账、不留存各项单据的情况时,客户经理也不应气馁,可以试着从别的角度进行交叉检验来判断借款人的现金流。

3.案例总结

单据并不是测算客户现金流的唯一依靠,作为微贷客户经理,需要的是多方位地思考问题,以进行交叉检验。没有调查不了的客户,只有自己不主动去了解的客户。思考才是王道!

(二)一个感性判断不错的客户

1. 案例陈述

周末,客户经理小丁外出扫街营销,扫到一位经营一家羊肉馆的客户。踏进该店面,见到一个40多岁的中年男人坐在收银台面前悠闲地抽着烟,小丁递上宣传彩页,并告知老板来意以及彩页内容。一开始老板漫不经心地听着,当小丁说到贷款手续非常简便、放款时间很快时,老板觉得有点意思,于是问了小丁一些在他看来很重要的疑问。因为是扫街宣传营销,不是直接上门贷款调查,所以在回答老板的问题后,小丁便告知:"如果您需要,我明天过来直接参与调查,现在也快到准备晚饭的时候了,不打扰您做生意。"老板很直爽地答应了,与小丁约定第二天中午过来实地调查。在回银行途中,小丁反复想了想,在与客户交谈的过程中,客户留给小丁的第一印象就是很直爽,而且刚开口就谈到关于个人征信问题:"我的征信没有一点问题,存在社会中的人一定不能失信,要不以后怎么做生意?"听到这些话,小丁觉得该客户是一个对自己负责任的人,最起码知道征信的好坏会影响到他以后能否在社会上立足。联想到现实中有不少人不在意自己的个人征信状况,小丁对该客户的感性判断不错,这促使他决定第二天就去开展实地调查。

第二天,小丁与同事前往客户经营的店面。因为老板比较健谈,所以一开始就很聊得来,老板对调查也很配合。该客户现经营羊肉馆4个月,从5月份开始增加夜市烧烤,记账也很全面。客户告知每天营业额1000元左右,近期由于降雨天气多,营业额稍微低一点。老板口述完,小丁看了他的记账记录,与口述的基本一致。这样一来,更增加了小丁对该笔贷款申请的信心。由于该店经营仅4个月,所有店内资产都是在开业的时候进购的,所以盘点很轻松,客户回忆当时的购买价格也十分清楚。谈到每月费用支出,老板告知主要就是房租,没有其他大项开支,儿子在外地也有稳定工作和经济收入来源。不知不觉中,现场调查结束。无论是前期的扫街营销还是本次的上门实地调查,小丁感觉都没有问题。所以小丁对该客户的感性判断是认为该笔贷款申请没有问题,可以发放。

回到银行,为了加快放款速度,小丁随即对调查记录的数据进行测算,但在做权益交叉检验的时候怎么做都通不过。回忆与老板交流的过程,也没有什么数据遗忘,到底哪里出了问题呢?就在这时,朋友电话告知小丁该客户在某信用社有9万元贷款存在逾期记录,最后只能转贷。随即找朋友帮忙咨询了当地信用社的客户经理,该客户经理告诉他:"这个客户经济能力以及人品都一般,最好不要对该笔贷款进行发放。"听到这些,小丁决定放弃向该客户发放贷款。

2.案例分析

在对该客户进行实地调查后,凭借获取的财务信息、数据进行权益测算,权益检验通不过的可能原因包括客户对自己经营期间的大项支出没有如实反映,或者还存在其他个人征信未反映出来的私人负债等。利用交叉检验手段,客户经理最终找到了权益通不过的原因,并顺藤摸瓜了解到客户更多的一些信息。其实,该客户在经营羊肉馆之前从事建筑工程行业,在某信用社有贷款9万元,用途是用来解决前些年因工程亏本而导致的支付工人工资的资金缺口问题。同时经办客户经理反映,该客户目前经济能力一般,不能为其继续发放贷款。因为客户在调查过程中的配合以及豪爽、健谈,客户经理忽略了客户的经营历史(该客户以前从事建筑工程行业),对客户过往的经营情况一无所知,这是客户经理在今后工作中需要注意的方面。并且,该客户不是本地人,客户经理在获取软信息的时候也不是很全面,这也是要注意的又一问题。总之,因为客户经理一开始过于为感性判断所左右,导致在调查过程中忽略了好多重要信息,最终导致权益交叉检验通不过。所幸通过朋友的帮助,客户经理及时发现了问题并揭开了谜团。

3.案例总结

感性的判断不一定是可靠的,不能仅仅根据自己的直观感觉来决定一笔贷款的"命运"。必须结合理性分析,通过调查中广泛收集的"眼见为实"的数据以及各方面的软信息,对贷款申请进行全方位验证,才能扎实做好贷款风险把控。

(三)"无话可说"的客户

客户章先生,××镇人,与朋友合伙在×××街开了一家面店。上个月底客户经理小庄扫街时正好扫到这家面店。小庄进门刚提及来意，还未开始介绍微贷产品的具体特征，章先生就直接说要贷款，用途是开分店。根据过往的经验，第一次与客户接触客户就当场表示马上想要申请贷款的概率可以说是很低的。因此对于小庄来说，听到章先生需要贷款时是比较兴奋的。鉴于这家面店2月初开门，满足经营满3个月的基本贷款条件，于是小庄就先简单地跟章先生聊了会儿天，了解到他的妻子在Y市做月嫂，开分店的店面现在还在找，他想先备些资金。小庄对章先生的第一印象是觉得他需要贷款，但不太在乎具体的贷款产品是怎样的。

过了两个星期，小庄第二次走访章先生的面店，问他店面看好没有，章先生回答还没有去看。小庄告诉章先生，要是还没有着手开分店，钱贷出来也不能好好利用，可以先不急着申请贷款。听到这里，章先生马上就急了，说贷出来就马上去看店面。于是，小庄约定了时间对章先生的店进行正式的实地调查。

几天后的实地调查中，小庄问了章先生经营方面的一些问题，章先生也是十分配合，基本上是问什么答什么。后来小庄想到章先生的妻子在Y市做月嫂，申请贷款时其妻子也是要回来签字的，于是就提醒了他有这样一个要求。结果，章先生表示他和妻子早就离婚了。听到章先生这么说，小庄有些懵了。但转而一想，如果他能拿出证据也是没有什么大问题的。于是，小庄先回去把编写调查报告所需要的资产负债表、损益表等编制出来。但在编表时发现了问题，章先生口述的每天营业额最少有1000元和他提供的进货数据及毛利率水平根本对不上，以他的进货金额来推算营业额的话，最多每天也就600元左右的营业额。随后小庄又去了趟章先生店里，再次问了他关于营业额的情况，章先生也拿不出准确的账面记录。小庄提出疑问，既然店是和朋友合开的，应该每天都会很清晰地把账都记下来，但章先生还是坚持说不记账的。小庄又重复问了进货的情况，结果他说的又和上次说的对不上。当小庄把上次调查时记录下来的有关内容给章先生确认后，他便开始支支吾吾地辩解。小庄只能和他明说，根据上次提供的原始数据，只能贷5万元。章先生马上又说："是不是我提供的数据都太小了，那我可以说多一点啊。"听他这么说，小庄当时是又气又好笑，严肃地对他说："那也要以你提供的真实数据来定额度的,我们放贷款也是需要依据的,不是你说贷多少就是多少啊。"

由于小庄到面店的时候差不多已经是晚上 7 点多了,正好事情谈得差不多了,章先生也准备吃晚饭。来之前电话里告知让章先生准备好的进货单据放在厨房桌子上,为了不打扰章先生吃饭,小庄就自己去厨房拿。正准备离开厨房时,小庄发现厨房柜子角落挂着一个还没合上的本子,看样子是刚打开过。小庄走近一看,正是客户每天记账的本子,上面清楚地记着每天的营业额,每个顾客吃的面和金额。小庄快速地看了下最近一个月的营业额,果然和小庄第一次算的差不多,与章先生的口述明显不符。章先生发现小庄看到了账本,马上又声称账本并不能说明什么,但看得出他说这句话的时候已经毫无底气了。最后,根据账本和进货单据,小庄测算出章先生只能贷 5 万元,和他想要申请的 20 万元差距较大。章先生有点不满地说:"5 万元哪个银行不能贷?昨天××银行和××银行都打电话过来让我去贷款,还没有你们微贷那么麻烦,算来算去的……"后来小庄听其他银行的朋友说,这位章先生当时正在四处托人找银行贷款。他贷款不是去开分店,而是去还债。经常出现在他店里的那个人也不是他的合伙人,而是向他讨债的。章先生把家里的房子和车子都卖掉了,他妻子也因此和他离婚了。

2. 案例分析

客户经理一开始接触章先生的时候不清楚他是一个怎么样的人,也不知道他说的是真是假。但经过几次交流和接触后,最终戳穿了章先生的谎言。在调查过程中,客户一直想隐瞒的信息不知不觉地露出了破绽。从客户前后不一致的说法中,客户经理慢慢提起了戒备之心。虽然客户在聊天中说的都是些小事,但客户经理还是要留意观察和倾听。章先生一开始说妻子在 Y 市做月嫂,后来听说需要妻子签字时就马上改口说自己早已离婚。这些小细节有时候可能会被忽视,但对于微贷来说,细节问题同样值得关注,因为一些细节问题可能反映出客户的诚信水平,直接关系到客户的还款意愿。同样,关于店内的经营状况,章先生也不够坦诚。根据他无意间说出的真实进货数据,客户经理已经差不多推算出了他每天的实际营业额,但他却硬是钻进自己的说法里不承认。直到后来客户经理无意间发现了真实账本,算出了营业额,有了铁的证据,才让他"无话可说"。

3.案例总结

虽然客户经理有时候不能一眼就看透客户的真实情况,但可以通过多角度验证信息来获得接近事实真相的信息。纸永远都是包不住火的,只要客户经理用心、细心做实每一个调查环节,不管藏得多深的谎言,到最后还是会自露破绽。

(四)错综复杂的三人关系

1.案例陈述

一天,客户苏姐给客户经理小廖打来电话说想要申请贷款。通过电话简单沟通后得知,苏姐已离婚,现在是单身状态,目前经营两家店,一家理发店,一家汽修店,想要申请10万元的贷款用以装修理发店并扩大经营规模。苏姐说因其父母也已离婚,父亲还有替人担保的贷款未还,所以之前申请贷款的时候都被拒绝了,希望能从小廖这里贷款。于是,小廖与客户约定先去考察一下她的经营情况。

当小廖来到苏姐的汽修店,苏姐却声称临时有事,没法到汽修店里,让小廖及同事先看着。小廖发现,虽然营业执照上是苏姐的名字,但并不是苏姐在这里经营。在这里经营的是一位男子,自称是苏姐的亲哥哥。该男子告诉小廖,这家汽修店由苏姐投资所开,他给苏姐打工,一个月给他8000元的工钱。言谈中,这位"哥哥"对于自己帮忙经营的这家汽修店很是自豪,他说这里光洗车会员就有几百个,加上喷漆、修车等业务,一年赚个20多万元没什么问题。看上去,这位"哥哥"的修车技术应该不错,说起来头头是道。当小廖问起这么赚钱怎么没自立门户单干的时候,他说:"当时我刚买了房子,钱比较紧张,而且是自己的'亲妹妹',又离婚了,我不帮她谁帮啊。再说了一年下来也能分我个10万元,不和自己干差不多吗?"当时小廖及同事觉得这位"哥哥"真好。后来要核实经营收入的时候,这位"哥哥"说店里收入大多是通过微信和支付宝支付,店里的微信和支付宝都是用的苏姐的。小廖一想这也对,妹妹的店,收入肯定得是妹妹管着,这样才好算账。

在考察完汽修店的大体情况之后,小廖又联系了苏姐,她说理发店这会很忙,于是小廖决定过去找她。到了理发店,发现苏姐的理发店门面很小,里面的设施也比较陈旧。小廖问起苏姐和汽修店男子的关系时,苏姐却说那是他"表哥",以前在 B 市打工。听她这么一说,小廖和同事都愣了一下,出于礼貌没有马上追问。当小廖提出要核实一下苏姐汽修店收入的时候,苏姐说得等一下,收入在另一个手机上,她去拿。苏姐到后院打了很长时间的电话才出来,告诉小廖收入在"那个姐"的手机上,马上就过来。过了一会,"那个姐"来了,原来"那个姐"是"亲哥哥"的对象。聊着聊着,"那个姐"说"亲哥哥"是外地人,是离这里约 200 公里的 H 市人……当小廖提出要重新考察一下苏姐理发店收入情况的时候,苏姐拒绝了,很礼貌地说不能办理就算了吧。

2. 案例分析

苏姐的理发店位置不好,面积也不大。所以在考察贷款用途的时候,客户经理起初并没有产生怀疑。在调查过程中,苏姐、"亲哥哥"和"那个姐"之间错综复杂的关系一时让人摸不着头脑。但通过分别与不同人的谈话,该笔贷款申请中不真实的地方逐渐显现出来。三个人对于三人的关系各有一套不同的说法,显示出三个人的关系没有最初想象的那么简单,三人可能因为某种利益牵扯到一起,试图通过扮演不同角色来达到获取贷款的目的。虽然汽修店的收入看起来不错,但通过交流和验证,可以发现苏姐不是汽修店的实际所有人。不是自己的店面,为什么非要以汽修店的名义来申请贷款?这家汽修店应该是当时不知道出于什么原因使用了苏姐的名字注册的营业执照,而实际控制人和经营人并不是苏姐,现在苏姐有贷款需求了而这家汽修店又经营得不错,所以想要用这家店充当自己的"资产"来申请贷款。奈何三个人虽然事前相互通过气,可是许多问题上的口径还是不一致,苏姐的真实还款能力和贷款用途被识破。这正应了一句话,"一旦撒了一个谎,就要用一百个谎去圆"。

3. 案例总结

通过交叉检验可对所获得信息的可靠性进行验证。客户经理在考察客户的时候,应当注重与其雇员以及家人等周围其他人员的沟通与交流,以便从中获得很多有用的信息并对信息做出验证。不应相信一面之词,而要从不同侧面多听、多看、多了解。

二、微贷客户经理的心得与感悟

（一）心得与感悟之一：无须惧怕陌生行业的交叉检验

客户季先生早年在某政府部门当过司机，后因结婚生子致使生活压力加大，遂辞去司机工作，在××村租用了2亩地，成立了××食用菌合作社，并建设了8间300多平方米的设施进行空调菇种植。经客户经理小洪的高中同学介绍，季先生来微贷中心申请贷款。通过申请前的简单介绍，了解到季先生和客户经理小洪曾就读同一所高中且属同一个年级，季先生现在经常联系的同学当中有几个小洪也较为熟悉。有了共同的回忆和共同的话题，小洪不由得迅速产生了对他的信任度。况且季先生回答问题时比较诚恳，申请环节很顺利，季先生给小洪的第一印象不错。

随即，小洪叫上同事一起对季先生的合作社进行了实地调查。季先生的××食用菌合作社坐落在偏僻山沟里的一个小村庄，汽车在小道上拐来拐去，开了大约半个钟头终于到达。下车后，小洪的本能反应就是打量周边的环境。小村庄人烟稀少，大片的庄稼随风迎动，发出嗖嗖的声音，周边的房子也很破旧。爬上一个小山坡，季先生将小洪和同事带到了他的食用菌合作社，合作社没有大门也没有围墙。来到陌生的地方对陌生的领域进行调查，小洪当时脑中一片空白。季先生将种菇的流程向小洪介绍了一番，然后将设备的功能一一解释了一番。小洪和同事这才知道种植空调菇包含着这么多丰富的知识：空调菇种植期为3个月，5月份开始做种植准备（包括安装空调机、用塑料袋装好菇料、放入高压锅消毒等），6月份放入菌种进入45天走菌丝，走完菌丝后25天内第一次长成白菇，接着把塑料袋翻过来25天后第二次长成白菇。一袋菇料能长两次白菇，约一斤的产量。

通过季先生口述，小洪了解到种菇的进货成本为1.1元/袋（菇料主要包括棉籽壳、麸皮、玉米蕊和玉米粉等，其中棉籽壳0.3元/袋，麸皮0.1元/袋，玉米蕊和玉米粉等0.2元/袋，菇料总成本0.6元/袋；此外还包括塑料袋0.1元/个、柴火及其他成本0.2元/袋、菌种0.2元/袋），每年生产24万袋左右，每袋菇的价格为3.8元，年销售额为91.2万元，毛利为 70% 左右。由于客户没有做账的习惯,缺少经营记录,这些数据的检验很让小洪头痛。小洪理了理思绪,回忆起以前参加培训时老师提到过可通过客户的上下游商户来寻找交叉检验的切入点,遂向季先生询问了空调菇的销售对象,季先生表示他的白菇主要销售给农贸城里的两个经营户。小洪硬着头皮向季先生索要了两个经营户的电话,当场拨通电话向这两人进行咨询和确认,与季先生口述的销售情况基本相符。

核实了销售情况还不够,客户的种菇规模是否匹配,以及空调白菇的成本价、市场销售价等还需进一步核实。正好,前几天有个客户来向小洪咨询贷款,他也是种菇的。小洪随即打了个电话向这位客户进行核实,被告知一般空调菇一平方米理论上能种 60 袋菇。而季先生现有空调菇库房 37.5 平方米,共 8 个隔层,客户一个库房最多能种 $60 \times 37.5 \times 8 = 1.8$ 万袋,除去通道占去的面积,与客户口述一个房间 1.5 万袋,8 个房间 12 万袋,一年生产两次共计 24 万袋,基本相符。而前一年空调白菇的成本价在 1.8 元/袋左右,市场销售价——差的白菇 2 元/斤左右,好的白菇将近 6 元/斤,平均在 4 元/斤左右,与季先生口述的成本价 1.7 元/袋(进货成本 1.1 元/袋,加上人工费 0.3 元/袋,水电费 0.15/袋,运费 0.15/袋)、销售价 3.8 元/斤基本相符。

除了检验经营信息外,小洪还打电话给他所熟悉的同学验证了季先生的经营情况、人品及家庭情况等软信息。经过多种验证,小洪才放心地将此笔贷款递交给了审贷会。这笔贷款虽说是熟人介绍的,可经营数据记录上的缺失,加上对该行业的陌生,在信息交叉检验方面充满了困难,甚至一时让小洪陷入了困境。但通过分析客户的生产环节,了解客户的上下游生意伙伴和同行经营者,从中还是找到了有效的交叉检验方法。尤其是这次不少电话中的交叉检验,使小洪觉得以后更有信心面对那些无经营记录的客户,因为"办法总比困难多"。

(二)心得与感悟之二:交叉检验处处可寻

客户王某是客户经理小郭在中午值班时受理的客户。根据客户描述,他在本地新开的购物中心设有一家奶茶店,已经营业 4 个月有余。现计划在当地的高校学生生活区开设一家分店。小郭了解了基本信息后,认为符合银行微贷产品的受理条件,便约定在次日上午 10 点购物中心开门后进行实地调查。因为店铺的营业执照上记载的经营人是其配偶钱某，所以该笔贷款受理时的申请人便为钱某。

第二天到达经营场所时，小郭看到店内只有钱某在，便进行了第一次的交叉验证。小郭向钱某询问了贷款用途，钱某说计划开个分店，但是看好的店铺大多已经租出去，具体不是很清楚。小郭当时就对贷款的实际用途产生了怀疑，明确表示"只要实际用途合理合法，都是会支持的"，钱某还是坚持计划开店之说。在询问负债时，钱某表示在其丈夫名下有一笔8万元的经营性贷款，是去年丈夫开公司时周转所用，最近因为有政策限制，公司暂时处于停业状态，与受理时王某的口述一致。收集完所需信息后，小郭回到微贷中心便查询了客户夫妻二人的征信，发现夫妻二人名下除去已告知负债外，还有多笔网贷，信用卡也已经刷至饱和状态。经过实际测算后，发现现阶段每月可支配收入远低于申请金额的每月需还款额度。小郭在电话里与王某核实网贷还款情况时，王某表示："妻子名下的网贷再剩一期就还清了，自己名下的不用考虑，他有他的收入可以还款。"小郭明确告知，无论在谁的名下，负债都是按照一个家庭整体来考虑的。王某表示，要是金额达不到自己所需的最低额度，就不用办理了。考虑到客户现阶段公司处于停业状态，其他收入不稳定，每月还款压力大，小郭便否决了该笔贷款。

在告知该客户否决决定的第二天，小郭路过客户描述的新店选址，就再次留意了一下周边环境，发现所有可供出租的店面都已进入装修阶段。同时，小郭了解了一下周边同类经营店铺的产品售价，与客户在购物中心的售价相对比，感觉王某目前在售产品也不太适合学生群体的消费水平。

交叉检验是微贷的一项核心技术。该笔贷款申请中，小郭对贷款用途存疑，针对用途做了多次交叉检验，事实证明该客户口述的贷款用途是不可信的。小郭从这笔贷款申请的处理中认识到，一笔贷款从营销到受理再到调查，其中处处都有检验点的存在，在与客户交流的过程中也随时都可以对自己疑惑的地方进行交叉检验。但是在这个过程中，一定要注意沟通的方式方法不能让客户感到自己是刻意而为。对于现在越来越多的客户存在申请了多笔网贷及信用卡大额透支的情况，客户经理需要注意的是，一方面网贷及信用卡的归还情况可以用来交叉验证客户的实际收入,另一方面一定要谨慎考虑客户的还款能力以及是否有以贷养贷的可能。一句话,只要用心留意,交叉检验便处处可寻。

(三)心得与感悟之三:交叉检验是提高警惕性的利器

客户曹某是一个啤酒批发商,在给其客户送货的时候无意中看到微贷宣传彩页,因年底属啤酒需求量大的时期,为了进购存货,曹某来银行申请贷款 20 万元。申请过程中,客户经理小夏了解到曹某目前名下有房屋抵押贷款 30 万元,车贷 3 万元,信用卡透支 3.5 万元。根据客户口述的月营业额及库存情况,小夏初步判断客户经营能力还行,资产负债率在可控范围之内,便和同事前往曹某的库房进行实地调查。曹某对调查较为配合,爽快地提供了小夏所需要的资料和数据,除了 50 万元的应收账款暂未核实外,其他的数据都比较可靠。在与其接触的过程中,小夏和同事都感觉客户为人比较实在。

调查结束回银行后,小夏在撰写调查报告的过程中遇到了一个问题,对权益进行交叉检验的时候,误差率高达 32%。小夏对相关科目逐一进行了梳理:现金和银行存款是经过逐笔查看的,应该没有差错;应收账款是按照客户提供的明细汇总得出的,也不会有问题;固定资产是逐个盘点、按计提折旧后的净值计入,数据应该是正确的;留存是根据营业额推算得出的且与客户口述一致,也不会有大的出入……那么问题究竟出在什么地方呢? 思来想去,小夏认为最有可能的就是曹某还有其他的负债没有透露。于是马上打电话给曹某,反复询问之下才弄清楚,曹某在其配偶名下有一笔 25 万元的保单贷,贷款用途也是用于经营。增加 25 万元的负债后,所有者权益的交叉检验误差率就降到了 3.8%,在合理范围之内。但这样一来,曹某的资产负债率就超过了 70%。鉴于负债风险较大,小夏否决了该笔贷款。

曹某的这笔贷款申请让小夏吸取到了一些教训。在咨询、受理以及实地调查阶段都没能发现客户的隐藏负债,直到对权益进行交叉检验对不上时才让小夏提高了警惕,再次向客户核实。如果权益的交叉检验侥幸通过,那么这笔负债可能就不会被发现,导致贷款发放后因为客户负债率过高而可能出现风险。因而,在贷前的每一个阶段都要时刻保持高度的敏锐性,切不可直觉上认为这笔贷款可以发放就在数据的严谨性上降低要求。对于未在征信中反映的负债要尤其关注,在贷款的营销、咨询、申请及调查阶段要尽可能地进行多侧面了解和分析验证,真正做到将贷款风险前置。

(四)心得与感悟之四:透过权益挖掘客户的潜在风险

周六的时候,方阿姨介绍了一个客户给客户经理小杜。该客户经营一家超市,过年前想贷点款用于进购烟酒。周一上午小杜调查了这个客户,发现客户的生意不错,并且其妻子是事业单位正式编制人员。调查完后,小杜对客户的感觉还是蛮好的,心想又是一个较为优质的客户。

在分析客户的财务信息时,小杜发现客户的经营情况虽然不错,但是应有权益与实际权益对不上,加之对客户妻子的了解并不是很多,小杜又上门向客户询问有关问题。在问及所赚钱的去向时,昨天很配合的客户变得支支吾吾起来,似乎有难言之隐不想开口。在和客户磨了一段时间之后,客户才最终说出了实话。原来客户的妻子在事业单位工作的同时,还与人合伙做生意,但这几年生意都是亏钱的。在与客户聊天的过程中,小杜了解到其妻子还存在信用卡逾期没有归还的情况。虽然客户本人的还款意愿较好,经营情况也还不错,但其妻子的还款意愿与经营能力堪忧,这是一个非常大的风险隐患。

客户及家庭的整体情况让小杜感到有些失落,但这次的经历也让小杜深刻感受到了权益交叉检验的重要性。很多时候客户经理会非常关注客户的经营情况,认为经营情况关乎客户的还款能力,所以会花费很多时间与精力去计算客户的营业额与利润水平,而把权益问题放在一个较为次要的位置上。其实,权益问题与贷款的风险大小密切关联。客户平常的所作所为必定牵扯到资金的流动,肯定会留下痕迹。我们通过权益检验就可以了解到客户及客户家人的一些行为,发现客户的潜在风险。一般情况下,客户的经营情况是比较好了解的,通过数据的计算分析就可判断客户赚的钱是否足够支持还款。但对于其他方面的风险,很可能因客户的故意隐瞒等原因而未能关注到,权益交叉检验恰好给我们提供了寻找这方面风险的阶梯。如一些经营方面没有问题的客户,却因为存在不良习惯和其他风险造成贷款偿还出现问题。在以后的调查过程中,我们一定要把权益的交叉检验做实。对于客户因时间久远而记不清楚影响到应有权益变动的相关因素的金额,需要努力引导客户去回忆与还原。

（五）心得与感悟之五:交叉检验的一个角度——询问可承受的还款额

很多时候客户经理调查完了客户,客户也签了授权查询征信的纸质材料,但因计算出的还款能力不足,最终没有给客户放款,可是银行查询征信的费用却已经花费了。其实,我们在现场调查中就应该对客户的现金流进行一个大体的计算。在获取信息后,根据客户每个月的销售额多少、利润有几成、每月支出需要多少,就基本上能够估算出客户每月的收入净额有多少。如果客户想要申请的贷款额度所对应的月还款额与大体估算的月收入净额有较大差距的话,应该在调查当时就与客户进行交流(询问客户由其月收入净额来定的额度能否满足其资金需求,申请贷款的期限是否愿意进行调整等),但不应明确告知客户我们是如何计算得到的,可以跟客户说是根据与其差不多店面的贷款经历来作为参照的。由此就可避免调查已完成、征信已查询,但最终没有放款的情况出现。这样做就节省了征信查询的费用,减少了一些不必要的支出,同时调查过程中的简单计算只需要几分钟即可完成,不会影响整体的调查进程,也方便了客户。

尤其值得一试的是,在调查即将结束时,我们可以尝试询问假如能够放款的话客户感觉每月还款额在多少范围内是没有压力的。一般来说,临走时候询问客户这个问题,客户也是知道这关系着以后每个月的还款数量,所以客户通常回答的金额与客户可承受的金额是基本相近的。客户所说的金额与我们大体估算的金额是否在一个相近水平上,这也是一种交叉检验的有效方式。若两者基本一致,就说明我们通过调查所获得的信息是准确的;若客户所说金额与我们大体估算的金额差距很大,就需要再做深入的了解:客户是否还有很多支出没有调查清楚,客户是否还有其他收入没被发现。简言之,采用这种方法既可以用来进行交叉检验,也能够借此发现客户是否存在隐藏的风险点。

第五章　AFR 微贷与信息分析

在获取信息并对所获得信息的真实性进行验证后，AFR 微贷要求客户经理根据所收集的信息编制微小客户的简易的资产负债表和损益表。在此基础上，结合实地调查结果撰写授信调查报告，分析微小客户未来的现金流量、还款能力及还款意愿，评估潜在的贷款风险。

第一节　AFR 微贷信息分析的方式之一：自编报表

微小客户一般缺乏规范的财务报表，微贷客户经理要根据一定的规则，针对调查获得的信息来自编资产负债表、损益表等财务报表，以从财务方面对微小客户的还款能力做出量化分析。

一、资产负债表的编制

资产负债表是一张静态会计报表，反映了客户在某个时间节点上（如月末、季末、年末）的资产、负债和所有者权益情况。

（一）资产负债表的结构

资产负债表是根据"资产＝负债＋所有者权益"这一平衡公式，并按照一定的分类标准和顺序，将某一时间节点的资产、负债和所有者权益的具体项目予以适当排列编制而成的,其最重要功用在于让阅读者用最短的时间了解企业经营状况。资产负债表的常用格式是账户式,采用左右结构,左边列示资产,右边列示负债和所有者权益。其中,资产反映客户在某一特定日期所拥有或控制的、预期会带来经济利益的资源,负债反映在某一特定日期客户所承担的、预期会导致经济利益流出的现时义务,所有者权益则是资产扣除负债后的剩余权益。账户式资产负债表中的资产各项目的合计等于负债和所有者权益各项目的合计,即资产负债表左、右方平衡。

简化的微小客户资产负债表的基本结构如表 5-1 所示。

表 5-1 ××客户资产负债表

(编制时点: 年 月 日,单位:元)

现金及银行存款		银行贷款	
银行存款			
现金			
应收账款		社会集资	
预付账款		预收账款	
存货		应付账款	
固定资产		其他负债	
设备			
房产			
车辆			
其他经营资产		负债合计	
		所有者权益	
资产总计		负债和所有者权益总计	
附注	近期已投资: 计划投资: 经营历史和资本积累: 行业及产品情况分析: 财务情况评价:		

（二）编制微小客户资产负债表应遵循的原则

1.谨慎性原则

能够证实为客户所拥有（控制）的或客户经理亲眼所见的资产才记入资产负债表，负债则只需按客户口述的数据或客户经理估算的数据而无须经过确认即可计入。

2.差异性原则

在资产负债表中，资产只计入经营性资产，满足家庭日常生活所需不带来收入的资产则不计入。而经营性资产是指为客户所拥有的、在经营中得到利用、能够带来收入的资产。但负债，除按揭类贷款和或有负债外，既计入经营性负债也计入家庭负债。

3.据实性原则

若营业执照所有人与实际控制人并非同一人，在实际借款人可以合法使用该营业执照开展经营的前提下，应根据实际借款人的资产负债情况来编制资产负债表。

4.市价原则

资产如果有市场参考价格，则按市场参考价格计入；如果没有市场参考价格，则按原值减去折旧计入。负债按包含截至编制资产负债表当日应支付的本金和利息计入。

5.全面性原则

若客户在本地拥有多个项目或经营实体，客户经理在编制资产负债表时，应调查了解客户所有项目或经营实体的资产负债信息，并汇总计入。

（三）编制微小客户资产负债表的基本规范

1.流动资产

流动资产一般是指企业可以在一年或者超过一年的一个营业周期内变现或者运用的资产，其占用形态具有变动性，占用数量具有波动性。就微小客户来说，流动资产的内容主要包括现金与银行存款、存货、应收款和预付款等。

对于现金与银行存款，AFR微贷要求必须亲眼所见（经过清点）或核实后才能计入。如果因客户存在抵触心理等原因不愿出示现金和提供银行账户明细,则不能记入资产负债表 。

对于存货,AFR微贷要求客户经理清点客户的存货后,以现值记入资产负债表。在实践中,鉴于现值的多变性,为简便起见,也可按进价计算存货价值。但客户经理应注意识别出市场价格已明显下降的存货,如价格急剧下跌的原材料、临近保质期的待售商品、积压的服装存货等,按照谨慎性原则将此部分存货以当前市场价格计入。另外,在清点存货过程中,客户经理要注意发现那些属于代销的商品以及来料加工方式下不属于客户的存货,不将其计入资产负债表。

对于应收款,不能仅凭客户口述,需要在客户能够提供证明资料的条件下才能被计入。应收款的形成一般是由于赊销商品产生的,与生意不相关联的、客户私人借给他人的款项不列入应收款。应收账款的计入应参考行业特点、时间等因素。客户经理应该在考虑本地区相关行业特点以及客户的销售条件(如赊销率、平均赊销时间、销售收入等)的基础上,确定应收账款占销售额的可接受范围。一般账龄在6个月之内的应收款方可计入,对于一些账龄普遍较长的行业,可以适当延长,但最长不应超过一年。

对于预付款,因其较易造假,一般要经过两种方式以上的交叉检验才可计入。已经预付了的房租,应根据剩余使用价值计入。需要剔除无法回收或回收可能性较小的预付款,不将其计入资产负债表。同样,不与客户生意相关联的预付款(如购房预付款等),也不计入资产负债表,但客户经理应考虑此类预付款所涉及的未来现金流出对客户还款可能带来的影响。

2.固定资产

固定资产是指为生产商品、提供劳务、出租或经营管理而持有的,使用时间超过12个月的、价值达到一定标准的非货币性资产,包括机器设备、房产、机动车辆等。只有被客户用作经营用途且为客户所拥有(能提供产权证明等)的固定资产才能计入。固定资产通常以当前市场价格计入,估价时应考虑购买价格、使用年限、磨损程度等因素。如对于房产,主要参照所在地相同地段房屋的价格、新旧程度等因素估算。

对于固定资产的折旧,一般按照"市场价值兑现"原则处理。若无法估算特定的固定资产的市场价值,则采用普通折旧方法。在折旧方法下,对于设备,按正常的使用寿命来确定折旧年限,以当前同等型号新设备的价格减去折旧费用来计入其价值,而不是以该设备当初购买价格减去折旧费用来计入其价值;对于机动车辆,根据具体车况来确定折旧年限,同样是以当前新车市场价格减去折旧费(而不是以车辆的原始购买价格减去折旧费)来计入其价值。另外,客户所拥有的但用于出租带来收益的住房或店铺,可按照市场价计入。

3.负债

负债是指企业过去的交易或者事项形成的、预期会导致经济利益流出企业的现时义务。对于微小客户来说,负债主要包括银行贷款、私人借款、应付款和预收款等。

对于一次性到期的银行贷款,到期日在贷款期内的,以全额计入。对于银行按揭类贷款,如前所述,一般不作为负债列入资产负债表内,相应地也不将其对应的资产列入。民间借贷等私人借款一般没有明确的还款期限,按客户和其家人声称的金额(若客户和其家人声称的借款金额有出入,则按就高原则)计入负债,并应注意通过权益交叉检验做出判断。应付款包括对上游供应商的欠款、未付的工资、房租等。应付货款可根据客户的付款方式、进货金额、进货频次等进货条件进行交义判断;未付的工资、房租等可根据相关费用的支付时间和支付方式进行推算。预收款主要包括定金、发售的会员卡、预付卡、代金券等。对于定金,可以根据未交付订单进行估算,对于会员卡,可根据未消费的比例进行估算。鉴于客户通常不会充分披露负债数量,按谨慎性原则,实际计入的负债应不低于客户口述的数量。

4.所有者权益

所有者权益是所有者对企业资产的剩余索取权。在确认资产和负债的基础上,客户经理可通过资产减去负债来得到所有者权益数量。根据第四章的分析,采用计算应有权益(应有权益=初始权益+期间利润+期间生意外注资-期间生意外提款+资产升值-资产折旧或贬值)并与实际权益(资产负债表中的所有者权益)对比来进行权益的交叉检验,若两者的偏差不超过5%则可以接受,超过5%则应分析产生偏差的原因。

5.表外项目

AFR 微贷强调,客户经理应尽可能充分了解与客户相关的资产和负债信息,其中一部分资产和负债项目虽不记入资产负债表内,但这些项目在对客户的评估方面也可能有着重要意义,可作为表外项目进行反映。主要有:客户购买的股票、基金、分红险和投资连结险等,按原始投资和当前市场价值在表外反映;与生意无关联的、客户私人借给他人的款项,在表外记录;不用于生产经营、不创造收入的私人房产和车辆,不计入资产科目,相关房屋按揭贷款和车贷也不计入负债科目,而在表外记录;一些不确定的资产(如客户证明不了的资产)、尚未能投入生产的资产(如在建工程),也应在表外注明。

(四)微小客户资产负债表编制示例

举例来说,有一客户 C 在市区的汽车站附近开设了一家通信器材店,与其配偶共同经营,主要销售手机配件,销售对象主要为市区及周边县的手机店。该店从 2015 年开始经营,有比较稳定的客户群体。为扩大经营规模,解决进货资金短缺问题,本次向银行申请一笔贷款。

银行客户经理于 3 月 31 日进行了双人实地调查。客户 C 的店面租金每年 26400 元,按季支付,2 天前刚支付了第二季度的租金。经查看,客户店内现金为 5000 元,同时客户口述在银行卡内有存款 14000 元,但未能提供账户流水及短信提示。另外,客户口述手机配件销售对象主要为老客户,有一定的应收账款,总额为 4 万元左右,经查看,单据应收款与客户所述基本吻合。调查当日,经现场双人盘点存货,按进价计,各品种存货的价值如下:原装充电套装 22100 元,手机电池 13050 元,移动电源 31400 元,手机屏幕 40400 元,蓝牙耳机 28670 元,数据线、自拍杆、贴膜等其他配件 14300 元。2 天前该客户还向外地的上游供货商汇款 12000 元订购了一批 20000 元的手机配件(余款在收到货后的一周内付清)。

该店经营性固定资产有汽车、电脑、办公桌和货架等,数量及现值如表 5-2 所示,其中的电脑,客户口述总共有 2 台(店内 1 台、库房 1 台),但调查当日客户经理只看到店内 1 台,库房未见电脑。另外,客户 C 还有一套自住的住宅,2016 年时的购买价格为 32 万元,目前市场价格约为 43 万元。

表 5-2　客户 C 的经营性固定资产

资产	单价/元	数量	总价/元	现值/元
汽车	110000	1	110000	72000
电脑	4500	1	4500	2200
办公桌	480	1	280	110
货架	500	5	2500	1000
总计			117280	75310

　　客户 C 于上年 12 月 15 日在某网络平台获得个人消费贷款 11000 元,截至客户经理调查日,剩余贷款本金为 5300 元。此外,该客户 2 年前借给他的侄子 20000 元用于其结婚花费,该款项至今尚未归还。

　　根据以上信息,按照前述编制资产负债表的原则和规范,客户经理可以为客户 C 编制如下资产负债表(见表 5-3)。

表 5-3　客户 C 的资产负债表

(编制时点:××××年 3 月 31 日,单位:元)

现金及银行存款	5000	银行贷款	
银行存款	0		
现金	5000		
应收账款	40000	社会集资	
预付账款	18600	预收账款	
存货	149920	应付账款	
固定资产	75310	其他负债	5300
设备	3310		
房产			
车辆	72000		
其他经营资产		负债合计	5300
		所有者权益	283530
资产总计	288830	负债和所有者权益总计	288830

二、损益表的编制

损益表是反映企业在一定期间内经营收支和经营成果的会计报表，它是一张动态报表。

（一）损益表的结构

损益表反映了客户的销售收入、销售成本、经营费用及税收状况，是一定期间内客户经营业绩的财务记录，其恒等式为：收入－费用＝利润。损益表的常见格式有多步式和单步式。其中，多步式采用分步计算、分段列示利润的方式，而单步式则采用把各种收入之和减去所有费用直接算出利润的方式。因单步式具有比较直观、一步到位的特点，比较适合于微小企业。

在微小贷款业务中，为了体现微小客户的特点，需要将损益表根据实际情况进行一定的调整。特别是微小客户经营生意的收支与家庭的收支往往没有明确的界限，家庭和生意的财务是混在一起的，因而有必要将借款人的家庭收支和生意经营作为一个整体来考虑。为此，在传统的损益表基础上引入了家庭其他收入和家庭其他开支等科目，最终得到反映微小客户实际还款能力的月可支配收入指标。

微小客户损益表的基本结构如表5-4所示。

表 5-4　××客户的损益表

（编制时点：　　年　　月　　日，单位：元）

项目		最佳月份	最差月份	普通月份	平均值
		×月	×月	其余月份	
收入	营业额				
	小计(1)				
可变成本	可变成本				
	小计(2)				
毛利(1)－(2)					

续表

项目		最佳月份 ×月	最差月份 ×月	普通月份 其余月份	平均值
固定费用	工资劳保				
	租金				
	交通费用				
	水电费用				
固定费用	通信费				
	税费				
	维修费用				
	物资损耗				
	其他				
	小计(3)				
借款利息(4)					
净利润(1)-(2)-(3)-(4)					
其他	家庭开支				
	其他开支				
	其他收入				
每月可支配收入					
影响现金流的其他因素陈述					

(二)编制微小客户损益表应遵循的原则

1.按照权责发生制的原则编制损益表

只有实际发生交易时,如买卖商品和提供服务时,才计算收入与支出。经营性的一次性支出期间费用(如广告费),须分摊至每个月。

2.加入家庭因素来编制损益表

在微小客户损益表中,应记入客户家庭其他收入与开支。也就是说,损益表包括了经营性收支和所有的家庭收入与支出项。需要注意的是,如果存在企业给企业主支付薪水的情形,则要避免重复计算。

3.按月编制损益表

若客户经理对客户的调查日期在当月 15 号以后的,应编制当前月份的损益表,当月经营收支可按截至调查时的已经营天数与每月实际经营天数估算。尽可能获得客户多个月份详细的实际收支数据,对于已经历一个经营周期的客户,需获得淡季、旺季、平季月份的收支数据,并据此测算平均数。对于尚未经历满一个经营周期的客户,应编制已经历过季节的损益表及预测月份的损益表。

4.只将经常性收入和支出记入损益表

损益表中不记入偶然性或一次性收入和支出。

5.不同类别营业额分列编制损益表

当客户从事多项业务或采取不同销售方式经营时,则应分别计算每一项业务的收入与支出情况。

6.以历史财务数据为基础编制损益表

主要根据客户现有生产经营结构下的收支数据来编制损益表,客户获得并使用贷款后未来的收支情况仅作为参考。

(三)编制微小客户损益表的基本内容

1.销售收入

销售收入是指客户在一定时间周期内因销售商品或提供服务获得的收入总额。AFR 微贷注重微小客户的第一还款来源,销售收入信息是做出微小贷款决策的重要基础。若客户有完整的销售记录,可根据客户销售记录所显示的销售收入记入损益表。若客户没有完整的销售记录,则需要客户经理根据客户口述和获取的部分单据对销售收入进行估算。通常可采用根据相关成本支出(如水电费、人员工资等)来估算销售额、根据存货水平与周期来估算销售量、根据劳动力和机器的生产效率并结合产品价格来估算销售收入、根据部分商品的销售占比来估算整体销售水平等方法来对销售收入做出估算。对于经营存在较明显淡、旺季情形的客户,则可采用不同季节相关费用的对比(如旺季水电费相当于淡季的倍数)等方法来分别估算淡、旺季等不同季节的销售额。需要注意的是,仅当产品交付给客户时才能确认销售收入,同时销售收入不仅包括销售所得的现款,还包括赊销所对应的收入。

2.可变成本

一般而言,能细化至单位产品的成本都可计入可变成本中。对于服务类客户,可变成本主要为提供服务过程中所消耗的材料和计件工资等。若所消耗材料占总成本的比例很低,简便起见可将所耗材料直接计入固定支出中。对于生产加工类客户,可变成本为单位产品的生产成本。客户经理应在了解产品生产的主要环节及每个环节所消耗的原料的基础上,加总计算出每单位产品的生产成本。若客户生产多种产品,则需要分别计算每种产品的成本。对于商贸类客户,可变成本主要表现为当期销售的商品的进价。若客户销售的商品种类繁多,也可采用根据主要商品的进货与卖出价格来算出加权毛利率,在此基础上推算出销售成本的方法来测算可变成本。

3.营业费用

营业费用又叫固定费用、固定成本,是指客户在某段时期内为销售产品或提供服务而发生的、与销售收入不直接相关的费用。这类费用通常不随客户销售状况的变化而变化,主要包括固定工资、租金、交通费、税费、水电费和通信费用等。

对于工资,客户经理要对其进行分解,即分解成提成工资和固定工资。其中提成工资,如前所述,计入可变成本中。客户经理应通过对雇员和客户分别询问工资水平及计付方式来进行确认计入。

对于租金,按照租赁合同上的月租金水平计入。现实中存在部分微小客户将租用的营业场地进行分割,自身使用其中一部分并将剩余部分对外转租获得收入的情况。针对这种情况,应将租金全额计入店面租金中,转租获得的收入则计入其他收入中。

对于交通运输费用,若是直接与货物采购挂钩的运费,可将其归入可变成本。当客户不将运费细化计入每次的货物运输费用,而是提供一定周期内的大概总数时,则将其归为固定费用。客户经理可根据进货(送货)频次和距离来对运费做出估算。

对于税费,除国税、地税外,还应包括行政部门征收的市场管理费等各种规费。对于水电和通信费,一般根据缴费单据、缴费记录或缴费提示短信上显示的数额计入。对于生意呈现季节性特点的客户,要关注这些费用的波动和变化。另外,生产销售过程中的损耗、次品等计入物资损耗费用。

需要注意的是,对于一次性支付的费用,如房租、税收等,应将其分摊到每月的固定费用中。同样,生产型企业对设备的定期维护、保养、检修费用等,也应根据时间周期按月分摊计入维护费用。客户经理还要注意分析是否获取了客户全部的经营费用支出项目,对于其中的大项支出,也应了解支付的时点与频率,并通过相关凭证和单据进行核实。

4. 家庭开支

家庭开支主要包括基本生活支出、教育支出、医疗支出和人情支出等。一次性的家庭开支,如住房装修支出等,则不计入。基本生活支出可以在考虑当地基本生活支出平均水平、客户家庭人数和家庭结构、客户家庭消费习惯和水平等因素的基础上进行估算。教育支出可根据上学的子女数、所处学习阶段、入读学校类别、学校所在地等情况来估算,并与客户口述的开支额进行比较,按就高原则计入。医疗支出主要根据客户家庭成员的健康状况来判断其支出额。人情支出是一项较特别的开支,由风俗习惯所决定,该项支出在不少地方普遍存在,可以参考当地的平均水平并通过向客户询问来估算人情往来支出的金额。

5. 家庭收入

家庭收入指所有家庭成员获得的其他定期形成的收入,包括固定工资收入、外出务工收入以及租金、定期分红、政府补贴等收入,偶然性的收入则不计入。固定工资收入指家庭成员从事一定职业所带来的稳定性工资收入。若客户口述的工资收入水平与客户家庭成员所在行业的当地平均工资水平不一致,按就低原则计入。外出务工收入指客户家庭成员到外地打工所获得的收入,其数量与实际在外务工的时间、从事的工种、技能高低等因素有关。客户经理应注意通过侧面打听等方式核实家庭成员的实际务工信息后方可计入。租金、分红和补贴等持续性收入,按相关合同、收据等证明文件上反映的实际金额计入。

(四)微小客户损益表编制示例

举例来说,有一客户 D 在县城一大型居民小区附近开设了一家菜篮子便利店,与配偶、儿子共同经营,销售蔬菜、水果、副食和饮料等,销售对象主要为小区住户及附近的餐饮店。该客户从 2016 年 3 月开始经营，有比较稳定的客户群体，经营无明显的淡旺季之分。

客户口述每月营业额在 120000 元左右，客户经理查看客户当年上半年的销售记录，获得 1—6 月的营业额分别为：128071 元、143991 元、101299 元、114754 元、113318 元和 117113 元，总计 718546 元，平均每月营业额为 718546 元÷6＝119758 元，与客户口述基本一致。客户口述经营毛利率为 25% 左右，客户经理根据主要经营品种的进、销货价格计算出的加权毛利率为 25.65%，与客户所述大体一致。由此可知，客户的可变成本率为 74.35%。客户店面的租金为每年 76800 元，水电费每月约 300 元，进货运费每月大概 500 元，通信费每月 250 元，客户每月还需交纳 300 元的税费。

客户口述店内代收快递，每天收入有 100 多元。调查当日，客户经理看到店内堆放着不少快递且在调查过程中不时有人来取件，由此推断此项收入可信。同时，客户每天都是自己做饭吃，因而每月的家庭日常生活费开销为 2500 元左右；另外自己居住租房每年 14000 元，给住在乡下的老人赡养费每月 600 元。

根据以上信息，按照前述关于损益表的编制原则和规范，客户经理可以为客户 D 编制如下损益表（见表 5-5）。

表 5-5　客户 D 的损益表

（编制时点：××××年 7 月 5 日，单位：元）

项目		最佳月份	最差月份	普通月份	平均值
		×月	×月	其余月份	
收入	营业额				119758.00
	小计（1）				119758.00
可变成本	可变成本				89040.07
	小计（2）				89040.07
毛利［（1）－（2）］					30717.93

续表

项目		最佳月份	最差月份	普通月份	平均值
		×月	×月	其余月份	
固定费用	工资劳保				
	租金				6400.00
	交通费用				500.00
	水电费用				300.00
	通信费				250.00
	税费				300.00
	维修费用				
	物资损耗				
固定费用	其他				
	小计(3)				7750.00
借款利息(4)					
净利润[(1)-(2)-(3)-(4)]					22967.93
其他	家庭开支				4266.67
	其他开支				
	其他收入				3000.00
每月可支配收入					21701.26

第二节　AFR 微贷信息分析的方式之二:编制调查报告

在编制微小贷款客户资产负债表和损益表的同时,客户经理还要对通过实地调查等渠道获得的各方面信息与数据进行汇总梳理,编写客户授信调查报告,对客户的还款意愿、还款能力及贷款的主要风险点做出分析,并建议适当的贷款金额、利率水平及贷款期限。

一、调查报告的主要内容

微小贷款客户调查报告的内容主要包括：贷款申请和客户基本情况、经营信息、财务信息、信用状况、贷款用途分析及还款能力测算、保证人情况、授信结论与建议等七个方面。

（一）贷款申请和客户基本情况

本部分主要涉及本次贷款申请的基本信息、客户本人基本情况、客户配偶基本情况、家庭经济及其他情况等内容。

贷款申请信息中应说明贷款申请人的姓名、申请金额、期限、客户类型、贷款用途等基本信息，其中客户类型系指该申请人属于贷款银行的新客户还是老客户。

客户本人基本情况须包括客户姓名、身份证号、性别、年龄、婚姻状况、教育程度、户籍所在地、居住地址、单位及单位地址、健康状况、联系电话等基本信息。

配偶基本情况应包括配偶姓名、身份证号、年龄、户籍所在地、工作单位及职务、收入水平等信息。

家庭经济及其他情况包括以下几个方面：一是家庭的资产负债情况，重点说明客户除经营性资产外的其他大宗家庭资产情况，客户家庭负债的来源与额度等；二是家庭收入与支出情况，主要说明经营性收入和其他收入的额度，家庭支出的总量等情况；三是家庭成员与家庭关系情况，应说明家庭成员的数量，其他家庭成员与客户的关系、年龄、工作情况，客户家庭和睦程度等情况。

（二）经营信息

本部分主要包括经营业务概况和行业前景、经营利润水平、进销渠道和淡旺季情况等内容。

经营业务概况和行业前景应提供店名（或厂名）、是否有营业执照、经营地址、经营范围、组织形式、注册资本、雇员人数、生产经营场地面积和股权结构等信息，阐述客户的经营历史、经营年限和资本积累过程，并对客户经营前景做出分析。

经营利润水平情况应重点分析客户所经营业务的利润率水平。对于商贸类客户,通常要求分别列出客户所销售的各种主要商品的进价、销售价和毛利率,并按照主要商品的销售收入占比计算出整体的加权毛利率。对于生产加工类和服务类客户,应说明单位产品的生产成本和销售价格,测算其毛利水平。对毛利率应做交叉检验,并列出具体的检验方法和过程。

进销渠道和淡旺季情况应说明主要的供货商和销售对象,每次采购或销售的金额、频次、付款方式及占比等,同时对客户的业务经营是否存在淡旺季及明显程度做出评估。

(三)财务信息

本部分应提供编制完成的客户的资产负债表和损益表。对于老客户,除填写本期金额外,资产负债表中还应列出上次调查的结果(上期金额),损益表中还应填写上次均值,并对前后两次调查时客户的财务状况变化做比较分析。资产负债表和损益表涉及的所有关键财务信息,如应收账款、负债、存货、销售收入、租金、可变成本和家庭收入等都应在附注中进行说明。客户经理应对营业额(销售收入)、负债、权益等财务数据需要做交叉检验,并具体说明所采用的检验方法和步骤。

(四)信用状况

本部分着重对客户存在的风险情况做出分析,以便采取适当的风险防控措施。通常需要关注的有:一是客户的负债风险,说明客户现有的银行贷款、私人借款或负债(如对外担保)等情况,分析客户的负债规模及未来的现金支出压力是否过大,已有负债对其今后的还款能力会带来多大的影响。二是客户的信用风险,重点说明客户是否发生过信用卡和贷款逾期情况,是否存在不良信用记录。对于有不良信用记录的客户,要调查清楚其违约的真实原因,以及客户目前对违约问题的认识。对存在不重视个人信用记录情况的,将作为客户还款意愿较差的重要证据。同时,从客户社会声誉高低、家庭的稳定性、违约成本大小等多个角度对客户还款意愿和信用风险进行评估。三是客户的经营风险,结合客户经营期限的长短、经营经验是否丰富、产品受市场价格波动影响大小、客源的稳定程度、盈利状况、滞销存货的多少、可变现资产数量、应收应付款情况等因素,说明客户可能存在的经营风险及风险大小。四是客户的其他风险,列出客户所存在的其他值得关注的风险隐患,如是否存在客户属非本地人且在本地没有房产、客户或家庭成员存在不良嗜好、客户在外地亦经营业务但状况不明等情形。

(五)贷款用途分析及还款能力测算

本部分着重说明客户的贷款需求与其实际经营情况是否匹配,是否存在贷款挪用或转借他人的可能,贷款用途是否真实可信。同时,结合客户的收入水平来测算客户的还款能力,通常,AFR微贷按照每月还款金额应不超过客户月可支配收入的70%为原则来确定客户的最高贷款额度,即贷款额度＜贷款期限(月)×客户月可支配收入×70%。当客户的月可支配收入不足以偿还申请的贷款金额所对应的每月应还款本息时,可通过适当延长贷款期限或降低贷款金额来解决。此外,贷款额度的确定还应符合以下条件:贷款发放后,客户的资产负债率一般不应超过50%。需要强调的是,鉴于微小客户缺乏规范的经营记录,财务数据系由客户经理以现场调查为基础通过自编报表得到,可能与真实情况存在一定偏差,因此在考虑贷款额度、测算还款能力时不应单纯以财务信息为依据,而需将与还款意愿相关的软信息也考虑进来进行综合分析和判断。

(六)保证人情况

本部分应说明保证人的姓名、年龄、户籍、婚姻状况、居住地址、工作单位等基本信息,并说明通过怎样的方式(是实地拜访还是非现场调查等方式)对保证人身份的真实性、工作单位的真实性等方面进行了核实。同时,要重点说明保证人与贷款申请人的关系,两者之间是否存在债务关系,保证人为什么愿意为贷款申请人提供担保,保证人的担保意愿等情况。此外,也要说明保证人的收入水平、主要资产情况等,分析其担保能力。

(七)授信结论与建议

在以上对客户的经营、财务、信用状况、贷款用途和还款能力等进行了分析后,客户经理就可以针对此笔贷款申请的贷与不贷、贷款金额、利率高低、借贷期限等要素给出最终的结论。主要应包括以下内容:概括描述客户的经营概况和贷款用途的合理性,分析客户贷款申请是否符合银行的贷款申请条件和信贷政策;简要阐述客户的经营能力和还款能力,以及还款意愿的强弱和经营诚信程度;说明客户有可能产生违约的主要原因及风险大小;提出贷款的建议金额、期限、利率水平、担保条件以及还款方式。其中关于担保条件,AFR 微贷通常采用软担保(道义担保)或纯信用的方式;关于还款方式,AFR 微贷要求对于有稳定现金流的客户,一般采用按月还本付息。

二、编制调查报告的注意事项

编写授信调查报告是微贷客户经理的一项基本功。认真负责地撰写授信调查报告,把被调查客户真实的一面反映出来,既反映了微贷客户经理的业务素质,也是决定是否对客户授信的主要依据。

（一）编写调查报告的前提是做实对申贷客户的调查

编写高质量的调查报告,要求在形式上应当具备调查报告所应当具备的要素、重点,掌握一些调查报告的写作技巧,但最重要的是对申贷主体的充分调查,获得一手的、较为丰富的数据和信息,方可确保在做交叉检验、撰写调查报告时"有米下锅"。

（二）调查报告的编写应做到客观,不得含有虚假成分

调查报告应客观分析客户的还款能力与还款意愿,不可将分析建立在毫无根据和理由的主观臆测之上。与客户有关的重要财务数据应有相应依据作为支撑,涉及客户还款意愿的判断应详细说明判断依据和信息来源。

（三）要注意调查报告信息的完整性

调查报告中应包含所有关键信息,避免信息的遗漏。调查报告有相对固定的格式,但对于现有格式未能涉及的内容,客户经理认为有必要反映的,也可在"其他补充调查情况"处进行反映。为避免遗忘重要信

息,客户经理应在实地调查完成后尽快编写调查报告。

(四)调查报告中应明确指出风险点及风险控制措施

要避免由于信息掌握不充分,或是担心由于风险点的提示而造成授信审批难度增加,客户经理在调查报告中较少揭示被授信客户和拟担保人的风险点的现象。为利于审贷会成员掌握被授信客户和拟担保人的真实情况,在撰写调查报告时要对客户的信用状况进行充分分析,尤其要客观揭示此笔贷款的主要风险点,并提出必要的风险控制措施。

(五)调查报告切忌前后矛盾

要注意避免调查报告结论与前面叙述的客观事实不一致、前后数据相互矛盾、数据与文字不衔接等问题。客户经理在编写完调查报告后,要对调查报告的内容进行仔细检查、核对,及时做出修改完善。

(六)调查报告的用语要恰当

调查报告中尽量不用夸张的带有个人感情色彩的表述语句,少用极端意义、最高级的用词。做到实事求是,客观判断,用词恰当,文字精练。

(七)调查报告需要经调查参与人复核

AFR微贷采用双人实地调查制,通常由主调负责撰写调查报告,但撰写完成的报告应经辅调复核,并由主调、辅调共同签名,承诺对调查内容的真实性、完整性和准确性负责。

第三节　信息分析:案例与心得

一、案例:×××客户及家庭经济情况调查报告

贷款行:××××××银行微贷中心

主调:×××　辅调:×××　日期:20××年9月23日

申请人姓名	×××	申请金额	15万元	期限	一年
担保方式	□信用 ■保证 □抵押 □质押		客户类型	■新客户 □老客户	
经营行业	于20××年11月开始在××村××47－1号经营一家名为×××精美瓷砖店的瓷砖加工厂,专为××市各瓷砖店加工不同规格的瓷砖、倒角、贴角线、踏步等				
贷款用途	添加设备——购磨边机				

（一）基本情况

客户基本情况:(身份证号)

性别	年龄	婚姻	户籍	教育程度
男	38岁	已婚	××	初中

家庭住址	×××××××××村五队	联系电话	×××××××98242
居住地址	×××	单位	
单位地址	××××	健康状态	健康

配偶基本情况:(身份证号)

姓名	年龄	户籍	工作单位	职务	收入
×××	34岁	××	共同经营		

家庭经济及其他情况	家庭资产	0	家庭负债	0	家庭净资产	0万元
	经营资产	30万元	经营负债	2.5万元	经营净资产	27.5万元
	合计	30万元	合计	2.5万元	合计	27.5万元
	家庭收入	22357元/月	家庭支出	3000元/月	家庭净收入	19357元/月

家庭经济及其他情况	(其他家庭成员基本信息、社会关系、家庭资产负债、收支等) 1. 家庭成员:客户一家三口,妻子×××与客户共同经营该瓷砖加工厂,儿子×× 在××小学读书。 2. 家庭资产:除经营性资产外无其他大宗家庭资产。 3. 家庭负债:客户有小额农贷2.5万元,农行信用卡消费0.5万元(已还,客户提供了还款凭证)。 4. 家庭收入:经营性收入22357元(见损益表);非经营性收入无。 5. 家庭支出:客户每月平均生活消费水平3000元。 6. 家庭关系:客户家庭和睦,家庭成员无不良嗜好。

(二)经营信息

企业名称	×××精美瓷砖店		经营范围	瓷砖加工	
经营类别	■生产加工类;□商贸流通类;□服务类;□其他类别				
经营地址	××村××47—1号				
组织形式	个体工商户	注册资本		经营年限	2.5年
资产规模		雇员人数	3人	生产经营场地	
行业利润率	76.9%	企业年销售额	56万元	年净利润	20万元
股本结构	借款人(及配偶)股权比例:100%;其他人:0%				

1.经营业务内容、经营历史、股权结构、行业前景等情况说明

客户×××为该瓷砖加工厂的实际经营人。客户于20××年11月开始在××村××47—1号经营该加工厂,专为××市区的金舵、钻石、顺辉、马可波罗等瓷砖店提供瓷砖切割等加工服务。经过客户的诚信、努力经营,生意日渐兴旺,收入稳定。客户表示,由于订单量多,经常供不上货,因此客户想再添加一台磨边机以提高工作效率,经营前景良好。

2.经营利润构成情况说明

客户店里主要业务是为××市区内各瓷砖店加工瓷砖。

客户口述毛利率为76.9%左右。

交叉检验1:抽取客户占生产加工比例较大的产品进行毛利率测算。倒角、贴角线等的加工,占货款的15%,加工材料成本价约0.3元/米,加工费为2.5元/米,毛利率为88%;踏步瓷砖加工,占货款的70%,加工材料成本价约6元/米,加工费为25元/米,毛利率为76%;切割瓷砖加工,成本价约0.3元/米,加工费为1元/米,毛利率为70%;加权毛利率为76.9%.与客户口述基本相符。

3.进销销道、结算周期和淡旺季情况说明

客户厂里的加工材料均从广东进购。对方一般款到发货。客户表示瓷砖加工旺淡季不是很明显,相对来说上半年生意稍好于下半年。

(三)财务信息

表 a 经营性资产负债表

(编制时点:20××年 9 月 23 日,单位:元)

资产负债情况分析			
现金及银行存款:	63000	短期借款	25000
现金	2000	银行贷款	25000
银行存款	61000	民间融资	
应收账款	25689	应付账款	
		加工费	
		材料费	
预付账款		应付工资及税金	
存货	10000	预收账款	
原材料			
成品			
固定资产	250000	其他负债	
机器设备	250000		
房产			
车辆		长期借款	
其他经营资产			
保证金		负债总计	25000
		所有者权益	323689
资产总计	348689	负债和所有者权益总计	348689

资产负债表附注:

1)现金及存款:调查当日,现场双人查看并经客户清点,厂内有现金

2000 元,客户至 2012 年 9 月 19 日存款余额 61000 元,共 63000 元。

2)应收账款:客户有应收账款 25689 元,有客户提供的结算单据,客户表示货款结算周期一般为一周以内,经计算客户共有应收账款 25689元,与客户所述基本相符。

3)存货:经清点,厂里存货有磨头、刀片等材料约 1 万元。

4)设备:调查当日,经现场双人查看并清点,客户用于经营的设备有磨边机 1 台,切割机 2 台,合计约价值 25 万元。

5)其他经营资产:无。

6)银行借款:客户有我行小额农贷 2.5 万元。

7)应付账款:无。

8)所有者权益:实有权益 323689 元。

交叉检验 2:权益检验。客户表示,20××年 11 月初始投入 29 万元,其中 10 万元是向妹妹借的,8 万元是向弟弟借的,包括机器 25 万元,2 万元租金,2 万元材料费,第一年发了员工工资后自己无盈余,第二年盈余 8 万元,第三年盈余 12 万元,今年是第四年,至今盈余 10 万元,去年老家的房子装修花费 6 万元(包括购电器),去年 11 月,偿还了弟弟的 8 万元,今年 5 月又偿还了妹妹的 10 万元。

应有权益:25 万元(机器设备)－10 万元(妹妹借款)－ 8 万元(弟弟借款)＋ 2 万元(材料)＋ 30 万元(近几年收益)－ 6 万元(装修)＝ 33 万元,基本相符。

表 b 经营性损益表

(编制时点:20××年 9 月 23 日,单位:元)

损益情况分析					
项目		最佳月份	最差月份	普通月份	平均值
收入	成品销售 1				47727
	成品销售 2				
	小计(1)				47727

续表

损益情况分析

项目		最佳月份	最差月份	普通月份	平均值
可变成本	原材料 1(50%)				11025
	原材料 2				
	小计(2)				11025
毛利[(1)-(2)]					36702
固定费用	雇员工资				10500
	场地租金				1666
	招待费				
	通信费				150
	电费				1029
	水费				
	税收				
	运费				800
	小计(3)				14145
	偿还利息(4)				200
净利润[(1)-(2)-(3)-(4)]					22357
其他收支	家庭支出	日常生活费			3000
		保险			
		油费			
	其他收入				
每月可支配收入					19357

损益表附注：

1)营业收入：客户口述平均每月收到货款为 47000 元左右。

交叉检验 3：查看客户从今年 3 月至 8 月的货款结算单据。

货款结算：根据客户从今年 3 月至年 8 月结算单据的记录，共收到货款 286362 元，平均每月货款为 47727 元，与客户口述基本相符。

2)材料费:客户加工瓷砖用到的材料主要有切割片、云石膏、磨头等,这些材料平均每月的成本为1万元左右。

交叉检验4:根据毛利率反推出客户的材料成本,加工费为47727元,毛利率为76.9%,则材料成本为11024元,与客户所述基本相符。

3)客户每月需支付员工工资约10500元。

交叉检验5:客户厂里有员工3人,其中一人工资为4500元,另外两人工资3000元,每月需支付员工工资10500元,已与员工核实,工资数额与客户所述基本相符。

4)场地租金:经查看客户店面的租赁合同,客户一年租金20000元,平均每月支付租金为1666元。

5)其他费用共计2179元:其中包括

通信费:平均每月150元。

水电费:平均每月1029元。

运费:客户口述每月运费支出为800元。

偿还贷款:客户有农户小额贷款2.5万元,平均每月需支付利息200元。

6)家庭支出:客户表示平均每月的生活费支出约3000元。

7)其他收入:客户平时还帮别人设计一些瓷砖花式等,每月这部分收入约2000元。在调查当日,客户还拿出一些自己设计的图纸与我们分享(因为没有实际凭证,故不记入损益表)。

(四)信用状况

1.负债风险

客户有农户小额贷款2.5万元,要加强贷后管理。

2.信用风险

截至调查日,客户有2次逾期,且逾期期限超过一个月,客户表示是刚开始使用信用卡,对信用卡的还款方式不了解所导致。根据客户提供的信用卡账单流水,显示该解释合理。现客户已偿还逾期金额,并保证以后用卡一定会按时还款,多加注意。

3.经营风险

由于现在市场竞争比较激烈,但客户近期生意却在好转,几家大型单位的瓷砖加工工程都被客户承包,但仍要加强贷后管理。

（五）贷款用途分析及还款能力测算

1.贷款用途分析

客户今年以来加工量增加,与其合作的瓷砖店也新增了几家,且客户现在自己也开始承包瓷砖工程,如几家大型单位的加入使客户的加工量骤增,在只有一台磨边机的情况下,经常出现供不应求的情况,现客户自有资金 6 万元,预购一台磨边机需花费 21 万元(价格已向厂家核实),实际需要资金 15 万元,故客户向我行申请 15 万元贷款用于购置磨边机,贷款用途真实可信。

2.还款能力测算

客户实际资金需求为 15 万元,如期限为一年,每月等额还本付息,分一年还款,每月需还款 13453.96 元,以客户每月可支配收入的 70％计算,其还款能力为 13549.9 元,可以承担,即客户每月可支配收入的 70％大于每月需还款金额,有能力还本付息。

（六）保证人人情况

保证人:×××,身份证号码为:×××××××××××××××××××;××,身份证号码为:×××××××××××××××××××,系借款人的朋友,此两人为夫妻关系。两人在××市××南路701、703 号经营一家瓷砖店,年收入为 20 万元。主要资产情况:保证人在××市双塔街道杨×××村杨家坞有三层半的住宅一套,占地面积为 270平方米,估价为 80 万元;福特牌小轿车一辆,2011 年购入,现价值 10 万元,合计净资产为 90 万元。主要负债情况:担保人在我行有小额农贷 6万元,保证贷款 20 万元,他行汽车按揭贷款 7.6 万元,负债合计 33.6 万元,资产负债率为 37.3％。

（七）授信结论与建议

1)客户已经营瓷砖加工店两年多,本次贷款主要用于添置磨边机,贷款用途真实可信,且符合我行相关规定。

2)客户经营比较稳定,每月的净收入足以归还我行贷款,具有良好的还款能力。

3)客户平素诚信经营,关注违约责任,还款意愿强。

4)总体而言:客户经营稳定,经信贷员测算,客户每月可支配收入的70%大于每月需还款额度,建议发放保证贷款15万元,期限12个月,分月等额还款,月利率11.5‰。

二、微贷客户经理心得与感悟

(一)心得与感悟之一:不随便拒绝征信显示存在逾期的客户

某天一大早,客户董老板打电话到微贷中心咨询申请贷款事宜。客户经理小聂在了解了客户的大体情况后,告诉客户要做面对面的调查交流,但是董老板却说自己忙得实在没有时间,调查工作先找店里的女老板吧。当时小聂心里很是纳闷,想要申请贷款的人怎么如此不重视?当天下午,小聂和同事一起来到了董老板的店面进行调查。原来他经营的是一家电器维修店面,负责××电器公司在县内部分区域的售后维修。因为刚过年,人手不足,工作就忙活了起来,再加上年底物流公司歇业了几天,很多旧机器、旧零件又不能返厂,才出现了手头资金紧张的问题。由于店员不够,董老板基本上每天早上7点多就要出门开始维修工作,常常是晚上8点才能够回家,东奔西走的,连中午饭都不能好好吃上一口,所以才出现了想要申请贷款本人却不在店里的情况。

小聂和同事经了解,发现董老板和妻子一个主外、一个主内,董老板负责上门维修,妻子负责在家接订单以及做后续的安排。调查了客户的经营情况之后,留给小聂的初步印象不错。由于董老板白天没有时间,于是小聂与其约定好第二天早上7点就上门进行交流。通过第二天早上的交流,小聂了解到很多情况,感觉董老板确实是优质的潜在客户。但是,董老板最后却有点为难地说了一句:"实话跟你说,我的征信可能有点问题。"当时小聂非常疑惑,这究竟是怎么回事?

原来,董老板出现过信用卡逾期情况。以前客户的周转资金一直都是通过使用信用卡,没有去银行申请过任何贷款。可是因为信用卡每张的额度都很小,光一张卡不能够满足董老板的经营资金需要,最后董老板办了好几张信用卡。但卡多了还款的时间也就多了,再加上每天工作忙碌,还款短信来不及看,一来二去的董老板有时就出现忘还信用卡的情况。一开始董老板认为这是在所难免的事情,没什么大不了,可当征信出来的时候却傻了眼。虽然董老板每次的逾期都不超过一个月,但逾期的次数很频繁。这让小聂心里犯嘀咕,对于客户风险的判断也有些拿捏不准,这个客户是不是真的"不太行"?

带着疑问,第二天早上 7 点小聂又约见了董老板。董老板对于信用卡逾期的情况明确承认,并且诚恳地说道:"真不是不想还,每天这么忙,常常就忘记了。我以为晚几天也没事,就以为没啥大不了的。"客户还表示,就是因为自己经常逾期,两张透支额度比较大的信用卡都被银行大幅下调了额度,再加上过年囤货的问题,一下子手头资金周转不过来了。同时,客户强调自己前段时间都把信用卡透支还上了,现在应该没有逾期了。为了和征信上的信息进行比对,小聂和董老板一起操作着手机查询现在的逾期情况,过程中发现客户确实不太懂怎么查询逾期情况,费了不少时间才教会他怎样查询。查询过程中发现客户依然存在逾期的情况,涉及两张信用卡,逾期金额分别为 100 多元和 200 多元,合计 400来元。客户再次表明自己真的不知道现在还有逾期的情况,而且当即就把欠款还上了。

回银行后,小聂反复分析客户的还款意愿问题。经过思考,小聂还是在调查报告中建议给客户放款。从客户的经营情况来看,其经营情况过关,并且家庭稳定和睦,交流中发现客户两口子都很踏实勤奋。虽说客户出现了很多次逾期记录问题,征信有些瑕疵,但通过调查了解,发现客户并不是有意不还款。作为客户经理,不应该随便拒绝一个客户。深入调查客户存在的问题并弄清产生问题的原因,是一个客户经理的职责与义务。真正了解客户之后,客户经理才有发言权!

(二)心得与感悟之二:用调查分析说话

盛夏的一天格外的热,窗外的知了叫个不停。微贷客户经理小陆正准备洗把脸去扫街,刚收拾好东西,一位有些古怪的客户出现在面前。只见这位客户鼻子里插着管子,管子从客户的鼻孔延伸到客户的耳朵。小陆直入正题,说:"您好,请问您要办贷款吗?"还没等客户回答,旁边一起来的女子率先回答:"我们过来申请 10 万元的贷款。"这时小陆警觉起来,问客户:"这是你——"客户说:"这是我姐,你放心好了。"随后客户表明,因为马上就要到中秋节了,超市需要进点货,所以想申请点钱。客户继续问道:"你们的贷款都是怎么贷的?利息是多少……"小陆向客户推荐了微贷产品,两人当着小陆的面进行了一番讨论,最终决定申请微贷,并约定了实地调查的时间。

小陆来到客户店里,看到店面还是比较大的,各种各样的烟酒副食都有,其中一块区域还卖蔬菜。小陆重点对客户的收入进行了查证,由于客户的收付款基本上都是微信和支付宝,因此账款核对起来比较容易,通过累加汇总得出客户全年的销售额,与客户口述的销售额相差不大。在客户的店里,小陆有意无意地与客户交流,以便找到合适的时机提及客户的病情。当小陆比较自然地问到客户的疾病时,客户有些气愤地说道,都是因为这个病耽误的,不然也不需要借钱。通过交流得知,客户之前因病在全国各个地方做过手术,花费了很多钱,虽然现在病情控制住了,但对于家庭财产还是造成了不可挽回的损失。在与客户交流的时候,借款人显得比较激动,一些口头禅都说了出来,可以看出客户对于自己的病情是多么的深恶痛绝。针对客户的状况,小陆还是有所顾虑的,毕竟这个病还是属于比较严重的。紧接着,小陆认真分析了借款人的还款意愿和劳动意愿,发现借款人虽然有病在身但是每天都能够保持乐观的态度,同时每天早上都会按时起床去进货,说明客户的劳动意愿较为强烈,有发家致富的愿望。在对客户的征信进行查询时,发现客户只有一笔房贷,并且每月按时归还,从来没有一次逾期,说明客户对于自己的征信也是非常重视的。最后,经过对客户细致的分析,判定客户人品和还款能力都过关,小陆建议发放这笔贷款。

刚开始接触客户的时候,客户的样子对小陆的冲击还是比较大的,甚至于第一眼就认为该借款人应该不是潜在客户。但随着调查的深入,发现客户的劳动意愿非常强烈,同时还具备良好的收入能力。总体来说,客户的资质还是不错的。因而,做微贷不是靠客户经理个人的主观臆断,而是靠收集和分析信息。俗话说得好,没有调查分析就没有发言权。关于客户能不能贷的问题,不应建立在凭空猜测之上,而是要根据调查信息具体分析。

(三)心得与感悟之三:贷不贷看人品

微贷中心成立后不久,客户经理小刘走访了一家百货超市,看到一位 50 岁左右的大叔正躺在摇椅上看电视,聊天中得知大叔姓童。童叔告诉小刘他平时一般没有什么资金需求,但年前年后买烟酒的人多,他正想着多进一点烟酒,可是手里钱不够。虽然平时挣的钱都给孩子了,但是他还真不想伸手向孩子要。言语之间,童叔那种淳朴的老父亲形象对小刘的冲击很大。童叔接着说,要不他申请一下小刘推荐的微贷吧,供年底进货用。

随即小刘便打电话让同事来协助调查童叔的超市。虽然问得很仔细,但是童叔并没有表现出反感和抗拒。点货的时候,童叔把橱柜依次打开,给小刘他们耐心介绍每种烟的价格。临走的时候,童叔叫住了小刘,让小刘跟他去里屋。当时小刘有点纳闷,去里屋干什么?到了里屋,童叔打开了一个橱子,里面堆满了烟,而且还都是高档烟。童叔笑着对小刘说:"你看这一橱子烟,值不少钱吧,可是这不是我的货,是我兄弟放在我这里的,外面的烟酒才是我的。"当时小刘他们被童叔的这一举动感动到了,童叔让小刘看烟并不是想炫耀什么东西,而是刚才小刘他们点货的时候对烟点得很仔细,童叔就着这个劲让小刘看看屋子里的烟罢了。整个调查环节有序正常,回到银行后小刘撰写了调查报告,经分析童叔确实也有还款能力。这笔贷款随之正常放款,但是放款过程以及后续收息中的两个细节,让小刘对这笔贷款更加放心。

由于童叔是微贷中心第一位客户,办理贷款的时候行领导会专程赶来微贷中心给童叔献花合影。结果临放款的时候小刘告诉童叔银行领导一会就来,要与其合个影,但是童叔当时就拒绝了,说让领导别来。原来童叔由于事先不知道有这么一个环节,所以没穿好看的衣服,怕跟领导合影时穿着破旧的衣服显得不够庄重。小刘只好尊重童叔,安排第二天再进行合影。结果第二天约定的时间还没到,童叔就主动打电话说:"领导啥时候到提前给我说,我提前过去,领导这么忙,不能让他等咱们。"听到这话,小刘甚为感动,童叔这种淳朴善良的贷户让他内心非常有底。

另外一个小细节与归还本息有关。在放款第 2 个月扣款日的前一天,怕童叔忘了存钱,于是小刘就给童叔发了个微信语音,提醒他不要忘记存钱以便自动扣款。不一会童叔就回微信了,说:"忘不了忘不了,放心吧,我知道是18号。"接着又发了一个语音,说他生怕忘了还款日,还专门写了一张纸贴在客厅的墙上。当童叔说完这句话的时候,小刘的心里暖暖的。

童叔的举动感动了小刘,也让小刘深刻领悟到了贷不贷看人品的重要性。分析、测算借款人的还款能力固然重要,但是通过种种细节捕捉借款人的品行同样重要。微贷放款不应仅仅根据还款能力,还款意愿也是十分重要的考虑因素。童叔把别人的利益考虑在前面,把还款日看得比什么都重要,相信以他这样的人品,即便碰到还贷困难,哪怕少吃少喝,也会尽力不让贷款逾期,更不会赖账。这样的客户才是银行的优质客户!

(四)心得与感悟之四:三个月以上经营实践的重要性

春节刚过的一天上午,客户经理小耿现场调查了一个客户。客户是一名年轻的小伙子,开了一家火锅店。与客户约定的时间是上午10点,小耿和同事准时来到了客户的经营场所。但过了10点,客户还是没来。小耿心里就犯嘀咕,客户的时间观念怎么这么差?过了好一阵子,一辆SUV停在了小耿他们面前,车上下来一个清瘦的小伙子,正是申请贷款的客户。店面的卷帘门打开后,小耿和客户就迅速进入正题聊起了本次的贷款申请。

从店面的整个装修情况来看,墙面上写着一些比较伤感的文字以及心灵鸡汤,一看就不是那种稳重的装修风格。从聊天中得知,客户目前尚未结婚,父母在外打工,开店的投资有一部分是父母给的,有一部分是套刷的信用卡,且经营时间还不到一个月。关于营业收入这一块,小耿问他一天大约能卖多少钱,他说一天能卖1000元左右,除去成本能剩个300~500元,进店消费客户的支付方式基本上为微信支付。但查看了一下客户的微信收入情况,基本上一天的营业额也就在五六百元的样子,和客户自身口述的差距较大。在翻看收款记录的时候,小耿发现调查前一日没有营业收入。鉴于前一日不是什么节日,而且所有单位都已经年后复工了,于是问了一句,为啥昨天没有收入?客户回答说昨天有点事,没开门。这一下子就惊到了小耿,因为对于做生意的人来说,如果一天不开张会损失很多,包括房租、水电和一些物料的损失等除非是家里有婚丧嫁娶之类的不关门不行的事情,否则生意人是不会随意关门的。

想到这里,小耿心里对这个客户有了一个大体的判断和分析,客户年纪较轻,没有结婚,经济实力不是很强,营业额也不是很多,现在就是想用贷款作为店里的资金周转。另外,再看客户店面的地理位置,虽说位置还不错,但附近有两个大的火锅店,并且都开了很长时间,有稳定的客源,使得这个客户面临很大的竞争压力。见此情形,小耿告诉客户,最好是再干上一段时间再申请贷款吧,同时建议他可以在微信朋友圈做做广告。

由于之前拒绝的客户都是审贷会没通过或是讨论、分析了很长时间觉得不合适才拒绝的,这种现场就拒绝的客户见得不多,所以日后小耿每次路过的时候都会特地看一看这个店到底经营得怎样,结果很多次都是中午十一二点这种饭点的时间也不开门。没过多久,再次路过这家店的时候,小耿看到卷帘门上贴着"吉房转让"的字样……这也验证了小耿当初的判断:客户的确是一个劳动意愿不那么强烈、对自己的事业不是很上心的人。在庆幸自己分析准确的同时小耿也深深感觉到了 AFR 微贷对目标客户要求其满足三个月以上经营经验之条件的必要性。具备持续稳定的现金流是客户日后还款的重要基础,三个月以上的经营实践可以让客户经理大致判断出客户的经营状况。对于那些刚开始经营的客户,特别是年纪较轻、尚未结婚的客户,要结合其劳动意愿、生意规划、工作责任心等情况进行综合分析,不能因为业务压力而放宽了风险防控标准。

第六章 两家小微法人银行 AFR 微贷项目的实践与启示[①]

　　农村金融是现代农村经济的核心。然而,"三农"弱势主体多、金融普惠难,"三农"潜在资源多、资源资本化难的"两多两难"问题长期制约着我国县域小微法人金融机构和农村经济的发展。"金融普惠难"与"资源资本化难"的原因固然很多,但县域农村地区有效金融服务供给不足,广大的农户、个体工商户、微小企业等微小客户[②]所拥有的"四有"与"四缘"等潜在资源难以资本化是一个不容忽视的重要因素。正如赫尔南多德·索托(Hernando De Soto)在《资本家的秘密》中所写:"贫困人群之所以贫困,是缘于其不具有资源资本化的能力。"如何突破以"财务报表、资产抵押、信用评分"等硬信息主导的交易型贷款模式,打造一支适应"四有""四源"等软信息为主的关系型贷款的有效供给团队,促进县域农商银行业务回归本源,推动县域微小客户与县域小微法人银行良性互动式

---

　　① 本章节写作过程中两家合作单位众多部门提供了众多资料和帮助,文中有些资料、数据来源于现场调研,章节提纲讨论中 AFR 微贷项目组、合作单位微贷中心提供了许多富有参考性的建议,在此一并表示真诚的谢意。当然,文中表述不当、不妥之处概由作者本人负责。

　　② 本文的微小客户主要指农户、个体工商户、微型企业、微小企业。从某种意义而言,德国 IPC 微贷技术以及我国境内成功地将其本土化,均得益于将弱势群体所拥有的"四有""四缘"等潜在资源成功地得以资本化。

可持续发展,日显迫切。

　　本章所展示的 A 省 X 农村商业银行(以下简称 X 农商银行)、B 省 Y 村镇银行(以下简称 Y 村镇银行)AFR 微贷项目运营案例表明①,在适当的制度安排下,以"四有""四源"等软信息为主的微小客户具有更好的信用且能承受较高的贷款利率,可望相伴成长为农商银行、村镇银行的忠诚客户,进而按照商业化可持续原则实现小微法人银行、微小客户、政府等主体的共赢;微小客户"融资难、融资贵"的有效化解不能仅仅通过给予多少价格优惠的资金等"输血"式帮扶,更重要的是通过金融创新使其方便、即时、有尊严地获得平等的信贷服务,进而在"好借好还、好还好借"相伴成长中产生"造血"功能;通过 AFR 微贷项目的固化、优化及"AFR 微贷"与"普通贷款"等业务融合(以下简称"微、普"融合)创新发展等阶段,打造一支具有自主复制能力的内训团队,持续强化新生代员工内训,做实微小客户服务尤其是其中原生态客户的发掘与孵化,优化小微法人银行客户经理队伍结构与信贷业务结构,是县域小微法人银行可持续发展的现实选择。

第一节　X 农商银行"惠民微贷"创新与发展

　　2016 年 5 月 21 日,X 农商银行与浙江大学经济学院、浙江大学金融研究院浙江大学 AFR 微贷项目组共同启动"X 农商银行微小贷款发展研究"项目,基于浙江大学 AFR 微型金融课题组长期跟踪研究国内外先进的微贷理论、微贷发展的成功经验并结合 A 省 X 县域农村经济、金融等实际情况,经过 7 个多月的兼职培训和产品研发,合作双方于 2016 年 12 月底开始相继推出了符合"微贷款、铁纪律、强服务,微贷贷微助民生、普惠惠普见真情"要求的"惠民微贷"以及"温暖民生、服务微小"的"惠民养老贷"等系列微贷款产品。至 2019 年年末,3 年时间小微金融事业部

---

　　①　本章所示的两家银行所在的 A 省 X 县、B 省 S 县均属典型的农业经济主导的欠发达地区,项目合作之初,X 县存、贷款余额分别为 183.2 亿元、91.9 亿元,B 省 S 县存、贷款余额分别为 137.67 亿元、105.71 亿元。两家银行项目运营经验对 AFR 微贷项目持续发展、我国其他欠发达地区小微法人银行回归业务本源具有一定的借鉴意义。

（后改为光明路微贷专业支行）在"1＋4"架构①下从零存量贷款业务开始,累计拓展符合 AFR 微贷项目功能定位要求的有效个人客户 1379户,累计发放贷款 17644 万元,户均贷款 12.79 万元,贷款余额 8812 万元,不良率为零,业务涉及超市百货、农资购销、居民服务和运输物流等多个行业。所有发放贷款中,10 万元(含)以下贷款户占累放贷款户数的87.31％,60％多为首次获得正规金融机构贷款服务的原生态客户;X 农商银行光明路微贷专业支行分别被 A 省联社、A 省财贸工会评为 2019年度"劳模与先进工作者创新工作室"(110 家农信系统中仅 2 家获此殊荣),被 X 县工会授予"职工之家"荣誉称号;X 农商银行在全省 110 家农商银行排名考核中由 2015 年年底的 105 名提升到 2018 年的第 20 名、2019 年的第 12 名。相信 X 农商银行"惠民微贷"及其系列创新产品之实践经验对我国县域农商银行实现可持续发展,进一步做实普惠金融、强化惠农富民,助力社会主义新农村建设和乡村振兴具有积极的借鉴意义。

一、X 农商银行 AFR 微贷项目启动背景

X 县隶属于 A 省,历史悠久,山川秀美,气候宜人,总面积 1118.96平方公里,辖内低山丘陵 738.5 平方公里,河谷平地 353.22 平方公里。2019 年年底,全县总人口 55.34 万人,其中:农业人口 28.14 万人,占全县人口的 51.85％,辖内有 11 个乡镇、两个街道办事处、572 个行政村(含20 个社区)。辖内经济主要以农业为主、工业为辅,全县常年在外务工人员在 10 万人左右;地区生产总值 176.67 亿元,地方财政收入 9.2 亿元,城镇、农村居民人均可支配收入分别为 26926 元、13715 元。总体而言,经济规模总量偏小,县域经济欠发达。② 至 2019 年 12 月末,全县共有 9家金融机构,全县金融机构存款总额 220.90 亿元,贷款总额 117.02 亿元。近年来,X 县政府着力引导经济转型,努力将农业资源优势转化为经济优势,逐步形成了花生加工业、地瓜加工业、山区林果业、畜牧养殖

---

① 小微贷事业部成立时即设置了"1＋4"架构,即 1 名业务培训主管,4 名微贷客户经理。后因融合发展的需要,二期、三期优秀培训生相继进入小微贷事业部进行实践,轮换出一期、二期微贷客户经理调任其他部门委以重任。

② 数据来源:A 省 X 县统计局。

业、精细瓜菜业和生态旅游业等六大产业链。目前拥有 20 万亩地瓜、30
万亩花生、10 万亩西瓜等标准化生产基地,是省级现代农业示范区、A 省
十大畜牧标准化示范区之一,荣获"国家级出口食品农产品质量安全示
范区""中国优质花生之乡""地瓜原产地"等称号,并评为 A 省最佳旅游
生态示范县、省级园林城市。

　　X 农商银行于 2016 年 3 月 28 日在原 X 县农村信用合作联社基础上
改制成立,截至 2019 年 12 月底,辖设 10 个职能部室(中心),21 处营业
网点,其中:14 家支行,6 家分理处,1 个营业部,6 处离行式自助网点,7
处社区金融服务网点,在岗职工 292 人,是全县服务范围最广、从业人员
最多、营业网点最多、业务规模最大的金融机构。改制后,X 农商银行紧
紧围绕"经营特色化、管理精细化、培育良好企业文化"的发展战略,坚持
"稳健经营、稳步发展"的经营理念,坚持"面向'三农'、面向社区、面向中
小微企业、面向县域经济"的市场定位,主动作为、攻坚克难,机制转型、
业务拓展、风险管控、队伍建设、党的建设等各项工作稳步发展。截至
2019 年年末,各项存款余额 66.15 亿元,较年初增长 6.43 亿元,增幅
10.77%,存款市场份额 29.56%,较年初提升 0.31 百分点,新增存款市
场份额 32.8%,存款市场占有率与新增市场份额均居 X 县第一位;2019
年年末实体贷款余额 32.44 亿元,较年初增长 6.37 亿元,增幅为
24.43%,居济宁市第 1 位;五级不良贷款余额 10921 万元,不良贷款占比
为 2.61%,全年累计清收处置表内不良贷款 7254 万元;2019 年实现拨备
前利润 8410 万元,净利润 2991 万元,上缴利税 2001 万元;拨备覆盖率
148.28%,高于监管要求 8.28 百分点,资本充足率 11.92%,高于监管要
求 1.92 百分点。至 2019 年年底,经过三年多时间的扎根与努力,X 农商
银行综合竞争实力较过去有了大幅提升,2019 年年末在全省 120 家农信
法人机构经营管理综合考评中排名第 12 位(2015 年年末、2016 年年末、
2017 年年末、2018 年年末排名分别为第 105 名、第 104 名、第 30 名、第
20 名),是全市进步幅度最大的法人机构,一定程度上摆脱了排名靠后的
被动局面,争得了发展上的主动权。追溯 2016 年成立之初,X 农商银行
在信贷业务结构、市场定位、产品创新、员工队伍建设等诸多方面面临的
严峻挑战,具体可归结为以下三个方面。

(一)市场竞争日趋激烈,X农商银行须实现特色发展

2013年以来,众多金融机构纷纷进驻X县,银行特色金融产品、人性化服务及科技能力正面比拼竞争激烈,X县金融信贷市场竞争越来越激烈。一方面,每个新银行(或贷款机构)的进驻或设立都会造成X农商银行一些客户"被分流",在金融同业的竞争下,大中型企业、相对优质客户的议价意愿和能力不断增强,传统的利息收入空间不断压缩。另一方面,X农商银行信贷业务结构优化调整空间巨大。2015年年底,各项贷款余额23.64亿元,其中实体贷款占比80.39%,抵质押贷款占比37.56%,担保贷款占比42.83%,纯信用贷款为零;营业收入中贷款利息收入占比过低,2015年、2016年资金收入占比分别高达36.36%、51.7%;表外不良占比高达14.25%,表内2.61%的不良虽属正常范围但结构问题突出,全为个人类不良贷款,户均11.39万元,其中20万元(含)以下不良占比高达83.81%,贷前、贷中、贷后问题较多且清收空间广阔。作为县域小微法人银行,X农商银行如何巩固既有阵地,实现特色发展,积极寻求新的发展空间和开辟新的利润增长点,显得尤为迫切。

(二)新生代农民与居民融资需求强劲,X农商银行须开发特色金融产品与服务

随着"新三农"的深入发展和城乡统筹的深度推进,离地、失土的新生代农民不断增加,新生代农民、新生代居民,还有街边的小摊贩、家庭式小作坊主们具有强烈的自主创业热情。但现有银行及X农商银行现有的信贷产品难以覆盖这类金融弱势群体,这类微小客户因起步低、创利微以及"四无"特征,难以获得正规金融机构的金融支持,早已习惯性地被银行传统的金融信贷服务所边缘化或遗忘。一边是各家金融机构使尽十八般武艺抢夺优质客源,早已是一片"红海";另一边是有着迫切资金需求却难以获得金融信贷支持的微小客户,一片"蓝海"。亟待网点遍及乡镇、员工遍及乡村、服务能遍及千家万户的X农商银行开发特色金融产品,灵活地服务这些金融弱势群体,将金融服务触角延伸到微型创业者这一广阔领域。

(三)客户经理队伍结构须优化,新生代客户经理素质须提升

面对新生代自主创业的微型业主融资需求,X 农商银行客户经理培训、选拔机制亟待改进,客户经理队伍结构亟待优化。2015 年,X 农商银行有客户经理 67 人(女性 4 人),其中有营销权的客户经理仅 11 人,占比 16％,70％多的客户经理因不良贷款受到扣发绩效工资、纪律处分等处罚,客户经理情绪低落,发放贷款唯抵押担保,惜贷、惧贷、恐贷心态较为普遍,绝大多数员工惧怕客户经理岗位,不愿从事客户经理甚至想方设法离开客户经理岗位。扭转客户经理"惜贷、惧贷、恐贷"心态及员工惧怕客户经理岗位局面,强化对近些年新转岗或即将转岗从事信贷客户经理岗位员工的系统培训,提升业务素养适应新生代客户融资需求已成为一个不可回避的难题。和全国绝大多数农行社一样,X 农商银行客户经理原有的培训方式大多是考证代训与简单岗前培训,如此产生的客户经理差异巨大,整体上难以摆脱传统信贷业务重抵押、重担保的信贷资金配置模式,难以适应以"四无""四有"与"四缘"为特征的微小客户的融资需求,迫切需要一支具备新型信贷理念与新型信贷技术的客户经理队伍,为这些金融弱势群体提供方便、即时、有尊严的信贷服务。

二、AFR 微贷项目运营与"惠民微贷"创新发展

X 农商银行 AFR 微贷项目启动于 2016 年 5 月 21 日,合同合作期 2 年,后续不定期跟踪服务,即在 2 年的合同合作期结束后,据 X 农商银行 AFR 微贷技术独立复制及业务发展情况,项目组定期实地调研交流,共同推进"微、普"融合发展。"惠民微贷"的发展与创新主要经历了项目组主导的一期培训与"惠民微贷"研发试运营,微贷中心主导、项目组支撑的二期培训与"惠民微贷"小规模运营,三期、四期微贷中心自主培训与业务融合发展三个阶段。

（一）项目组主导的一期培训与"惠民微贷"研发试运营

1. 一期培训学习情况（2016 年 5 月 21 日—2017 年 5 月 21 日）①

该阶段培训工作主要是在浙江大学 AFR 微贷项目组主导下，按一定的程序进行一期微贷培训生的筛选，成立由银行高管担任组长的 AFR 微贷项目领导小组，领导小组下设 X 农商银行 AFR 微贷项目学习小组，按照坚持自学为主、定期交流、主动接触市场的原则进行为期 7 个月左右的互动式交流系统培训。领导小组负责市场决策、人员调配、机构设置及新产品开发的统筹、协调与管理工作；AFR 微贷项目组负责微贷理念与技术固化期间的微小贷款培训资料编写与微贷培训生市场拓展能力与"人师"素养培训，协助微贷中心团队组建、制度建设、微贷技术中后期优化期间经验总结与提升等工作；AFR 微贷项目学习小组在项目组的指导下负责微贷业务资料学习、前期市场调研与扫街营销、产品设计、市场宣传、制度建设及微贷理念与技术固化、试验、优化、微贷中心成立等工作。具体而言，主要经历了预培训、正式培训和实习等三个阶段。

（1）预培训

2016 年 5 月 21 日，在前期沟通交流的基础上，X 农商银行浙江大学 AFR 微贷项目预培训开班仪式暨第一次课程学习在总行 9 楼会议室举行，全行组织预选 40 名年龄在 28 岁左右的青年员工参加了此次预培训（详见附录 1）。

（2）正式培训

2016 年 6 月 24 日—25 日，经过一个月时间的预培训，结合预培训期间培训生作业完成情况并经过学员自荐和小组长推荐等程序，项目组从 40 名预培训生中筛选出 18 人参加了 24 日在总行 9 楼举行的笔试和面试，最终遴选出 AFR 微贷项目学习小组组长 1 人、培训生 9 人并报行党委批准（详见附录 2），成立由银行党委书记、董事长担任组长的 AFR 微贷项目领导小组，下设 X 农商银行 AFR 微贷项目学习小组（详见附录 3）；6 月 25 日上午，X 农商银行 AFR 微贷项目培训正式开班仪式在总行

---

① 该阶段持续时间为一年，为与银行统计口径保持一致，微贷业务按 2016 年度、2017 年度、2018 年度和 2019 年度统计。

5 楼会议室如期举行,会后与"1+9"各位培训生签订了培训承诺书(详见附录 4)。随后按计划 AFR 微贷项目组每月组织召开月度交流例会并下发培训资料,每周由学习小组组长召开周例会,全体培训生完成周记、交流会议纪要、扫街营销、模拟调查及调查报告编写等作业。培训进入第 5个月后基于前期微贷知识学习、实地调查的基础,先后经过 AFR 微贷项目学习小组成员独立思考、3 次讨论,每位培训生完成 X 农商银行 AFR微贷项目微贷产品宣传资料初稿,银行党委下发《AFR 微贷项目产品宣传资料征名通知》要求全行员工积极参与,X 农商银行 AFR 微贷项目学习小组集体讨论、初评,经报银行党委后最终讨论确定了"惠民微贷"产品及宣传资料(详见附录 5)。

(3)实习

2016 年 11 月 27 日—12 月 10 日,AFR 微贷项目组据前期资料学习、扫街营销等实践情况推选了"1+4"一行 5 人至 AFR 微贷项目组合作单位 C 省 Z 农商银行进行为期 2 周的封闭式实习,实习前制定了详细的实习内容与管理制度,浙江大学 AFR 微贷项目组全权委托 Z 农商银行微贷中心,内训严格按照实习协议与考核办法完成各项实习任务(详见附录 6)。实习期间实行"1+1"师徒式小组指导,定期集中交流,要求每位实习生做到天天有日记与扫街营销,周周有小结与经典案例或调研报告,结束后有小结。实习结束后,Z 农商银行微贷中心及项目组联合进行考核,"1+4"实习生的考评均为优秀,返行后全部进入 X 农商银行小微贷事业部全职从事"惠民微贷"产品试运营。据前期培训生设计的宣传资料初稿及全行征名评选结果,AFR 微贷项目组引导培训生修改完成"惠民微贷"宣传资料终稿并报银行党委确定(详见附录 7)。

2. 微贷业务运行情况

理论培训后期及业务试运营期间,微贷客户经理一边编写扫街营销、规范服务微弱客户等方面的经典案例,一边强化微贷培训资料学习与 PPT 编写试讲,提升内训师素养,为微贷中心与内训师主导的二期培训打下基础。小微贷事业部成立初期"惠民微贷"试验运营期间及后期 2年内每位微贷客户经理发放的贷款业务均须符合"惠民微贷"产品要求,从严遵守《惠民微小贷款管理暂行办法》《小微贷事业部微小贷款操作流程(暂行)》等制度,做实 AFR 微贷项目的三大功能定位(详见附录 8)。

该阶段是在浙江大学 AFR 微贷项目组主导下研发的微贷产品与微贷业务的试验固化阶段,做实微贷核心技术的试验与技术本土化的实践等工作。AFR 微贷项目学习小组成员及首批脱产进入微贷中心的微贷客户经理重点对前期培训成果、制度流程进行实践,完善、提升并注重"人师"素质的培养与提升。微贷投放重在"求质",在摸索中逐渐掌握微小贷款技术与培训师技能,以"摸、探、学"为主;微贷技术学习遵循先固化后优化的原则,先确保做成功,把基础打牢,再逐步扩大规模和效应。

经过前期 7 个月的兼职培训与实习,2016 年 12 月 19 日,X 农商银行小微贷事业部正式成立,"惠民微贷"进入试运行阶段,初期业务运行配置模式为"1+4",即 1 名负责人加 4 名客户经理。业务运行首日成功发放贷款 3 笔,累计金额 27 万元。至 2016 年 12 月底,20 天时间内成功发放贷款 9 户,累计金额 74 万元,全部为 30 万元以下原生态微小经营类客户,其中纯信用经营性原生态贷款 4 户,累计金额 18 万元,10 万元(含)以下贷款 7 户,累计金额 39 万元,改变了近些年客户经理惧怕发放纯信用贷款的不正常状况。

(二)微贷中心主导、项目组支撑的二期培训与"惠民微贷"小规模运营

二期培训是 X 农商银行 AFR 微贷项目运营的关键阶段,一方面,须成功打造一支具有微贷自主培训能力的团队,架构自主培训机制及经典案例、行业调查报告等本土化培训资料编写;另一方面,须推进微小贷款业务小规模运营及其管理制度的建设和完善。

1.培训学习情况(2017 年 4 月 28 日—2018 年 1 月 19 日)

一期培训业务试运营的第二阶段,AFR 微贷项目组引导并协助小微贷事业部制订了详细的二期培训计划,内训师与二期培训生考核制度(详见附录 9),并就每节课的培训内容按 A、B 角反复演练授课技巧与授课方案。具体实施阶段由浙江大学 AFR 微贷项目组据培训方案具体下达培训阶段性任务并对阶段性培训成果进行评估,实行微贷中心主导、AFR 微贷项目组支撑、内训师小组指导的"1+1+1+N"联动培训模式。小微事业部 1 名客户经理担当内训师,负责指导 6 名培训生,每周召开周例会并完成周记、会议纪要、扫街营销、实地调查、经典案例与行业报告

编写等作业,项目组视微贷学习及实践情况定期组织实地交流。在为期
9 个月的二期培训中,X 农商银行小微贷事业部积极探索实践 AFR 微贷
理念与技术的自主可复制、本土化微贷培训的方式方法。基于一期培训
经验基础,实践总结出"全行动员——员工报名——笔试、面试——不脱
岗培训"的选拔流程与"1+1+1+N"联动培训模式、考核制度体系,汇总
梳理出一整套本土化微贷培训教材与案例,打造出一支具有一定"人师"
素养的微贷培训师队伍,积累了宝贵的微贷培训经验与资料。

　　根据浙江大学 AFR 微贷项目组、X 农商银行 AFR 微贷项目领导小
组计划,从 2017 年 4 月份开始,X 农商银行按照"小微贷事业部主导＋项
目组支撑＋一期培训生指导＋每组 6 名培训生"的"1+1+1+6"培训模
式,在为期 9 个月的兼职培训中完成了项目组下发的约 40 万字资料的学
习,组织知识测试 11 次;开展了包括资料学习、周记、周例会纪要撰写、扫
街营销、贷款调查报告编制、PPT 制作与授课等系列学习活动;24 名二期
学员累计完成周记撰写 674 篇、周例会纪要撰写 97 篇,自己动手制作
PPT 课件 52 份;在完成理论学习的同时,二期培训生按照 AFR 微贷项
目组"理论＋实践＋小结"的培训要求,积极参与了包括早市农贸市场扫
街和夜市文化广场扫街等在内的错峰营销集体活动 92 人次,自主扫街并
获取有效客户信息 2253 户,参与贷款实地调查 85 人次,撰写微贷调查报
告 54 篇,成功营销客户 36 户,累计发放金额 252 万元,撰写本土化案例
59 篇。通过二期培训的开展,24 名二期培训生的逻辑思维与表达能力
均得到较为明显的提升,坚定了走出去营销的信心并获得了成功营销客
户的经验,极大地提升了从事客户经理岗位的信心与决心。小微贷事业
部各位内训师积累了宝贵的本土化案例与培训经验等第一手资料,为打
造一支"能战能师"的内部培训师队伍奠定了基础,加快了微贷技术在全
行范围内复制与推广的步伐。至 2018 年 1 月 19 日二期培训结束,共有
17 人由内勤岗位转至客户经理岗位,8 人由一般人员提升为中层副职管
理岗,5 人提拔为中层管理岗,极大地充实了 X 农商银行微贷人员力量,
为推进"惠民微贷"与普贷等业务融合发展打下了坚实的基础。

　　2.业务运行情况

　　截至 2017 年 12 月底,4 名微贷客户经理已累计发放贷款 364 户,累
放金额 2801.88 万元,户均 7.70 万元(见表 6-1)。其中信用贷款 89 户

（占比 24.45％），金额 362 万元；10 万元（含）以下贷款 291 户（占比 79.95％），金额 1655 万元。贷款余额 2119.35 万元，不良率为零，小微贷事业部提前半年完成日均贷款余额 2000 万元（人均 500 万元）的目标，在 10 多家合作单位中处于领先水平。所有发放贷款中单笔最大金额 30 万元，最小金额仅为 6000 元，涉及超市百货、农资购销、居民服务和运输物流等行业，全为无抵押、软担保贷款，90％以上的客户为客户经理主动营销扫街得来的原生态客户，即过去从来没有从银行获得过贷款的客户。

表 6-1　二期微贷客户经理业务状况

姓名	累放户数/户	累放金额/万元	余户数/户	余额/万元
A1	99	783.19	91	583.99
A2	78	556.3	71	433.34
A3	76	616.39	66	485.5
A4(2017 年 11 月调至业务部)	97	754	85	534.96
B1(2017 年 11 月加入微贷团队)	14	92	12	81.56
合计	364	2801.88	325	2119.35

注：一期培训生 A4 于 2017 年 11 月调至业务部任副总经理，系首位微贷项目输出的中层领导（2020 年 5 月调至某分行担任业务副行长），二期培训生 B1 于 2017 年 11 月加入微贷团队。

值得一提的是，该阶段业务发展中微贷客户经理在扎实的扫街中发现，城镇下岗职工社保缴费难的问题较为普遍。这些下岗职工，受时代及环境影响多为人朴实且重视信用，但是受自身条件所限，生活水平又大多不高，多从事地边摆摊、经营小店或提供直接劳动方式获取报酬，一般年收入为四五万元，而又多处于子女读书、结婚或买房等开支旺季，较难有大额储蓄，一次性补缴困难，但具备分期还款能力，是非常典型的符合微贷理念但被传统贷款严重边缘化的客户。基于惠民微贷业已产生的品牌效应及 AFR 微贷项目组在浙江开化农信联社"收破烂老太养老保险费"案例启发，2017 年 6 月中旬，小微贷事业部成功创新推出"惠民微贷—养老公益贷"（简称惠民养老贷）产品并制定了《惠民微贷—养老公益贷款管理办法》（详见附录 10），专门解决城镇下岗失业职工的社保缴费难问题。该业务自推出之日起,就得到了社会各界的高度关注和广泛好评,济宁市人民银行、临沂市人民银行领导先后到 X 农商银行进行了专项调研,并将"惠民养老贷"作为当前金融机构"关注民生、践行普惠金融"的一项重点工程向省人民银行报送了专题信息。产品推出仅 6 个月,小微贷事业部陆续为符合条件的 32 户家庭办理养老贷款,累计金额 142 万元,其中单笔最大金额 7.4 万元,最小金额仅 6000 元。至 2019 年年底,"惠民养老贷"累放 565 户社保缴费困难家庭,提供专项资金 3425 万元,间接受益近 2000 户。"惠民养老贷"的推出,既解决了广大下岗职工的燃眉之急,让他们感受到了社会关爱并重拾生活信心,同时向社会各界展示了 X 农商银行成功改制以后牢牢坚持"四个面向"市场定位,肩负社会责任、奋勇前行的新形象、新风貌;更让全行员工切身感受到"穷人的信用值得信赖"的道理,深受客户、地方政府好评。与此同时,在 2017 年 11 月开展的为期 6 天的"清收风暴、诚信 X 县"不良贷款清收活动中一期、二期微贷培训生的优秀表现得到全行员工的高度认可并为全行年轻的员工、同事带来了良好的示范效应。6 天的集中大规模清收中,一期、二期培训生在总行相关部门的统一布署领导下,与相关部门领导、员工一起深入各类不良贷款户居住场所,综合运用微贷培训时所学到的语术、扫街营销沟通技巧、现场双人调查技术,对不良贷款户动之以情、晓之以理,有效震慑了一批不良贷款户,在净化了社会信用环境的同时,也对个人微小贷款的贷前调查、贷中审查、贷后维护等工作有了更深刻的认识。

　　小微贷事业部"惠民微贷""惠民养老贷"无抵押、软担保贷款业务稳健推进的标杆示范效应不断显现,微贷理念、微贷技术、"六不准"铁纪律、规范服务深入人心,客户经理尤其是新入职的客户经理对信贷及岗位的认知发生了根本改变,全行客户经理"惜贷、恐贷、惧贷"心态有所缓解。客户信息建档进展迅速,不良清收效果明显,信贷结构调整成效初显。至 2017 年年底,全行实体贷款余额 22.05 亿元,扭转了 2015 年和 2016 年连续下跌的态势,实现较年初增幅 19.36%,其中个体工商户纯信用经营性贷款实现零的突破,达到 2668 万元,占比 1.21%。

(三)三期、四期微贷中心自主培训与业务融合发展

三期及后续微贷培训是 X 农商银行小微贷事业部依靠内训师开展的自主微贷培训,进一步检验并完善了该行"1+1+1+N"微贷培训模式。同时该阶段也是 X 农商银行微贷业务快速发展、微贷与普贷等业务融合发展的重要阶段。

1.2018—2019 年度学习培训

2018—2019 年,X 农商银行相继独立完成了三期和四期培训计划,53 名员工如期结业(三期培训生 25 名,四期培训生 28 名);为期 2 个月的五期预培训也于 2019 年 11 月 26 日完成,择优选拔的 30 名员工(临柜 20 名,2019 年入行大学生 12 名员工,有转岗需求的劳务外派员工 8 名)于 2020 年 3 月正式开班;其间受浙江大学 AFR 微贷项目组委托,浙江大学与 X 农商银行签订正式科研合同并支付专项项目资金,委托 X 农商银行小微贷事业部内训师组织开展了对甘肃庆阳瑞信村镇银行"1+5"6 名 AFR 微贷项目培训生、山东平邑农村商业银行股份有限公司"1+5"6 名 AFR 微贷项目培训生封闭实习指导两周。实习期间,X 农商银行小微贷事业部内训师在 Z 农商银行实习期间受训经验的基础上,据培训生的实际情况从严按照实习合同、实习协议、实习考核办法要求圆满完成各项实习任务(相关管理制度类似于附录 6)。通过两次指导其他单位 AFR 微贷项目培训生实习,积累了丰富的内训、外训的本土化培训素材与培训经验,X 农商银行内训师的培训能力得到较大提升,一支由 10 多名"能战能师"的内训师组成的队伍基本形成。

自 2016 年 5 月与浙江大学开展合作以来,X 农商银行全力推动微贷培训系统化建设工作,连续开展含第五期预培训在内的五个期次为期 3 年的持续化、系统化培训工作,逐步建立起了以微贷培训为主体、各岗位员工全面参与的不脱离本岗位的本土化培训流程体系。截至 2019 年年底,全行已有来自柜员、客户经理、大堂经理和部室科员等 6 类岗位人员以及包括会计主管、业务行长和支行行长等在内的中层管理岗位共 136 名员工参加了学习培训,其中已结业 85 人(含五期预培训 51 人)。一至四期培训结束后,已有 33 人完成转岗,其中 20 人由内勤岗位转至客户经理岗位,8 人由一般人员提升为中层副职管理岗位,5 人提升为中层管理

岗位。经过 AFR 微贷项目的系统培养,全行员工对参与 AFR 微贷项目培训的积极性高涨,对信贷客户经理岗位的认知也发生了根本性改变,员工整体职业心态、敬业精神与工作能力均有了明显提升,客户经理放贷唯抵押及"惜贷、惧贷、恐贷"情况得以根本扭转。

2.业务发展情况

继 2016 年年底小微贷事业部成立、"惠民微贷"业务运营以来,2017年和 2018 年两年多的"1+4"人员架构运营卓有成效,4 名微贷客户经理具备了一定的"能战能师"素养为进一步推进微贷业务规模发展,提升内训师素养,扩大内训师队伍,于 2019 年 8 月份开始,X 农商银行小微贷业务由过去的"1+4"模式升级为"1+4+5模式",即"1 名机构负责人+4名微贷客户经理+5 名见习客户经理"。[①] 至 2019 年年末,3 年时间,累计拓展有效个人客户 1379 户,放款 17644 万元,户均贷款 12.79 万元,有余额客户 1077 户、余额 8812 万元,业务涉及超市百货、农资购销、居民服务和运输物流等多个行业。所有发放贷款中,信用贷款累放 335 户,占累放贷款户数的 24.29%,累计金额 1465 万元;10 万元(含)以下贷款累放1204 户,占累放贷款户数的 87.31%,累计金额 9125 万元[②](见表 6-2)。

表 6-2　微贷客户经理业务状况

(截至 2019 年 12 月底)

姓名	业务开展时间	累计发放户数/户	累计发放金额/万元	有贷款客户数/户	贷款余额/万元
A1	2016-12-19	274	3366	199	1329
A2	2016-12-19	356	4500	250	1999
A3	2016-12-19	290	4455	222	1876

---

①　3 人为微贷一期培训生;1 人为二期培训生,2017 年 11 月加入团队;2 人为 2019 年1 月加入团队(三期);3 人为 2019 年 7 月加团队(三期)。C1、C2、C3、C4 和 C5 等 5 位三期培训生 2020 年上半年业务进展顺利,基本完成了微贷客户经理与内训师角色的转变,为一期、二期培训生调任更重要的岗位打下了坚实的基础。

②　截至 2018 年年底,4 名客户经理累放 724 户,累放金额 8872 万元,户均 12.25 万元,其中信用贷款 182 户(25.14%),10 万元(含)以下贷款 563 户(77.76%),金额 3462 万元,业务涉及超市百货、农资购销、居民服务和运输物流等多个行业。所有发放贷款中,86.43% 的客户采取信用或亲情贷方式办理,90% 多系扫街获得,65% 为平生首次获得正规金融服务的原生态客户。

续表

姓名	业务开展时间	累计发放户数/户	累计发放金额/万元	有贷款客户数/户	贷款余额/万元
B1	2017-11-01	266	3435	223	2101
C1	2019-01-24	61	425	58	349
C2	2019 01-24	91	798	84	581
C3	2019-07-16	13	85	13	77
C4	2019-07-16	13	417	13	345
C5	2019-07-16	15	163	15	155
合计		1379	17644	1077	8812

注:A1 客户经理 2019 年 8 月—2019 年 11 月休产假,2019 年 12 月 31 日因照顾家庭等原因调出 X 农商银行,3 年多时间较好地践行了一期微贷培训生承诺书中规定的相关职责。

经过一至四期的微贷培训,共有 85 名员工得到系统内训,他们遍及全行各个部室、分支行各个岗位,其中在岗的信贷客户经理队伍中绝大多数得到为期 9 个多月的系统培训,总行部室中 4 名正职或副职、分支行年轻的行长或副行长均全程参加了培训,"惠民微贷"及其相继研发推出的"惠民养老贷""惠民医保贷""惠民务工贷""惠民装修贷"惠民系列产品深受百姓欢迎,"简单、方便、快捷、有尊严"的服务理念与服务规范深入人心,赢得了广大客户的高度认可,全行各项业务得以稳健发展,信贷结构持续得以优化。截至 2019 年年末,各项存款余额 66.15 亿元,较年初增长 6.43 亿元,增幅 10.77%,存款市场份额 29.56%,较年初提升了 0.31 个百分点,新增存款市场份额 32.8%,存款市场占有率与新增市场份额均居 X 县第一位;实体贷款余额 32.44 亿元,较年初增长了 6.37 亿元,增幅为 24.43%,居济宁市第一位;五级不良贷款余额 10921 万元,不良贷款占比为 2.61%,全年累计清收处置表内不良贷款 7254 万元;2019 年实现拨备前利润 8410 万元,净利润 2991 万元,上缴利税 2001 万元;拨备覆盖率 148.28%,高于监管要求 8.28 百分点,资本充足率 11.92%,高于监管要求 1.92 百分点。在 2019 年度山东省 110 家农信法人机构考核中,排名由 2016 年的第 104 名上升为第 12 名,提升了 92 个位次,并先后被授予省级精神文明单位、省级先进基层党组织、全国巾帼文明岗、全国十佳绩效管理先进单位等荣誉称号,开创了业务发展、管理提升和品牌打造等齐抓共赢的良好新局面。

三、"惠民微贷、普通贷款"融合发展

"惠民微贷""普通贷款"等业务的融合发展是 AFR 微贷项目发展的重要阶段和 AFR 微贷项目三大功能定位的最终现实体现，也是农商银行引进发展 AFR 微贷项目的初心与目的所在。因种种原因，现有合作的 10 多家农商银行融合发展状况与浙江大学 AFR 微贷项目组、项目合同所设想的相去甚远，"微、普"融合发展进程与效果远不及合作项目中的村镇银行。① 相对而言，10 多家合作的农商银行中，X 农商银行在 AFR 微贷项目运营的第三阶及后续发展中员工岗位融合、部分部门的业务融合、某些制度融合等方面进行了一些有益的尝试并取得了一定的成效。

（一）AFR 微贷培训生良好的表现有效地促进了"微、普"岗位的融合

截至 2019 年年底，AFR 微贷项目培训已完成四期，其中第三、四期系由 X 农商银行微贷团队独立自主完成，共有 85 名员工培训合格，占全行员工 28.43%，其中已有 40 人完成转岗，25 人由内勤岗位转至客户经理岗位，8 人由一般人员提升至中层副职管理岗位，5 人提拔为中层管理岗位。85 名培训合格的员工遍布银行各个岗位，以"六不准纪律""主动营销式服务""贷不贷看人品、贷多贷少看还款能力"及"改变不了别人改变自己"等一系列实实在在的微贷服务理念和服务规范，有效地带动了全行年轻员工重塑"三水精神"和"挎包精神"等主动作为、敢于担当、廉洁自律的优秀企业文化。经过微贷培训走上全行各个工作岗位的培训生在实践中成长更为迅速，他们立足本职扎实肯干，在全行组织的"春天行动""网格化营销""赢在金秋""清收风暴"和"整村授信"等各项活动中更是敢于拼搏、佳绩频传，用真干、苦干和实干摔打出了　支作风优良、能打敢拼的农商银行青年员工队伍，为全行的业务发展奠定了坚实基础，其中有 82 人次先后荣获县级先进个人、业务标兵等荣誉称号，7 人获

---

① 据 AFR 微贷项目组长期跟踪台州银行 IPC 微贷项目运营及后续的发展，认为农商银行之所以出现这样的状况，主要原因有：高层的稳定性；农商银行发展时间长，固有的经营习惯改变难；董事会与经营层目标协调难；融合发展涉及部门、人员多经营层，潜在风险大。Y 村镇银行"微、普"融合发展在制度、部门、人员、业务等方面则较为彻底。详见下节内容。

得市级先进工作者荣誉称号,并从根本上改变了过去员工不愿干、不敢干客户经理工作和受限于自身能力干不了客户经理工作的问题,经过微贷培训的广大青年员工活跃在支农、支零、支小一线,为 X 农商银行持续做实业务本源注入了强大的活力。

(二)光明路分行"微、普"业务融合初显成效

2016 年 12 月 19 日,X 农商银行小微贷事业部"1+4"架构成立,"惠民微贷"进入试营运阶段,"1+4"团队坚守"六不准"铁纪律,坚持常态化扫街,着力寻找原生态客户,业务发展顺利。至 2017 年 12 月底,累放"惠民微贷"350 户,累放金额 2709.88 万元,户均 7.74 万元,其中纯信用贷款户占 50%,其余全为亲情担保,近 70% 为首次获得银行贷款的原生态客户,余额 2037.79 万元,人均日均贷款余额达到 500 万元提前半年进入部门业务融合发展阶段。2017 年 3 月,小微贷事业部更名为 X 农商银行光明路支行(微贷专业支行),继续承载践行"全行客户经理培训、原生态客户发掘与孵化、支农支小产品服务创新试验"三大功能定位。信贷业务方面,在新增贷款客户中"惠民微贷"客户占比不低于 60% 的前提下,微贷客户经理贷款业务开放,进入"微、普"融合发展阶段。2017 年年初,"1+4"团队与 X 县社保局等部门联手共同推出一款旨在解决下岗失业职工社保缴费难问题的创新型金融产品"惠民养老贷",其贷前、贷中、贷后等流程,服务规范与纪律,授信额度与还款方式与"惠民微贷"基本相同,至 2019 年年底已为全县 565 户社保缴费困难家庭提供专项资金支持3425 万元(近 2000 户家庭间接受益),其中单笔最大金额 8 万元,最小金额 9000 元。惠民养老贷的成功推出既解决了广大下岗职工的燃眉之急,又让他们感受到了社会关爱并重拾生活信心,同时为政府解决了难题,为困难群众送去了金融温暖,得到了社会各界的广泛赞誉。此外,2018年以来,"1+4"团队先后与县人社局、医保局、个体工商户协会等部门合作推出"惠民劳务贷""惠民医保贷""惠民装修贷"等系列民生型贷款产品,"惠民微贷"的服务理念、服务技术、服务规范广泛又深度地融入了百姓生活中。

(三)"微、普"业务部分制度融合初步得以试验

"微、普"业务融合的持续深化推进及 AFR 微贷项目功能定位效应

的显现离不开相应制度的支持和保障。同合作单位中的 10 多家农商银行一样，X 农商银行"微、普"业务融合发展中涉及的制度融合也多体现在个别制度方面的修补与完善上。例如，为了充实客户经理队伍、强化提升服务微弱客户的质量与水平，先后对以下制度进行了修补或完善：《信贷客户经理后备人员管理办法》中增加了"必须全程参加为期 9 个月的微贷项目兼职培训且考核合格"条款；《信贷客户经理绩效考核办法》中"消费贷款权重降低，原生态客户、银行首贷客户权重提高，抵押、担保贷款权重降低，纯信用贷款权重提高"等；为了维护并进一步激活经过微贷培训新入职的客户经理"简单、方便、快捷、规范"的微贷服务理念，快速推进整村授信进程，有效提升整村授信经济效益，结合"惠民微贷"产品服务理念与技术先后制定下发了《X 农商银行"增户扩面、提质增量"阳光送贷活动实施方案》《操作手册》《营销话术》和《明白纸》等制度办法，取得了良好的效果。

四、简要小结与展望

X 农商银行所在的 X 县紧邻革命老区，是个典型的农业经济主导的欠发达地区。AFR 微贷项目启动前的 2015 年年底，全县总人口 54.72 万元，农业人口占比近 60%，地区生产总值 162 亿元，一般公共预算收入 8.87 亿元，城乡居民人均可支配收入分别为 19368 元、9495 元，全县金融机构存款总额 139.09 亿元，贷款总额 83.36 亿元。自 2016 年 5 月 21 日 X 农商银行 AFR 微贷项目启动以来，经历了 2 两年合同合作期和近 2 年跟踪服务。得益于银行中高层的持续支持和全体员工尤其是一至五期微贷培训生的坚持与坚守，在微贷理念与技术固化、自主复制及"微、普"融合发展中取得了一定的成功，促进了 X 农商银行客户经理队伍结构、信贷结构优化调整，辖区内微小企业、个体工商户、农户基本金融服务得到较好的满足，X 农商银行的综合实力得以明显提升，全省 110 家农商银行统一考核排名中由 2015 年的第 106 位上升到 2019 年的第 12 名；贷款余额由 2015 年年底的 23.64 亿元提升到 2019 年年底的 41.82 亿元，纯信用贷款占比由 0 提升到 3.47%。该项目较为成功的运营为浙江大学 AFR 微贷项目组持续运营积累了宝贵的经验，相信对全国其他欠发达地区的农商银行发展也有一定的借鉴意义。

（一）简要小结

近4年的AFR微贷项目合作期间，作为农业经济主导的欠发达地区的农商银行，X农商银行从全省综合排名末位跃升为全省排名前列，从AFR微贷项目组运营的角度分析，有以下几点做法或经验值得关注。

1.打造了较为成熟的"1＋1＋1＋N"本土化内训模式

"1＋1＋1＋N"内训模式，即"'劳模与工匠人才创新工作室'指导＋微贷团队主导与实施＋内训师具体带教"的师徒式传帮带内训模式。该模式形成于2016—2018年浙江大学AFR微贷项目组开展的X农商银行微贷项目的微贷一期固化培训、微贷二期自主复制培训与业务小规模运营、微贷三期独立培训与"微、普"融合发展基础上，其间在浙江大学AFR微贷项目组下发的约40万字培训资料基础上，通过一期、二期和三期培训生固化、本土化与优化等阶段学习与实践，精编约200万字有关市场拓展、新员工与微弱客户互动成长、内训管理等方面的本土化培训材料；发展完善于2019年启动的四期、五期培训与"劳模与工匠工作室"创建中。在A省工会、省联社《A省农村信用社联合社工会委员会关于组织开展"劳模（先进工作者）创新工作室"创建活动的通知》（A农信联工〔2019〕12号）鼓励下，2019年年初，银行党委组织团队启动了这项工作并借此大力弘扬劳模精神、劳动精神和工匠精神，激发员工立足岗位、敬业奉献和创新创造的活力，2019年8月获此殊荣（全省金融系统中唯一一家以员工内训与服务微弱客户为主体内容的小微银行法人机构）。"1＋1＋1＋N"中的第1个"1"即为"劳模与工匠人才创新工作室"，第2个"1"即为AFR微贷项目组与X农商银行共同打造的微贷团队，第3个"1"即为严格选拔出来的优秀微贷客户经理兼职的内训师，"N"即为微贷培训生。全程为不脱岗兼职培训，内训生、培训生全是利用工作之余完成为期9个月的理论与实践培训，经过四期、五期的试验与完善，基本形成了具有内生动力的员工本土化兼职培训体系，磨炼打造出了一支"能战能师"的具有较高敬业精神、专业水平与工匠精神的内训师队伍。

2.优化了员工队伍，累积了客户资源

在一至五期的微贷培训中，先后有100多名不同岗位的员工全程参加了为期9个月的理论与实践内训。理论培训期间，培训生们系统地进行了"常态化的扫街营销,规范的贷前、贷中、贷后调查"等互动式学习,结合行业经典案例进行专题互动式研讨;实践培训期间,跟踪内训师全流程反复实战演练扫街获客、眼见为实交叉检验、自编报表等客户沟通技巧和信息获取、识别与处理技术。截至 2019 年 12 月,X 农商银行客户经理队伍中近 90％经历了系统的内训,客户经理队伍中有 10 位女性客户经理,实现了零的突破,客户经理队伍结构得以明显优化。择优转岗的新信贷客户经理或在岗培训的原信贷客户经理的综合业务素质均得到了根本提升,2016 年前后银行内部普遍存在的恐惧客户经理岗位、唯抵押担保、惧怕信用贷款的现象得以根本改变,为 X 农商银行持续做实"面向'三农'、面向社区、面向中小微企业、面向县域经济"市场定位与回归农商银行业务本源注入鲜活的动力,信用贷款占比由 2015 年年底的 0提升到 2019 年年底的 3.47％。截至 2019 年 12 月,仅"1＋5"微贷团队 3年时间内累放无抵押、软担保的个体工商户、微小企业等微弱客户经营性贷款 1379 户,累放金额 17644 万元,户均 12.79 万元,不良率为 0。发放贷款中涉及超市百货、农资购销、居民服务和运输物流等众多行业,从未获得银行贷款的原生态客户占比达 60％且遍布县域各个行业各条街道,大约 80％的原生态客户续贷成为农商银行的忠诚客户并在亲朋好友圈、上下游生意圈产生了良好的示范带动效应。

3. 收获了富有理论与实践意义的本土化素材

X 农商银行所在的 X 县紧邻革命老区,是个典型的农业经济主导的欠发达地区,2016 年合作之初的 X 农商银行在全省 110 家农商银行中排名第 106 名,属典型的落后行社。X 农商银行项目合作发展的经验对AFR 微贷项目组持续发展与我国其他欠发达地区的农商银行回归业务本源具有一定的借鉴意义。第一,对新生代员工占主导的农商银行而言,本土化的"1＋1＋1＋N"内训模式及内训经验可以弥补新生代员工成长中因离村、离土渐渐缺失的微弱情怀,有效地促进了年轻的新生代员工由稍显被动的"支农支小"较快地升级到富有微弱情怀的"知农知小"与"支农支小"和谐统一。第二,积累了新生代员工与新生代客户互动成长案例、微弱行业批量业务发展经验等本土化内训资料。得益于银行中高层持续有力的支持与微贷客户经理的坚持与坚守,X 农商银行 AFR微贷项目在项目发展的第二、三阶段较好地践行了 AFR 微贷项目的三大功能定位,尤其是对"原生态客户经理培训培养功能、原生态客户挖掘与孵化功能"的坚守,涌现了一批优秀的年轻客户经理和相伴成长的忠诚客户,由此总结了近百万文字的互动成长经典案例和行业发展报告。第三,"微、普"融合经验值得进一步总结与推广。对广大的农商银行而言,先进的微贷技术从不缺少,缺的是微贷技术的本土化、优化及"微、普"融合发展经历与经验。AFR微贷项目已合作的10多家农商银行中,因种种原因也只有X农商银行等为数不多的几家合作单位,在项目发展的第三阶段克服重重困难在部门、制度及员工等方面的融合进行了有益的尝试并取得了积极的效应,弥足珍贵。

4.提供了"浙江台州小微金融改革试验区"经验复制、落地欠发达地区小微法人银行的样本

全国小微看浙江,浙江小微看台州。2015年12月2日,国务院常务会议决定,建设浙江省台州市小微企业金融服务改革创新试验区。基于原有民营经济的先发优势和发展经验,走出了一条具有台州特色的发展路子,创造了以"民营主导+政府推动"为主要特征的"台州现象"。近年来,在相关政策的推动下,台州的金融业已逐步探索出一套独具特色的服务小微企业的"台州模式",尤其是台州银行、泰隆银行和民泰银行三家城商行的小微贷款技术与服务模式能否成功复制推广到全国其他地区,成为台州小微企业金融改革试验区的重要内容。自1998年以来,浙江大学微贷项目组的主要成员一直与浙江台州银行等多家地方小微法人银行合作,见证了台州银行的发展壮大全过程。尤其是2005年以来全程跟踪服务IPC微贷技术本土化、优化发展过程,积累了丰富而实用的微贷发展运营经验。"AFR微贷"便是在浙江台州多家小微法人银行合作中系统总结IPC微贷技术本土化、优化及融合发展的基础上产生的,浙江大学AFR微贷项目成功落地、生根X农商银行,证明了"浙江台州小微金融改革试验区"的核心经验之一——以3家城商银行为核心的微小贷款技术——可以通过第三方机构落地欠发达地区的小微法人银行,具有可复制性。

(二)进一步发展展望

在浙江大学AFR微贷项目组合作的10多家农商银行中,邻近沂蒙

山革命老区、农业占主导地位的经济欠发达地区的 X 农商银行虽获得一些成功并累积了农商银行回归本源的些许经验,但与 AFR 微贷项目组的预期还有一定的距离,X 农商银行微贷业务、"微、普"融合发展提升的空间仍十分广阔。下面几个方面或许值得进一步探讨与试验。

1.分层、分级内训有待进一步探索做实

迄今为止,X 农商银行为了建设与优化信贷客户经理队伍,面对年轻员工、较年轻的在岗信贷客户经理进行了微贷培训并形成了较为成熟的"1+1+1+N"内训模式。坦率地说,目前所做的内训还是较为粗糙的,培训内容也较为单一。非客户经理岗位的员工或经过微贷培训因种种原因从事其他岗位的员工如何融入微贷要素进行相应岗位内训,前期经过培训转岗的信贷客户经理后续提升性内训如何展开,内训师如何适应中、高级内训需求,类似这样的问题已成为亟待认真研究与化解的瓶颈。

2.微贷团队日常监督须一如既往地做实做好

微贷团队员工普遍较为年轻,社会经验不足,面对的客户又是被传统金融服务边缘化的微弱客户,服务过程中坚守"风骨与柔情"并存的职业操守尤为必要且十分重要,同时微贷团队又是肩负着全行"客户经理培训、微小客户挖掘与孵化、支农支小产品与服务创新试验"等重任,荣誉与压力并存。X 农商银行 AFR 微贷项目启动至今,高管队伍稳定,微贷团队内部管理与风险防控富有成效,内训师行为及业务发展正常,但 AFR 微贷项目合作单位中因高管频繁更换、相应配套制度缺失等原因,以及内训师团队负责人存在违规、违纪甚至违法行为,极大地阻碍了后续的"微、普"融合发展,微贷团队负责人的推荐、筛选、培养与关爱、监督至关重要。AFR 微贷项目的预培训阶段,银行党委向项目组推荐的团队负责人的品行、职业操守等综合素质往往决定了整个项目运营的成败。浙江大学 AFR 微贷项目组 6 省 16 家合作单位经验表明,2 年合同合作期结束后的第 3 年至第 4 年是风险高发期,16 家合作单位中就有 3 家农商银行微贷中心主任在这段时间因严重违反信贷纪律而被降职或劝退。而 X 农商银行"惠民微贷"及"惠民"系列产品的研发与成功运营也得益于向善向上、忠于职守、勇于拼搏、团队一致的微贷队伍,更是离不开团队负责人的守规、守纪、守职业底线与尽心尽责的坚持与坚守。毫无疑问,X农商银行全体员工的支持与银行相关部门一如既往的适度监督与关爱同样至关重要。

3."微、普"融合发展的空间广阔

客户的分类管理与信贷客户经理的分级管理中微贷元素如何体现在总行级的绩效考核、员工晋升的相关制度中,值得关注与研究(如众多优秀的地方小微法人银行明确规定,经过微贷培训合格的刚入职的原生态客户经理必须做实一定量的原生态客户,不同级别客户经理的客户类型、贷款方式及其业务占比等有一定的要求);微贷业务,"微、普"融合达到一定水平并得到辖区内百姓广泛认可形成品牌后,深度拓展并做实"一镇一品一专业团队""行业批量业务"以提升微贷收益,同样值得期待;AFR微贷项目的运营与经过培训的年轻客户经理的进入,信用贷款发放虽有突破且逐年增加(2015—2019年纯信用贷款余额分别为0元、293万元、2668万元、8136万元和14456万元,主要为微贷团队发放),但即使是大发展的2019年,其2.37%的占比依然远低于浙江农信20%的平均水平,提升空间广阔,亟待出台相关制度进一步约束或激励经过培训且走上普通客户经理岗位的客户经理;服务好个体工商户等需要提升综合服务的水平,这不仅需要"简单、方便、快捷、有尊严"的规范化服务,更需要行业专业技术与制度的支撑。提供专业专家型与规范化的服务,可以赢得了客户的信赖。AFR微贷项目的一家合作单位的客户一部、二部、三部从2017年年初开始探索三个村镇的"村居、橱柜、挖掘机、铝合金、食品"行业贷款批量业务,两年时间,三个部门的行业贷款从零开始,均达到了5000万元至1亿多元不等,不良率在0.2%左右。做实村居贷批量业务,做实民生性行业贷批量业务是小微法人银行近些年纵深推进"微、普"融合发展、深度拓展市场、提升微贷效益的重要路径之一,其前景与空间十分广阔。当然其成功的必要条件是,做行业贷款批量业务的客户经理须在坚持规范服务的前提下真正成为行业专家。此外,微贷业务、"微、普"融合发展到一定程度后,微贷业务的绩效考核与风险把控等制度也是需要关注和研究的。

第二节 Y 村镇银行"好邻居微贷"创新与发展

自 2007 年首家村镇银行成立,到 2018 年年底,村镇银行数量已达 1616 家,从业人员 8 万余人,村镇银行资产规模 1.51 万亿元,负债规模 1.33 万亿元。历经 10 余年的发展,村镇银行提高了农村金融网点覆盖率,切实解决了一部分农户和微小客户的贷款需求,促进了农村金融市场的同业竞争,活跃了农村金融市场,对控制农村民间借贷、稳定农村金融市场发挥了积极的作用,成为新型农村金融机构中一股不可或缺的力量。同时值得注意的是,2017 年以来,村镇银行因"偏离主业、违规经营"被银保监会处罚的事件时有发生;2018 年出现的多家主发起行打包"甩卖"或"清仓"村镇银行股权及 2018 年原银监会发布的《关于开展投资管理型村镇银行和"多县一行"制村镇银行试点工作的通知》更是激起了人们对村镇银行发展前景的怀疑与讨论;与此同时,有不少村镇银行发展目标不清、市场定位偏离、管理服务欠规范、专业性人才匮乏、吸储难、精准放贷难、盈利难、不良率偏高、抗风险能力弱等诸多现实困境已成为可持续发展中难以回避、亟待化解的障碍。

本书展示的 B 省 Y 村镇银行地处我国中部的一个欠发达县域,并不具有良好的先天优势,但它却在坚持"支农支小"本源市场定位,精耕社区市场,引进 AFR 微贷项目并成功实现 AFR 微贷理念与技术本土化,员工内训与人才培养机制建设,强化"微存款、微贷款"融合发展,做实行业以强化业务批量发展与整体交叉营销等方面取得了骄人的业绩,并一直处于我国优秀村镇银行行业前列,相信 Y 村镇银行这些经验对经济社会步入新常态的我国村镇银行的可持续发展具有有益的借鉴与参考意义。

一、Y 村镇银行 AFR 微贷项目启动背景

Y 村镇银行位于我国中部地区 B 省 S 县,辖区总面积 1728 平方公里。2019 年年底,人口 64 万,下辖 16 个镇,5 个乡,共 189 个行政村,31 个居委会。S 县人均生产总值 33793 元,全年农村居民人均可支配收入

15424 元,城镇居民人均可支配收入 31773 元。年末金融机构人民币各项存款余额 298.65 亿元,各项贷款余额 226.34 亿元。

S 县 Y 村镇银行成立于 2011 年 11 月,按照中国银行业监督管理委员会关于印发《村镇银行管理暂行规定》的通知(银监发〔2007〕5 号)的要求,是由上绕银行作为主发起行设立的第二家村镇银行。截至 2019 年年末,Y 村镇银行股本总额 11319 万元,共有 27 名股东:其中上绕银行为唯一的商业银行股东,持股比例 32.08%;企业股东 2 名,持股比例共计 12.99%;行内员工股东 7 名,持股比例共计 6.19%;其他自然人股东 17 名,持股比例共计 48.74%。下辖综合、风控和客户管理 3 个职能部门,下设 5 个客户分部,5 家支行(其中乡镇支行三家),1 个分理处;共有员工 89 人,平均年龄 27 岁,员工的年轻化、本土化特征明显。截至 2019 年年末,Y 村镇银行资产总额 31.1 亿元,其中各项贷款余额 20.95 亿元,经营性贷款余额 15.11 亿元,调整后存贷比为 74.84%,涉农贷款 18.94 亿元,占比 90.4%,农户及小微企业贷款 20.5 亿元,占比 97.85%,经营性贷款户均 44.74 万元;各项负债总额 28.21 亿元,其中各项存款 26.79 亿元;资本充足率 16.4%,流动性比率 158.53%,拨贷比 2.9%,拨备覆盖率 327.56%,不良贷款率 0.88%,资产利润 2.23%。主要监管指标达到或超过一级标准,各项经营指标均达到或超过优秀银行标准,Y 村镇银行已成为 S 县金融业一支重要的生力军,成为全国优秀村镇银行。

Y 村镇银行虽在社区银行、微存款、文化建设、员工内训与管理等方面取得了骄人的成绩,但追溯至 2014 年 10 月中旬 AFR 微贷项目启动之初,如众多其他村镇银行一样,也面临诸多潜在的问题和挑战。

(一)存款营销扎实有效,微贷营销须加强

自 2011 年成立之初,Y 村镇银行就将自身定位为"服务'三农'、钟情社区、关注小微"的草根银行和社区银行,并持续通过扎实的社区活动,在微存款业务方面独具特色并卓有成效,草根银行和社区银行定位在存款业务方面得到较好的体现。2014 年全年开展 1034 场社区活动,其中:大型活动 8 场,中型活动 54 场,小型活动 972 场。2012 年起连续 3 年存款余额、存款户数持续高速增长,户均存款余额明显下降(见表 6-3)。2014 年年末,Y 村镇银行各项存款达 74007.38 万元(其中储蓄存款占比

87.40％),较上年新增 25076.44 万元,完成年计划的 139.31 ％,存款余额接近成立之初的 3 倍;日均存款 74752.76 万元,较上年增长 26410.87 万元。与高质量的存款余额快速健康增长相比,贷款中微小贷款占比及其增长速度却不尽如人意(见表 6-4)。2014 年贷款余额较 2012 年增长 148％,与同期存款余额增幅 168％相比,基本协调、合理,但 30 万元及以下贷款却增长缓慢,仅从 2012 年的 3.14％增长到 2014 年的 11.58％,虽逐年有所提高,但占比及增速明显偏低。尤其值得关注的是,其中的信用贷款一直为零(见表 6-4),亟待强化微贷款营销,提升微贷款业务增长速度及微贷款占比。

表 6-3　Y 村镇银行 2012—2014 年户均存款规模

年份	年末存款余额/万元	存款总户数/户	户均存款余额/万元
2012	27645.35	5848	4.73
2013	48930.94	15800	3.10
2014	74007.38	29555	2.50

数据来源:根据 Y 村镇银行调研数据整理。

表 6-4　Y 村镇银行 2012—2014 年贷款结构分析

年份	年末贷款余额/万元	户均/万元	不良率	存贷比	30 万元(含)以下占比	纯信用贷款/万元
2012	20591	108	0	74.48％	3.14％	0
2013	29557	91	0	60.41％	8.12％	0
2014	51056	62	0.06％	68.99％	11.58％	0

数据来源:根据 Y 村镇银行调研数据整理。

(二)信贷业务增长较快,潜在风险大结构须优化

自 2011 年 11 月 Y 村镇银行成立以来,存贷款业务得以快速发展。至 2014 年 12 月底,共有 58 名员工,平均年龄 26.5 岁,总存款 74007.38 万元,较上年新增 25076.44 万元;总贷款 54447.05 万元,较上年新增 17922.06 万元,户均 61.80 万元;资本充足率 17.04％,流动性比率 89.10％,不良贷款率 0.06％;2013 年、2014 年员工人均利润分别达到 19.57 万元、20.19 万元。整体而言,该行贷款资产质量、人均存贷款拥

有量、人均创利均处于同期同行领先地位,但从贷款业务结构微观指标看,该行可持续发展水平令人担忧(见表 6-5)。从户均贷款看,2012 年、2013 年、2014 年分别为 108 万元、91 万元、62 万元,虽逐年有所下降,但相对于注册资金仅有 6000 万元的中小规模的村镇银行而言,户均水平仍过高,尤其是 30 万元以下经营性贷款占比过少(2014 年仅占 11.58%、纯信用贷款连续 3 年均为零);从经营性贷款占比及其结构看,2012 年、2013 年、2014 年 3 年平均占比为 86.07%且从 2012 年的 92.90%下降到2014 年的 76.35%,总量偏低且呈现下降态势,经营性贷款中 100 万元以上、30 万～100 万元、30 万元及以下 2012 年、2013 年、2014 年 3 年年均占比分别为 56.96%、20.26%、8.85%,100 万元及以上大额贷款占比过高、30 万～100 万元及 30 万元及以下占比过低,结构性失衡较为严重;从贷款方式看,2012 年、2013 年、2014 年 3 年中抵押贷款均超过 60%,抵押贷款占比过高不仅盈利能力受限。更为严重的是对于一支平均年龄只有26.5 岁的队伍而言,过度依赖抵押发放贷款对年轻员工的成长极为不利。

表 6-5　Y 村镇银行 2012—2014 年经营性贷款结构分析①

年份	年末余额/万元	增长率	经营性贷款/万元	占比	100 万元以上	30 万～100 万元	30 万元以下	抵押贷款
2012	20591		19130	92.90%	70.02%	19.75%	3.14%	67.59%
2013	29557	54%	28997	98.11%	67.32%	22.67%	8.12%	73.09%
2014	51056	72.74%	38983	76.35%	45.70%	19.07%	11.58%	62.08%

数据来源:根据 Y 村镇银行调研数据整理(100 万元及以上、30 万～100 万元、30 万元及以下贷款占比针对所有贷款)。

---

① 表 6-3、表 6-4 中年末贷款余额=经营性贷款余额+非经营性贷款余额;100 万元及以上、30 万～100 万元、30 万元及以下之和等于经营性贷款;抵质押贷款、纯信用贷款占比针对所有贷款;100 万元及以上、30 万～100 万元、30 万元及以下贷款占比分别针对所有贷款。不难看出,Y 村镇银行的经营性贷款中,100 万元及以上贷款占比过高,30 万元及以下的经营性微贷款占比亟待提升。

（三）内训、内训师工作机制较完备，内训师综合素养、微贷内训亟待提升

　　Y 村镇银行自 2011 年 11 月成立以来，一直重视员工培训工作并努力结合社区银行理论开展社区实践活动。2014 年，对全行员工进行了前台业务、会计基础和信贷业务等培训，组织业务考试 11 场，开展 1034 场社区活动，其中大型社区活动 8 场、中型社区活动 54 场、小型社区活动 972 场，当时首办的端午节的"包粽达人大赛"和春末夏初的"广场舞大赛"、"暑期周周乐"等社区活动均成为如今深受百姓喜爱并产生广泛影响的常态化活动，被百姓亲切地称为"包粽子"银行，通过举办大、中、小系列社区活动，广大的年轻员工也得到了很好的锻炼。根据《内训师管理办法》，选拔出了优质服务方向、市场营销方向及会计业务方向的内训师，从制度和师资方面确保有效推动银行内训业务。Y 村镇银行内训多集中在非信贷部门，实际效果也较多体现在存款营销方面，贷款业务重抵押，30 万元及以下经营性微贷占比极低，甚至出现 2011 年 11 月开业以后 3 年多纯信用贷款为零的情况，其背后深层次原因还是与信贷客户经理产生、选拔、培训机制欠缺有关，信贷条线常态化的内训机制亟待建立，内训师综合素养亟待提升。前文已提及 Y 村镇银行乡镇网点空白、贷款业务结构失衡，其主要原因在于该行成立时间短，多是新生代员工，经历简单，天然缺失微弱情怀，"支农不知农、支小不知小"情况较为严重，2013 年前后又是我国经济快速增长时期，房地产及其相关行业信贷需求强劲，也吸引了贷款走向，该行信贷结构亟待改变与优化，亟须架构适应微贷款、经营性纯信用贷款的员工选拔、内训机制，打造一支"能战能师"的内训师队伍，确保微贷款客户经理常态化内训得以有效开展。

二、AFR 微贷项目运营概况与"好邻居微贷"的产生

　　Y 村镇银行 AFR 微贷项目启动于 2014 年 10 月 19 日，合同合作期 2 年，后续不定期跟踪服务，即在 2 年的合同合作期结束后，据该行 AFR 微贷技术独立复制及"AFR 微贷"与普贷等业务融合发展情况给予必要的支持与调研。Y 村镇银行 AFR 微贷项目主要经历了项目组主导的一期培训与"好邻居微贷"研发试运营，微贷中心主导、项目组支撑的二期

培训与"好邻居微贷"小规模运营,三期、四期微贷中心自主培训与业务融合发展三个阶段。①

(一)项目组主导的一期培训与"好邻居微贷"研发试运营

1.预培训(2014年10月19日至2014年11月18日)

经过广泛动员、公开报名,银行高管向项目组择优推荐了"4+23"(共27名预培训生,其中4名兼任小组长)并由项目组进行了为期一个月的预培训。"4+23"预培训生分成4个学习小组,每组6~7人,集中培训一天后要求每小组每周召开周例会并完成"扫街营销、资料学习、主题讨论、模拟调查报告、周记、会议纪要"等作业。预培训是个微贷理念、纪律、规矩导入阶段,以综合考察了解培训生学习主动性、进取精神、微贷兴趣、作业认真程度与完成质量以及小组长的组织协调能力。

2.未脱产正式培训(2014年11月30日至2015年4月10日)

一个月预培训结束后,浙江大学AFR微贷项目组基于银行人力资源及培训生意愿、各小组组长自荐、推荐等情况,重点考察预培训期间小组长、预培训生学习主动性、作业完成质量、进取精神、微贷兴趣、目前岗位、年龄及2014年10月19日下午笔试、面试表现等因素,在与实习指导单位浙江江山农商银行微贷中心3位同志充分讨论的基础上②,初步选定7名("1+6")培训生组成Y村镇银行浙江大学AFR微贷项目学习小组,组长暂由B1代理。后在与银行高管交流讨论后确定:增加一名具有一定信贷、管理经验的员工B2以普通培训生身份进入微贷学习小组并协助代理组长共同管理微贷学习小组,6个月左右的正式培训结束后,再据情况从中选定一名为微贷中心主任,培训生也接受了银行高管的建议

---

① Y村镇银行AFR微贷项目运营的三阶段主要过程与任务与X农商银行AFR微贷项目运营过程基本类似,本章节仅展示Y村镇银行一些不同的做法。与其他合作单位相比,项目启动时该行运营时间短,不足3年;员工年轻,平均年龄不足27岁,信贷经验不足;融合发展需求强劲。AFR微贷项目运营的第二阶段便在培训生招生、组织架构等方面着手融合发展的相关准备工作。该行AFR项目发展的三阶段时间跨度长达近4年,"三期、四期自主培训与融合发展阶段"是在合同合作期结束后1年进行的,相关内容合并到"三、'好邻居微贷、普通贷款'融合发展"章节。

② 浙江江山农商银行AFR微贷项目启动于2011年3月25日,是第一个启动AFR微贷项目的单位,AFR微贷项目的众多经验、制度等均源于此。

更换了一位、增加了一位,组成"2+7"AFR 微贷学习小组。正式培训期间主要完成了以下工作:微小贷款理念与技术固化、互动式培训、见习安排及首批微贷培训生脱产推选,按"人师"标准打造一支具备微贷自主复制能力和一定微贷业务开拓能力的团队;负责编写微小贷款技术培训资料,协助微贷产品开发与微贷中心组建(经过学习小组成员自行设计,周例会、月度例会讨论,全行公开征名与评比等环节,2015 年 3 月底行高层最终确定该村镇银行 AFR 微贷项目微贷产品为"好邻居微贷")(详见附录 11);负责指导微小贷款团队建设、微小贷款运营制度建设;形成具有自主学习、培训、产品研发和运营能力的微贷团队。经过近 6 个月的正式培训,绝大多数培训生基本适应了微贷培训学习节奏,完成了从怀疑到将信将疑再到深信不疑的转变,初步具备了"好邻居微贷"市场拓展能力与人师素养。某培训生①在阶段性小结中写道:"未脱产正式培训历时半年左右的时间,是一个技术固化的阶段。非常佩服浙江大学 AFR 微贷项目组的指导方法,它不是灌输式地机械地教我们完成贷款,而是以'人师'的标准来打造我们。'授之以鱼,不如授之以渔',AFR 微贷项目组老师给我们的是捕鱼的技术,而不是把鱼直接给我们。说实话,刚开始有点不能接受 AFR 微贷项目组老师的这种做法,我现在什么都不会,什么都不知道,干吗要我去尝试那些我不知道的东西,你直接告诉我该怎么去做呀。习惯了灌输式教育,一开始确实不太适应这样的教学方法。慢慢地,我习惯了这种做法,后来就变得欣赏、佩服了——扫街,是日常工作的重要组成部分,是获取微弱客户信息的重要渠道。由于之前微存工作营销的基础,走出去对我们来说不算太难,但是也会遇到吃闭门羹、客户不配合、排斥我们等很多情况。内心的强大,是自我信心提升的重要保障。"

3. 脱产实习阶段(2015 年 4 月 12 日至 2015 年 4 月 30 月)

基于 Y 村镇银行 AFR 微贷项目稳健有序运营及 S 县域微贷市场需求等因素,在充分尊重各位培训生意愿及江山农商银行微贷中心推荐意见的基础上,综合考虑正式培训以来各位培训生的周记、周例会纪要等

---

① 该培训生 2016 年年底成为客户三部团队队长,带领"1+3"团队率先攻关"铝合金、挖掘机、橱柜"行业批量贷款业务并取得良好的成绩,积累了宝贵的"微、普"融合发展经验并有效地促进了 Y 村镇银行行业批量业务与"微、普"融合的发展。

各项作业以及平时月度例会、周例会表现等因素,拟推荐 4 名培训生("1＋3")首期脱产并提请银行高层批准后赴江山农商银行微贷中心实习 3 周后直接进入 Y 农商银行微贷中心工作(拟安排在 2015 年 4 月 12 日至 4 月 30 日进行,较农商银行类合作单位延长了两周实习时间)。建议由协助代理组长工作的 B2 任微贷中心代理主任,除全面负责微贷中心日常管理、AFR 微贷项目相关工作外,须与微贷中心首批脱产的 3 位成员一起开展业务并进行相同标准的业务业绩考核,2015 年年底或 2016 年年初据成员业绩情况,由全程参与微贷学习的培训生竞聘产生微贷中心主任。① 实习期间,指导单位内训师认真指导,与 4 名("1＋3")培训生一道严格遵守实习纪律,按照相关实习计划与考核制度逐一完成实习任务与考核。实习期间,每位培训生按微贷 8 个流程逐一进行"1＋1"师徒式实战训练,4 名培训生扫街营销 64 人次,共获得有效客户信息 640 份,成功营销客户 5 户;参与调查客户 25 户,撰写调查报告 12 篇;参与贷后检查 16 户,参加周会 6 次,记录例会纪要 12 篇,上交周记 12 篇、心得 5 篇、周记 72 篇、实习小结 4 篇,参加理论测试 1 次。经 AFR 微贷项目组、Y 农商银行微贷中心联合考核,全部优秀,达到了预期效果。有位看上去给人感觉较为文弱,理论培训期间经常怀疑、纠结自己是否适合微贷工作的 1988 年出生的培训生②在实习小结中写道:"整个学习阶段我都很忐忑,不知道自己的选择对不对,不知道自己适不适合微贷……通过在 S 县 3 周的实习,让我取得了很大的进步,增强了信心。让我从刚开始调查时怎么问问题都不知道,到现在知道如何在调查中有效获得客户的各项关键信息。写调查报告也有了很大的提高,在交叉检验方面也有了自己的心得,各种检验也更具条理性,整个调查报告也有了清晰完整的思路。而(在)实习的三周里,我最大的收获就是理解了微贷一直强调

---

① 首批脱产名单公布后,未脱产的几位培训生情绪波动较大。原代理组长 B1、行政办公室某骨干员工退出培训并分别离开 Y 村镇银行(半年后一位返回单位重新参加二期培训,现成为行中层骨干),另外 3 名培训生也退出了后续微贷培训,这是其他合作单位从未发生过的事情,Y 村镇银行 AFR 微贷项目可持续发展受到了极大的挑战,也给 Y 村镇银行其他员工及部分中层带来了较大的负面影响。

② 该培训生在 2016 年年底"微、普"部门间融合后调入银行风控部工作并负责全行信贷条线内训工作,全程负责的独立开展的四期培训工作较为成功,五期培训已于 2020 年 7 月中旬开班。

'人师'的重要性,这也是微贷的最大魅力所在。因为在实习的 3 周里,我看到了前辈们认真工作的状态。更为重要的是,我看到了前辈们对微贷的认可和对我们的认真负责,他们用自己的实际行动告诉我们什么是'人师',告诉我们微贷是值得我们用所有的热忱去对待的事业。而且,这 3 周的实习为我们正式开始做业务做了一个很好的铺垫。"

4. 业务试运营及二期培训准备(2015 年 5 月 18 日至 2015 年 12 月 20 日)

浙江江山农商银行微贷中心封闭式实习 3 周返行后,经过系统调试、梳理、回访前期扫街所获得的客户等工作,2015 年 5 月 18 日,该行微贷中心正式进入业务试营阶段,人员架构设置为"1+3"。截至 2015 年 10 月 18 日,微贷中心累计发放"好邻居微贷"70 笔,累放金额 567.5 万元,户均 8.11 万元。其中,纯信用贷款 57 笔,道义担保贷款 13 笔,原生态(无银行贷款经历)客户 29 户,占比 41.4%,刷新了 Y 村镇银行纯信用贷款零纪录,极大地改变了全行年轻客户经理、部分中高层发放贷款唯抵押的惯性思维,渐渐树立起了"微弱群体的信用也值得信赖"的氛围,取得了良好的社会经济效应。"1+3"4 名培训生边开拓微贷业务市场的同时,边探索性地建立、完善了中心多项管理制度、二期招生培训计划与本土化培训材料。先后编制完善了《S 县 Y 村镇银行"好邻居"微小贷款管理暂行办法(2015 年度试行)》《"好邻居"微小贷款操作流程(暂行)》《微贷中心管理办法(试行)》《微贷中心薪酬管理办法》《后备客户经理、在岗客户经理培训与管理办法》及《二期微贷培训生培训计划与管理办法》等制度。同脱产前兼职培训一样,每周五召开周例会并在周例会上轮流试讲 PPT(编制 PPT 课件时须穿插扫街营销,微弱客户贷前、贷中、贷后中的所惑、所获与所悟),每周上交周记与周例会纪要,每月上交 2 篇经典案例,每季度上交或完善一份行业调研报告,力求把微贷业务做细、做实,提升"人师"素养。

(二)微贷中心主导、项目组支撑的二期培训与"好邻居微贷"小规模运营(2015 年 10 月 26 日至 2016 年 10 月 26 日)

考虑到 Y 村镇银行人力资源紧张、员工年轻信贷经验不足、融合发展需求迫切等实际情况,AFR 微贷项目组在二期培训中首次将中层副

职、部门信贷客户经理纳入培训生选拔范围。① 经过公开报名、微贷中心
与 AFR 微贷项目组联合组织的笔试和面试,共择优选择 16 名员工参加
了二期培训,其中前台员工 4 名,在岗客户经理 12 名(主持工作的业务副
总经理 1 名、市场部团队长 3 名、旁听生 1 名)。3 个月的理论培训结束
后,据《Y 村镇银行 AFR 微贷项目二期培训生考核办法》考核并结合平
时的学习态度、培训资料的学习领悟能力、扫街营销中客户沟通能力及
培训期间纪律遵守等情况,结合本人培训意向,提议退出 5 名培训生并获
得项目领导小组同意,共 11 位培训生进入为期 6 个多月的兼职见习培训
阶段。

　　为探索并加快“微、普”融合发展,Y 村镇银行率先在二期培训中尝
试“好邻居微贷、普通贷款联席会议”并形成制度化周例会。由董事长、
行长等高管牵头主持,内训师、相关部门负责人、二期培训生中的中层、
团队长等参加,结合项目组下发的 AFR 微贷培训资料,由内训师、二期
培训生轮流分享讨论扫街营销及“好邻居微贷”贷前、贷中、贷后工作中
的所惑、所获与所悟。二期培训期间,累计召开 26 次“好邻居微贷、普通
贷款”条线联合交流会并形成较为翔实的会议纪要,有效地促进了“微、
普”条线客户经理间、微贷中心与部门间相互了解并取得了良好的融合
互动效果,为后续“微、普”融合发展打下了良好的基础。整个二期培训
期间,项目组集中授课、参与周例会交流计 10 次,微贷中心集中讲课 20
次,分批次下发学习培训资料(含辅助资料)两套约 40 万字,闭卷测试 21
次,书写周记 456 篇,内训师周记点评 287 次,记录会议纪要 168 篇,召开
周例会 40 次,模拟调查报告 32 份,团队讨论 12 次,有信息记录的扫街
1897 户,二期培训生成功营销客户 102 户,累放金额 1233 万元(含广丰
市场),全流程跟进业务 74 笔,独立完成调查报告 78 篇,累计来微贷中心
见习 260 天。经过最终考核,共有 10 名培训生培训合格并充实到相关岗
位,极大地优化了该行客户经理队伍,深刻地改变了在岗客户经理和部
分部门领导固有的唯抵押贷款与恐惧纯信用贷款的心理。正如当时主

---

　　①　一般情况下,二期培训生均来自工作 2 年左右的无信贷经历、优秀的临柜人员,该
行项目首次进行了突破,二期培训生多数是在岗的客户经理与团队负责人,对刚成立的微贷
中心、年轻的内训师带来巨大的挑战与压力,同时也促进了内训师的快速成长,更为该行及
AFR 微贷项目后续合作单位二期培训积累了经验。

持业务部工作的副总经理二期培训生 X 同志①在二期结业发言中说道："刚开始,我带着满满的好奇心和自信心选择了微贷,开始培训时才知道每个星期五晚上都必须参加学习与考试,周五是自己一周内唯一一天接儿子回家的日子,也是儿子最期待的一天,当第一周看到儿子失落的样子时,心里说不出什么滋味,觉得自己是一个不合格的妈妈。是学习微贷还是陪伴孩子一直让我不知道该怎么选择。每天都会不停地问自己是孩子重要还是微贷学习重要,不知不觉陪伴孩子的想法超过了微贷学习,带着一颗既心酸又复杂的心情继续了我的第二周与第三周的考试与学习,在第三周的考试中已产生了放弃学习微贷的念头,加上消极的心态,在做试卷、周例会交流时,也抱着无所谓的态度。记得有一次培训,由原来的同事现微贷中心内训师 T 同志主讲征信方面的知识,他的表现让我眼前一亮,觉得他变得特别自信,这种自信一下解开了我的心结,明白自己需要的就是微贷可以带给自己的那份自信。自从加入微贷学习小组后,不仅自己在信贷调查技术上有所提升,而且信贷观念也有所改变。有时甚至想放弃管理职务进微贷中心重新开始。当一笔又一笔的微贷业务在自己手头完成时,自己在带领团队拓展业务和调查客户时,目标越来越清晰,市场定位越来越精准。实习 3 个多月后,我带着微贷人的自信,向行领导申请了小规模推进副食行业微弱客户中秋节、年底铺货资金服务,经过前期扫街及精准选择,两个月中按照'好帮手微贷'调查技术成功发放贷款 33 户,总金额 847.9 万元,户均 25.6 万元,这些成绩的取得在微贷学习之前是不可想象的……"还有一位提前退出赴上海发展半年多后又回行工作、参加二期培训的 Z 同志②,他结业典礼上说:"非常的荣幸,我又一次加入了微贷学习小组,非常感谢浙江大学(AFR微贷项目组)和行里再一次给我学习的机会。第一次学习,懵懵懂懂的,很多东西都想不明白,觉得编制二表太难了。那是我第一次写调查报

---

① 该同志二期培训结束后多次主动要求离开机关部室,到分行从事微贷市场开拓工作并获准到某支行主持工作,两年后该支行各项业务在 Y 村镇银行 6 家支行中处于领先水平。

② 该同志 2017 年年底赴樟村镇负责创建了 Y 村镇银行首家乡村支行,经过两年的努力,贷款业务远超樟村另外 3 家银行,各项业务在 Y 村镇银行 6 家支行中遥遥领先成为全行标杆支行,2019 年年底调入总行客户部主持工作。详见下节内容。

告,编制三表时,我哭了,因为无从下手。通过这次学习,有硕果累累的喜悦,有与同事协同攻关的艰辛,也有遇到困难和挫折的惆怅,可以说这个学习阶段也是我能力提升的重要阶段……从第一次微贷学习的懵懵懂懂到现在的干练自信,这两次微贷学习让我有了很大的收获。我是一个性格比较急躁的人,事情一多就会乱了方寸,通过微贷学习,我的心态沉静了很多,其实任何事情都没有那么复杂,只要端正自己的态度,审慎对待每一件事,多动脑筋,就能找到更好的方法,困难也就迎刃而解了……"

Y 村镇银行微贷中心"1+3"4 位兼职内训师较出色地完成了二期培训,微贷业务也得以较快发展。自 2015 年 5 月 18 日微贷中心成立到 2016 年 10 月 26 日二期结业的一年多时间,"1+3"架构下的微贷中心业务从零存量开始,累放"好邻居微贷"413 笔,累放金额 4288 万元,户均 10.38 万元;与此同时,由于多位在岗客户经理及一位中层、3 名团队长全程参加了二期培训,有力地推动了"微、普"融合发展,客户部、银行二部分别在各自岗位上投放"好邻居微贷"业务 33 笔,848 万元,12 笔,134 万元,全行累放"好邻居微贷"458 笔,累放金融 5270 万元,笔均 11.51 万元,其中 60% 多是首次获得银行贷款服务的原生态客户,极大地改变了身边同事对微弱客户发放无抵押贷款的恐惧心理,为后续"好邻居微贷"与普贷业务融合发展奠定了坚实的基础。

三、"好邻居微贷、普通贷款"融合发展

"好邻居微贷、普通贷款"(以下简称"微、普")等业务的融合发展是 AFR 微贷项目发展的重要阶段,也是 AFR 微贷项目三大功能定位的现实体现与终极目标。然而 Y 村镇银行因贷款结构的调整及"好邻居微贷"业务小规模运营阶段出现的偏差给 AFR 微贷项目可持续发展带来了一些压力。一方面,Y 村镇银行前些年一味重视大额抵押贷款的负面影响渐渐显现,不良率由 2014 年的 0.06% 升至 2015 年年底的 1.80%,2016 年年底更是达到 2.16%;与此同时,在 2016 年 8 月份的一次项目组月度例行交流中发现微贷中心有两笔"好邻居微贷"业务违反"笔笔清"原则,当事人擅自"贷新还旧",在延长贷款期限后又出现逾期,加重了相关部门对无抵押、无担保的"好邻居微贷"业务的担忧与恐惧心理。上述

两方面因素交互作用,客观上影响了 AFR 微贷项目的可持续发展。[①] 好在 Y 村镇银行高管勇于正视现实、善于克难攻坚,率先将微贷、普贷部门间融合提前到二期培训结束、三期培训前实施并果断启用一期培训生,相继出台了《Y 村镇银行行员职级管理办法》《Y 村镇银行客户经理分级管理办法》和《Y 村镇银行客户分类管理办法》等系列支撑、支持"微、普"融合发展的制度,从而在制度层面维护了 AFR 微贷项目持续得以本土化与优化的发展。

(一)三期、四期微贷中心自主培训(2017 年 9 月 1 日至 2019 年 9 月 3 日)

二期培训结束近一年后,Y 村镇银行在一期、二期培训经验及 8 个多月的"微、普"融合发展经验基础上分别于 2017 年 9 月 1 日—2018 年 9 月 2 日开展了微贷三期培训、2019 年 5 月 21 日—2019 年 9 月 3 日开展了信贷四期培训。两期微贷培训,共有 27 名客户经理岗位学员获得信贷从业资格证,10 名非客户经理岗位学员获得信贷培训合格证。三期、四期培训除沿用一期、二期培训组织架构和微贷理念技术内容外,还增加了 Y 村镇银行的社区银行文化、普通贷款业务规范等内容。三期培训期间,因银行部室调整及中心负责人岗位调动、调离,培训时间跨度较长,实际培训效果欠佳;四期培训期间,董事长亲自负责并率先授课,多名经营层中高管也从不同角度给培训生授课,内训师则基于一期、二期、三期内训经验精简并完善了培训内容,总行相关部门牵头完善了内训师制度并强化了岗位责任人管理与考核机制,有效提高了内训师队伍的执行力,保证了培训目标的顺利完成,培训工作基本回归并践行了 AFR 微贷项目的功能定位。四期培训结束后,经过一至四期培训的客户经理已遍布该行各个部门及分支行各岗位,为"微、普"深度融合发展注入了信心与活力。

---

① 　AFR 微贷项目组月度例行交流中发现因 2 笔贷款还款出现困难,当事人擅自做主"贷新还旧"并延长客户贷款期限,被相关部门发现问题后又设法掩盖事实试图内部处理致使风险有扩大的趋势,好在银行高管及时出面制止并对相关当事人进行了严肃批评与处理,但"好邻居微贷"业务发展以及三期培训进程还是因此受到了较大的影响。后经过 AFR 微贷项目组与银行领导小组多次交流后一致认为:"微、普"融合发展提前启动,微贷三期培训须继续进行(按 AFR 微贷项目组计划,融合发展都安排在三期培训后期进行)。

　　(二)融合发展之一:冰溪微贷产生与微贷等零售业务拓展

　　冰溪是玉山的母亲河,"冰溪微贷"是 Y 村镇银行的微贷品牌,它源于浙江大学 AFR 微贷项目,是基于"好邻居微贷"产品研发试运营、小规模运营基础上本土化与优化发展的产品,是"好邻居微贷"产品的升级版。2017 年年初,"冰溪微贷"取代"好邻居微贷"正式投入运营。自此以后,Y 村镇银行包括微贷、普贷等零售业务在内的所有信贷产品均须按照"冰溪微贷"的服务规范与流程做实贷前、贷中、贷后各个环节,所有转岗、在岗的客户经理须从严按照"冰溪微贷"的服务理念与技术进行系统化内训且规定两次培训未通过者不得从事该行客户经理岗位工作。截至 2019 年 6 月末,Y 村镇银行纯信用、软担保的"冰溪微贷"贷款余额达到 70379 万元[①],占比 37.84%,不良率仅为 0.48%,远低于全行不良率。

　　1."冰溪微贷"的特点

　　追溯"冰溪微贷"的产生与运营过程,其主要特点如下。

　　(1)市场定位

　　将目标客户群定位于别人不愿做、不敢做、来不及做的微型企业、个体工商户及农户,着力发掘有强烈劳动意愿和一定劳动能力却长期被传统金融服务边缘化的虽"四无"却具备"四有"与"四缘"的原生态客户,注重新客户经理与原生态客户的互动成长效应。

　　(2)产品特征

　　30 万元(含)以下,差别定价的无抵押、软担保,还款方式多样的经营性贷款,信贷客户经理实行分级管理并规定原生态客户经理须做实一定笔数的整贷零还的经营性贷款。

　　(3)服务纪律

　　扫街营销及贷前、贷中、贷后等服务微弱客户过程中要求培训生、微贷客户经理严守 AFR 微贷项目组的"六不准"铁纪律。为了做好规范服务和严守服务纪律,在 AFR 微贷项目"六不准"铁纪律和《"好邻居微贷"

---

　　① 2017 年年初,"冰溪微贷"诞生并取代了"好邻居微贷",2015 年 5 月 18 日至 2016 年 12 月底发放的整贷零还的"好邻居微贷"至 2018 年年底已全部到期,原微贷中心兼全行内训师的微贷客户经理统一配置于风控部、客户部、支行并委以重任,与其他微贷培训生一起肩负起"微、普"融合发展之重任。

客户经理管理条例》等制度的基础上进一步细化为客户经理"双底线、九不准"等红线要求并出台了《信贷人员日常行为规范》《"神秘人"管理办法》《拒收红包奖励办法》和《阳光台账管理办法》等约束与奖励制度。

（4）技术支撑

技术支撑主要包括规范服务、入户调查、眼见为实、自编报表和交叉检验等，其核心是"自编报表和交叉检验"，这两块内容都在"一户一档"表中体现。"一户一档"表是调查报告、业务审批和客户档案三个功能的集合体，是基于"好邻居微贷"客户调查报告基础上的优化成果，其中的报表部分是资产负债表、现金流量表和损益表三表合一。交叉检验主要指财务信息与非财务信息（软信息）及权益的相互检验，对一个数据或信息进行多个渠道的检验。如审查一个从事餐饮业的客户时，要求客户经理从客户家人、邻居、顾客等渠道判断客户的人品，找其餐具提供商查看供货量，核查座椅数量、资金流水、大厨人数、燃料用量等检验判断其营业额的真实性。

2."冰溪微贷"的影响

"好邻居微贷"及其升级版"冰溪微贷"诞生以来，Y 村镇银行 AFR 微贷项目领导小组始终不忘并努力践行 AFR 微贷项目的"客户经理培训基地、客户孵化培养基地、支农支小信贷产品创新基地"三大功能定位，以此实现银行可持续发展。Y 村镇银行客户经理队伍不断壮大、微弱客户服务得以加强、信贷业务结构得以优化，取得了良好的社会效应和经济效益。

（1）客户经理得到了成长

Y 村镇银行已使用冰溪微贷技术（含前期 AFR 微贷）培训客户经理四期，累计参训人员 70 人次，培训合格的客户经理或具备客户经理资格的 52 名，具有微贷自主复制能力和信贷市场拓展能力的内训师 5 名，客户经理生产能力明显提高，目前客户经理人均管户 134 户，较 3 三年前提升了 50%。

（2）培育了一批忠诚客户

经过内训锻炼了一支懂规矩、守纪律的团队，Y 村镇银行客户经理严守"微贷款、铁纪律、强服务"服务理念与规范，赢得了广大微弱客户的认可，有效地促进了微小客户的成长。自"冰溪微贷"诞生至 2019 年 6 月末,累计服务微小贷款客户近 5000 户,"冰溪微贷"户数 2267 户,占比 60.42%;近 3 年由"冰溪微贷"客户培养输送为普贷客户的数量为 96 户,冰溪微贷客户孵化成长效应显现。

(3)有效地优化了信贷结构

"冰溪微贷"以纯信用、道义担保为主,从之前的重抵押、轻第一还款来源转变为高度重视客户人品与第一还款来源,从根本上改变了唯抵押信贷思维,降低了抵押担保的比例,更好地开拓了市场,控制了风险。截至 2019 年 6 月末,Y 村镇银行纯信用、软担保的"冰溪微贷"贷款余额达到 70379 万元,占全行贷款余额的 37.84%,不良贷款 334.92 万元,不良率仅为 0.48%,远低于全行不良率;全行抵押贷款比重也从 2014 年年底的 62.08%降为 2019 年年底的 50%,30 万元及以下的经营性贷款比重由 2014 年年底的 11.58%提升到 2019 年年底的 30%,不良率由 2016 年年底的 2.16%降为到 2019 年年底的 0.88%,信贷结构得以明显优化,信贷资产质量得以明显提高。

(三)融合发展之二:架构"1＋N"运营模式,深耕城乡市场

2016 年年底,Y 村镇银行率先尝试"微贷中心、客户部、分支行"等部门融合,果断启用一期、二期微贷培训生,充实了部室和分支行的力量。客户部通过架构若干"1＋N"(1 名内训师或二期优秀培训生带领 N 名培训生)团队推进"巩固社区活动成果,提升社区银行品牌,攻关'铝合金、挖掘机、橱柜、家具、村居'等行业深耕城乡市场,下沉营业网点拓展乡村市场,强化规范服务等制度建设促进'微、普'融合持续发展"等系列实践,成效渐渐显现。

1.全面启用微贷培训生,强化社区银行品牌效应

伴随"冰溪微贷"业务有序扎实的推进,一期、二期培训合格的 10 多位培训生相继充实到风控部、客户部、支行,为"微存、微贷""扫街、扫村、扫户"融合互动注入了活力,极大地推动了各项社区活动、社区业务的发展,丰富了草根银行、社区银行品牌建设。按"区域、活动类型、组织形式、活动经费、预期效果"等内容开展多层次社区活动,并以制度形式加以固化形成常态化的活动(见表 6-6)。如 2017 年前后,每年大、中、小型活动达 900 次左右。

表 6-6 Y 村镇银行社区活动类型与特征

类型	经费	组织形式	人员调配	活动地点	活动频率	典型活动
小型活动	10 元左右	支行自行组织	支行 2 名员工自由搭配	菜市场、超市、商贸中心等人流量集中区域	一个月至少 20 次	扫街、扫村、扫户活动
中型活动	500～800 元	支行自行组织	支行 7～10 名员工共同推进,共同营销	社区内居民较为集中的地区	一个月至少 1 次	露天电影等活动
大型活动	5000～8000 元	总行牵头,综合部落实,各支行共同配合	30 名及以上员工参与,按任务分为若干小组	社区内居民较为集中的地区	法定节假日、暑期	包粽子大赛、暑期周周乐活动

资料来源:根据 Y 村镇银行调研资料整理而成。

　　大型社区活动主要以传统的节日为主题,体现并弘扬传承传统文化。由总行牵头、综合部落实、所有支行共同举办,以趣味比赛的形式吸引辖区内的居民参与,受众群体最多,每年组织 6 场左右。中型社区活动由各部门自行组织,举办频率一个月不得低于一次,主要是在各个社区针对性地展开活动,充满了当地社区的生活印记。小型社区活动以 1～2 人一组进行市场走访为主,支行员工以名片和印有村镇银行标识的塑料袋或纸扇作为小礼品,选择菜市场、超市、商贸中心等人群聚集地区,在早晨或傍晚人流量较大的时候进行扫街、扫村、扫户营销,实现与目标客户一对一的精准对接。根据不同规模活动的特点、经费开支与实际效果制定多层次的社区活动规划与完善的考核激励机制,通过常态化地推进三类活动有序开展,整体营销和精准营销相结合,Y 村镇银行的"服务三农、钟情社区、关注小微"品牌形象多层次、全方位地融入 S 县城乡居民生活之中,进而借此深度把握辖区内城乡市场需求特点、行业发展特点,形成了"跳出金融看金融,金融融入生活,生活中处处有金融"的"美丽工作、美好生活"融于一体的百姓首选的银行。

　　2. 做实行业,深耕城区市场

　　考虑到银行人力资源紧张尤其是适应业务发展需求的客户经理更为紧缺,亟待提升微贷客户经理综合业务素养、实现业务均衡发展等因素,Y 村镇银行 2016 年年底在客户部门下设三个"1＋N"团队,由经过一期、二期 AFR 微贷项目培训的优秀客户经理担任团队长,带领以微贷培训生为主体的团队规模拓展"冰溪微贷"业务的同时,攻关"铝合金、挖掘机、橱柜、村居"等行业,着力做实行业批量信贷服务,深耕城区市场。

(1)客户三部行业批量业务的探索与实践

2016 年 12 月"微贷中心、客户部"部门融合之初,一期培训生、微贷中心客户经理、内训师 F 团队长带领"1+3"客户三部(1 名团队长、3 名客户经理)率先探索"挖掘机、铝合金、橱柜、村居"行业批量信贷业务。客户三部从零业务存量开始至 2019 年 12 月底贷款余额为 13725 万元,其中:经营性贷款余额 11419 万元,户均 21.92 万元;经营性贷款中"冰溪微贷"余额 7348 万元,"冰溪微贷"余额占比 64.35%;"冰溪微贷"户数 481 户,"冰溪微贷"户数占比 92.32%;不良率 0.30%,各项指标远远领先于其他微贷客户经理,经济社会效应良好。

第一,主动营销,撬开市场。面对一个完全陌生的市场,团队长以身作则,将整个区域分成四个网格,"1+3"团队 4 位成员各自负责一个网格,发扬微贷人主动营销品质,每天坚持扫街、扫楼、扫工厂寻找客户。同时,通过物业、网络、广告牌等渠道获取信息打电话进行"陌拜""盲扫"。每天早、晚一起交流,相互鼓励。每一次扫街营销,每一位客户的贷前、贷中、贷后都严守 AFR 微贷人"规范、简单、方便、快捷"的服务品质。通过半年多的持续努力,到 2017 年 5 月 31 日,客户三部共办理了47 笔"冰溪微贷"业务,全是一年期整贷零还经营性贷款。基于 47 位客户身边及其上下游潜在客户的需求分析和市场反馈,大胆地将现有的"一年期、整贷零还"拓展为"最长三年,按月结息,每 3 个月、每半年、一年还一次本金"产品,2017 年年底在原来产品的基础又创新推出了"一次授信,2~3 年有效,随用随贷,不用随还"的自助贷款,得到辖区内广大微小客户的认可,撬开了全新的市场并有效拓展了"冰溪微贷"业务的发展。

第二,做实行业,提升效益。经过近半年的努力,客户三部"1+3"团体得到了成长,"规范、简单、方便、快捷"的服务品质赢得了广大客户的高度认可。同时,客户三部全体成员也深刻领会到 Y 村镇银行高管制定的攻关行业批量业务战略的现实意义,一致认为:在严守纪律规范服务的基础上,只有"做行业、做批量"才会有效益,即客户经理须成为行业专家并借此聚集客户,进而拓展客户群的批量授信业务;通过经常性地回顾扫街获客、服务客户过程和研究梳理客户资料,认识到每个客户背后都有一个潜在的客户群,客户的兄弟姐妹、保证人、上下游、邻居、周边商铺、亲戚朋友等都可能成为我们的潜在客户。2017 年 5 月,客户三部开始接触铝合金门窗行业,由开始的一个客户到 6 个客户组成的小联盟,再到获取 64 个铝合金门窗批发协会名单,由此又挖掘到铝合金门窗的门店客户、铝合金安装师傅等,通过实地走访筛选确定行业关键人与地区关键人,通过电话联系、宣讲会等方式拓展市场,由点到线再到面拓展行业批量业务。截至 2017 年年底,共授信 29 户,铝合金门窗贷款余额达 660 万元,"1+3"团队中 H 客户经理在总结行业经验后完成了行业发展研究报告。通过铝合金行业批量授信模式有效地拓展了城区市场,客户三部全体员工极大地提升了做实行业的信心与决心,于 2018 年年初和 2018 年 6 月陆续启动了挖掘机、橱柜批量授信项目,"1+3"团队中三位客户经理分别负责完善、主攻铝合金、挖掘机、橱柜中某个行业的发展研究报告,渐渐成为行业商户依赖的专业型伙伴。三年来,铝合金、挖掘机、橱柜三个行业批量业务得以稳步发展(见表 6-7)。

表 6-7 客户三部行业批量业务分析

行业	授信户数/户	授信金额/万元	户均/万元	用信户数/户	用信金额/万元	户均/万元	用信率
铝合金	40	728	18.20	22	329	14.95	45.19%
挖掘机	329	6066	18.44	278	3984	14.33	65.68%
橱柜	31	3015	97.26	31	2959	95.45	98.14%
合计	400	9809	24.52	331	7272	21.97	74.14%

资料来源:根据 Y 村镇银行调研资料整理而成。

截至 2019 年 12 月 31 日,客户三部已上报的行业批量项目有铝合金、挖掘机、橱柜。铝合金行业共授信 40 户,授信金额 728 万元,户均18.2 万元;用信户数 22 户,用信金额 329 万元,户均 14.95 万元,用信率45.19%。挖掘机行业共授信 329 户,授信金额 6066 万元,户均 18.44 万元;用信户数 278 户,用信金额 3984 万元,户均 14.33 万元,用信率65.68%。橱柜行业共授信 31 户,授信金额 3015 万元,户均 97.26 万元;用信户数 31 户,用信金额 2959 万元,户均 95.45 万元,用信率 98.14%。[①] 三

---

① 该行业有一户 1200 万元抵押客户,且大额客户较多。

个批量项目授信金额占总金额 48.26%,用信金额占总金额 63.68%。

第三,立足微小优化结构。值得一提的是,客户三部在拓展行业批量业务发展的同时,始终不忘初心,立足微小,着力拓展 30 万元(含)以下无抵押、软担保、还款方式灵活多样的"冰溪微贷"业务,重点围绕"铝合金、挖掘机、橱柜"批量项目,通过维护老客户、老客户介绍新客户等方式拓展业务。三年来"冰溪微贷"业务稳健发展,贷款户数占比、贷款余额占比一直呈现优良状态,在全行处于领先水平。2017 年、2018 年、2019 年连续三年这两项指标分别高于全行 30 百分点、20 百分点以上,为其他支行树立了良好的榜样,有力地促进了全行信贷结构的调整。

表 6-8 客户三部冰溪贷用信情况分析

年份	冰溪贷户数/户	冰溪贷余额/万元	冰溪贷户数占比	冰溪贷余额占比
2017	145	2169	90.63%	66.19%
2018	325	4623	94.20%	73.67%
2019	481	7348	92.32%	64.35%

资料来源:根据 Y 村镇银行调研资料整理而成。

第四,规范管理稳健发展。2018 年起,客户三部实行审贷分离,团队长专职管理服务团队工作[①];享有 30 万元(2019 年起提升至 50 万元)贷款审批权。其间先后完善、配合总行相关部门起草完成《行业发展报告编写规范》《行业内训师管理与考核办法》等制度。自此,客户三部经营性贷款业务步入良性发展轨道(见表 6-9)。

表 6-9 客户三部业绩分析

时间	授信户数/户	授信金额/万元	户均/万元	用信户数/户	用信金额/万元	户均/万元	用信率	不良贷款率
2017 年	171	3281	19.19	160	3277	20.48	—	0
2018 年	273	6851	25.10	345	6275	18.19	61.93%	0.15%

---

① 事实上,因人力紧张,团队长仍时常投入很多精力完成贷款业务。最困难的是 2019 年 9 月份,一个客户经理由于个人原因辞职,一个客户经理休产假,部门只剩 2 个员工,两人足足扛了 3 个月时间,2019 年 12 月,总行新派两名客户经理入驻,客户三部团队升级为"1+4"团队。

续表

时间	授信户数/户	授信金额/万元	户均/万元	用信户数/户	用信金额/万元	户均/万元	用信率	不良贷款率
2019 年	338	10190	30.15	521	11419	21.92	56.19%	0.34%
合计	782	20322	25.99	—	—	—	—	—

资料来源:根据 Y 村镇银行调研资料整理而成。

(2)文成支行"微存、微贷"融合发展

Y 村镇银行文成支行位于 S 县主城区三清山大道,沿路多为社区、学校、个体工商户,其中门窗、汽修、电动车等个体工商户多集中在该区域。2017 年年底,文成支行共有员工 7 名(行长 1 名,综合柜员 4 名,客户经理 2 名),存、贷款余额分别为 20197 万元、581 万元,人均存款额遥遥领先全行,存款、贷款业务严重失衡。在客户部主持工作的副总经理、二期培训生 X 同志的多次请求下,2017 年 12 月 26 日获准来到文成支行率领"1+8"团队(行长 1 名,综合柜员员 4 名,具有放贷权限的客户经理 2 名、见习客户经理 2 名)开始了深耕城区信贷市场的征程。

第一,发挥固有优势,打响微贷品牌。社区活动与微存款营销是文成支行固有的优势,"1+8"团队继续发扬这一优势,充分利用客户部"1+N"团队前期行业发展经验与微贷培训成果,做实扫街、扫户以发掘微弱客户,为弥补银行服务短板提供强势服务,着力促进员工"微存、微贷"融合发展,以"微存款"带动"微贷款"业务发展。在旺季时,坚持每日的营销活动与每周的中型活动,发挥老客户的邻里示范效应以拓展陌生市场业务。2018 年、2019 年,每年开展中型活动 30 场左右,有效地提升,客户的黏性,增强了该行的社区银行品牌效应。"微存、微贷"融合发展中严守"两底线、九不准"服务规范和服务承诺制度,30 万元及以下的"冰溪微贷"一天内给予肯定性答复,三天内放款完毕,规范的服务、明确的答复与快速的放款给客户留下了良好的口碑,客户间转介绍的也渐渐变多,2019 年新增的"冰溪微贷"客户中转介绍客户占 90% 以上,且客户质量相对较高。

第二,发掘身边资源,拓展行业批量业务。充分利用客户经理、员工家庭资源,挖掘行业优势与身边客户,拓展"铝合金门窗、汽修、挖掘机"等辖区内个体工商户行业批量业务。如一次晨会中了解到某见习客户经理的父亲在玉山从事铝合金门窗生意长达 8 年,对门窗的上下游客户、玉山门窗加工类个体工商户、安装工软信息较为熟悉,对该行业的成本、利润空间、资金需求特点、淡旺季等都比较了解。X 行长便指定该员工负责 S 县门窗行业并帮助制订详细的市场营销与业务拓展计划。后来在其家人的帮助下,不到一个月的时间便摸清了 S 县门窗行业及其上下游客户分布情况,其他银行信贷产品与服务特点,行业生产、营销、淡旺季、资金需求特点并形成研究报告。很快,"1+8"团队研发了铝合金门窗行业业务拓展方案与量身定制的产品,精准地找到了行业批量业务的市场突破口,两个月不到授信近 30 户,其中 13 户为首次获得银行贷款,促进存款近 100 万元。在此基础上,又瞄准汽修行业,充分挖掘行业背后的"亲缘、地缘、人缘"并通过即时规范的服务促进其资源资本化,很快筛选出 12 家较为优质的汽修行业个体工商户并予以授信,有 7 户从文成支行获取贷款。截至 2018 年 12 月 31 日,各项存款余额 29769 万元,较上年末增长 9572 万元,完成全年任务 235%。在存款业务增量继续领先全行的同时,贷款业务也得以较快地增长,各项中高收益的经营性微小贷款余额为 4565 万元,较上年末增长 3984 万元,完成全年任务的 95%,基本上扭转了存、贷款增长严重失衡的困局。

第三,拓展园区业务,深耕城区市场。2018 年年底,文成支行开始全面走访园区企业,及时了解园区企业需求及其银行贷款服务情况,重点了解企业上下游、企业员工金融需求及银行服务情况,着力培养忠诚企业客户及其员工整体业务交叉营销,对企业整体业务贡献实行差别定价。利用客户已有的资源拓展新客户。经过多次的接触与走访,取得了一些企业的认可,同时在业务方面也得到明显进展。截至 2019 年 12 月 31 日,园区新增客户 32 家,新增贷款总金额 4500 万元。截至 2019 年 12 月 31 日,各项存款余额 46812 万元,较上年增长 17043 万元,完成全年任务 309.8%,位列全行第 1 名;贷款业务获得突破性发展,各项高收益贷款余额 8598 万元,较上年增长 4033 万元,完成全年任务数的 122%;"冰溪微贷"客户共 235 户,较上年末新增 93 户,完成全年任务数的 116.5%,在继续保持存款优势的同时,首度实现超额完成年度贷款任务。

3.下沉网点,拓展乡村市场

基于客户部"铝合金、挖掘机、橱柜"等行业攻关小组调研、行业批量业务拓展经验及为期一年的 S 县樟村镇村情调研的基础上，Y 村镇银行第一个乡村网点樟村支行于 2018 年 1 月 26 日正式挂牌开业运营。S 县樟村镇坐落在国家 5A 级风景名胜区三清山脚下，辖有 10 个行政村，2 个社区居委会，总人口 32946 人；共有 4 家金融机构，即农业银行、农商银行、邮储银行和 Y 村镇银行下属的 4 家支行，总存款规模约 5.5 亿元，总贷款规模约 3.5 亿元。Y 村镇银行樟村支行员工 10 人，其中支行行长 1 名，客户经理 3 名，实习客户经理 2 名，营业厅经理 1 名，柜员 2 名，事中 1 名。至 2019 年 12 月底，各项存款 0.86 亿元，2 年时间贷款从零存量增至 1.85 亿元，市场份额占比超 50%，远超其他 3 家金融机构。

（1）市场摸索与橱柜行业批量业务创新发展

2017 年 1 月初，时任客户一部的客户经理二期培训优秀培训生 Z（2018 年初成为樟村支行首任行长）[①]率领"1＋5"樟村小分队开始主攻樟村橱柜行业。首先利用春节前 20 多天时间扫村、扫户了解樟村镇民情民风民俗，熟悉市场，充分利用春节有利时机先后走访樟村镇村两委、行业龙头企业的领军人物及在外从事橱柜创业的返乡小业主，发现樟村镇 2002 年开始从事橱柜的定制生产，橱柜分工非常细致，是典型的劳动密集型微型企业或个体工商户类生产服务业，行业龙头企业主要在上海、北京，行业领军人物主要有 W1 先生和 W2 先生，占樟村镇总人口 1/3 以上的 1.2 万多人分布在除西藏外的全国各地服务于行业龙头企业和品牌运营商，包括"门板厂、油漆、PVC 膜、整体橱柜、门店、上门丈量、设计、安装、维修、运输"等上下游 2000 多家微型企业、个体工商户，其中约 20% 集中在浙、苏、沪、京四地。其中，杭州约有 150 家，上海约有 50 家，江苏经销商有 30 家，北京约有 150 家，四地约有 380 家有固定厂房的橱柜生产企业。在此基础上，从"橱柜行业关键人、村两委、央行征信"三个维度精心筛选了来自杭州、江苏、上海、北京等 10 多个地区的 25 户微型、个体工商户橱柜生产类客户，并于 2017 年春节期间成功发放每户 10 万元、累计 250 万元纯信用贷款，贷款调查方式与发放程序完全采用 AFR 微贷

---

①　该同志曾在银行行政办公室主持工作并参加 AFR 微贷项目一期培训达 6 个月，后因个人原因离职赴上海某公司发展，2015 年 11 月主动提出申请要求回行，获准后到客户部从事客户经理工作并全程参加 AFR 微贷项目二期培训（2015 年 12 月—2016 年 10 月），以优异的成绩结业。

项目、"好邻居微贷"升级版"冰溪微贷"流程与技术,均严格按照"六不准"服务纪律完成贷前、贷中、贷后调查,还款方式与用途全是"整贷零还"的经营性贷款,"简单、方便、快捷、有尊严"的信贷服务令25位长期在外务工、首次获得正规金融机构暖心服务的微弱客户感动万分,并在其生活圈、朋友圈、生意圈、邻里圈中产生明显的示范带动效应,也令客户部樟村小组全体队员拓展乡村市场的信心倍增。

2017年3—5月,在杭州、江苏、上海、浙江四地橱柜行业关键人的有力配合下,客户部樟村小组沿京沪高铁线先后实地走访调查了四地橱柜生产企业。"眼见为实"地了解其员工、生产经营、质检、环保、税收、订单等情况,采集了380户企业的主要财务信息和非财务信息。380户企业按年营业额可分为以下四类,1000万元及以上的占15%;500万元(含)至1000万元的占25%;100万元(含)至500万元的占55%;100万元以下的占5%。该行业员工年收入约10万元。经团队估算,按四地厂家数20%、户均50万元计算,预期可投放3800万元贷款,业绩可观。

2017年6月1日,客户部樟村小组对位于樟村镇街道中心的方村进行全方位摸底排查,由于有前期经验及橱柜行业关键人、25位获贷客户的良好示范带动效应,工作进展较为顺利。该村下辖7个自然村共890户,从事橱柜、个体、务工、务农、公务员、其他行业的分别有84户、60户、42户、15户、6户、72户;在浙江、京津冀、上海、江苏、广东、东北、山西、玉山、其他地区务工的户数分别有26户、10户、4户、6户、4户、7户、7户、137户、78户。按照《Y村镇银行村居居民授信管理条例》,通过村支书、村民组长带领客户经理实地走访,从"村民小组关键人、村两委、央行征信"三个维度确定方村首批可授信客户218户(占比24.5%),授信金额达1467万元,单户授信金额2万元到10万元不等,户均6.72万元;基于前期采集的380户橱柜厂信息和"区域关键人推荐[①]、属地村两委评价、央行征信系统个人征信"三个维度的综合分析,杭州、江苏、上海、北京四地橱柜行业首次授信50户,金额1750万元,授信金额10万元到500万元不等、户均35万元、贷款方式有纯信用、道义担保、联保、厂房抵

---

① 橱柜行业关键人选定主要考虑以下三方面因素:经营场地村委(居委会)及当地村民的评价,经营区域的评价,上游(原材料商)、下游(客户)的评价。

押。村居、橱柜批量授信贷款集中统一上报,银行相关部门集中审批,2017 年 8 月全部得以顺利发放。客户部樟村小组利用橱柜行业客户间示范效应,边总结经验边不断创新,贷款方式除原有产品外增加了"品牌加盟商供应链贷款、饰橱网合作贷款、机器设备按揭贷款"等创新产品。至 2017 年 12 月底,累计发放贷款 238 户,贷款金额 7398 万元,户均 31 万元,覆盖辖区内橱柜商户 23%。樟村镇信贷市场拓展初获成功,极大地提升了团队拓展乡村市场、做实"服务三农、钟情社区、关注微小"的信心与决心,同时也获得了镇政府与当地百姓的认可。

(2)深耕并扎根乡村市场

客户部樟村小组在橱柜行业产品创新与批量业务拓展方面取得了可喜的成绩,但其深化与可持续发展所面临的挑战亦较为明显,主要表现为:①相对于本地村居业务,其贷后维护成本较高;②1000 多家商户中75%是小作坊式生产,因绿色发展引发的环保压力,其搬厂、转行日渐增多,行业贷款风险较大。做实在外地创业商户属地的亲朋好友、生产生活关联者金融服务,实现樟村镇内、镇外业务均衡发展,筑牢 Y 村镇银行樟村支行可持续发展之基础,成为亟待研究与解决的现实问题。

2018 年 1 月 26 日,樟村支行正式挂牌营业。虽然橱柜行业批量贷款业务取得了较好的成绩,但樟村支行对樟村百姓而言还是较为陌生的。当时正值 P2P、小贷公司等行业风险高发期,许多居民、村民误认为这是一家类似的机构。为此,成立伊始,行长便将通过"'社区活动,网格化营销,橱柜行业业务资源'等渠道开展多样化的活动,强化樟村镇村民居民与村镇银行彼此间了解与信任,拓展樟村镇本地业务,实现镇内、镇外业务均衡发展"列为支行重点工作。支行自成立之日起,4 名家在 S 县城的员工以樟村为"家",工作日吃、住全在支行,家在樟村的 6 名员工也是早出晚归全身心地融入团队,2018 年度持续做了以下几点工作。第一,充分发挥微贷人常态化扫街、扫村、扫户优势,提升村镇银行知名度。每天晨会后除留 1 人值守外,其余员工按 1~2 人一组进行 1 小时左右的扫街、扫户、扫村活动,多次反复深入乡镇的农贸市场、农户家庭、田间地头进行走访。外出走访时随身带上印有"Y 村镇银行"的红色塑料袋、扇子、纸杯等小礼品提供给农户及清晨集市上的买卖者、晨练者并通过拉家常了解他们的需求,宣传村镇银行及微存、微贷产品,唱响 Y 村镇银行的服务品牌。"简单的事情重复做、重复的事情认真做",2018年度共做了934场次这类活动。第二,结合乡俗民情,坚持做实特色活动与特色服务,拓展村民业务。利用节假日、双休日组队进入学校、村两委、村民小组、工厂等地组织社区活动,有针对性地拓展"微存、微贷、微支付"业务。2018年先后组织"心系母亲"母亲节活动、"包粽达人"、插秧节、剥豆子比赛、金融知识小课堂、放电影等活动近60场次,极大地拉近了与村民的距离。第三,拜访当地"五老人员"(老教师、老党员、老村干部、行业老师傅、家族老长辈),强化关键人队伍建设。"五老人员"都是当地德高望重的老人,有着丰富的工作与行业经验,群众基础深厚,社会影响广泛。对照关键人条件,要求每位员工必须找到并常态化地联系自己的关键人,拓宽批量获客与获取客户软信息的渠道。同时在走访服务过程中,坚决执行"双底线""九不准"原则,坚持除利息外不收取客户任何费用,坚持做规范、做口碑。常态化的扫街、扫村、扫户活动,经常性的特色活动、特色服务及走访"五老人员"等活动互动融合,增强了银行与微小企业、银行与民众间彼此了解与信任,当地年长点的村民经常发自内心地称赞"三水精神""挎包银行"又回来了!"服务三农、钟情社区、关注小微"的经营宗旨与"简单、方便、快捷、有尊严"的品质服务得到了樟村镇辖区内百姓的广泛认可,"微存、微贷、微支付"等各项业务得以较快发展,镇域外橱柜贷、镇域内村居贷业务失衡得以根本扭转,"村居贷、橱柜贷、冰溪微贷"等业务齐头并进得以均衡发展。截至2018年年底,贷款市场份额占比达40%多,远超农行、邮储、农商银行高达182%的存贷比更是为镇域经济的发展与乡村振兴注入了新的活力,得到了当地镇、乡、村政府的高度肯定,为Y村镇银行樟村支行的可持续发展打下了较好的基础。至2018年12月底,存款客户总数2939户,较年初增加1220户,存款总额7709.58万元,较上年增长2587.85万元;贷款客户总数524户,较年初增加318户,其中,"冰溪微贷"442户,较年初增加287户,"村居贷"从零开始达286户,贷款总额1.4亿元,较上年增长7371万元,完成全年计划的105.3%。其中新增贷款中,"橱柜贷"3732万元,占比50.63%;"村居贷"2827万元,占比38.35%,经营性贷款户均22.5万元,"村居贷"户均9.88万元。含2017年投放的橱柜贷款在内所有贷款中无逾期发生,每月20日还款日前后,外地经营橱柜的贷款客户中不时有电话、微信询问

"存进的还款收到了吗？扣款成功了吗?"微弱客户的信用真的值得信赖。

(3)持续强化服务创新,实现错位发展

经过 2017 年橱柜行业批量业务创新发展和 2018 年扎根乡村市场专注乡镇居民业务、橱柜业务协调发展,Y 村镇银行樟村支行在橱柜行业赢得了客户的信赖并在樟村信贷市场上占据较大的市场份额。但如何避开与"农行樟村支行、农商银行樟村支行、邮储樟村支行"正面争夺客户实现错位发展、彰显并强化该行樟村支行固有的竞争优势,已成为亟待正视化解的问题。纵观 2019 年支行运营情况,主要做了以下几方面工作。

第一,社区活动方面注重"员工走出去与村民引进来"和美融合。基于 2018 年社区活动及"村居贷"经验,2019 年年初将樟村镇 10 个村、2 个社区进行网格化分工并制定了社区活动规划与服务规范、绩效考核等系列规章制度。每小组负责 2～3 个村(区),进行常态化扫街、扫村、扫户并对符合条件的村民送上一张十分喜庆、精美的村民签名卡①,极大地强化了银行服务的黏性。截至 2019 年 12 月 31 日,支行共按年初计划网格化组织小型活动 1280 场,活动范围覆盖整个樟村镇 10 个村,2 个社区,平均每日 3.51 场次;中型活动组织开展了 35 场,总计收集客户信息 800户,并逐一进行电话回访,根据回访所反馈的信息进行分类管理,实施精准营销。持续扎实的社区活动,不仅锻炼了一支"走得出去、进得了门、说得了话、交得了心、办得了事"的员工队伍以践行村镇银行进村以后"服务'三农'、钟情社区、关注小微"的服务宗旨,还有效地让村民"知道我行、知道我行的产品与服务,有资金等业务需求首先想到我行",进而使得"员工走出去、村民引进来"和美融合。

第二,橱柜批量贷款业务方面注重"存量客户维护与增量客户拓展、产品创新、行业标准制度建设"协调发展。存量客户方面集中性地走访了杭州、江苏、上海、北京关键人与关键客户,了解客户经营状况的同时着力发展熟人业务,增量客户主要基于樟村镇村级关键人,集中走访了南昌、贵阳等地拓展橱柜行业批量业务,由于事先摸查工作精准,存量维

---

① 来营业厅签名达 10 次的村民,赠送一件价值 0.8 元左右的生活实用型小礼品,众多村民赶集或到镇上买卖时均会来营业厅坐坐,厅堂保安或员工总是热情相迎,递上一杯热水。此举在 2019 年度吸引了 700 户客户,其中新客户达 600 户。

护、增量业务年度目标全部完成。"橱柜贷"产品得以创新完善,先后创新完善了"饰橱网贷、机器设备贷、卡贝伯爵品牌联保贷"等量身定制的产品。另外,制度建设与行业标准等方面工作有序有效推进。樟村支行橱柜行业团队先后完成了《橱柜门板的行业分析报告》《橱柜(实木)行业快速判断指标明细表》《实木门板生产流程》《橱柜行业的调查标准》("实木门板、吸塑门板、烤漆门板、柜体"四类调查标准),并在相关部门进行了培训,有力地提升了橱柜行业的调查效率,推动了全行橱柜行业业务的整体发展水平。

第三,团队建设方面注重"业务技能内训与规范化管理"协调发展。业务技能内训方面安排信贷、营销、柜面条线业务能手注重工作中典型客户案例,及时总结提升成本土化内训材料,定期组织交流分享,全年信贷、前台、营销培训累计达 58 次,先后起草完善"前台各项规章制度,操作手册,新增业务分类,存量业务回访,小型(常态化)、中型、大型社区活动组织与管理,内部材料互相审查与移交保管"等制度,全年无案件、无客户投诉、无业务差错等不良事件发生,基本实现了员工"快乐工作,幸福生活"向上向善的目标,有力地推进了各项业务的稳健发展。截至 2019 年 12 月 31 日,存、贷款户数与总额均双超额完成年度指标。贷款客户总量 767 户、较年初增加 243 户,其中,冰溪贷 582 户,较年初增加 175 户,贷款客户结构良好。高收益经营性贷款总额 1.69 亿元,完成全年计划的 121.52%,经营性贷款户均 22 万元。其中"村居贷"5620 万元,占比 33.25%,连续两年实现零不良贷款。本年度存款客户总数 3045 户,其中定期客户 1405 户,活期客户 1640 户,各项存款总额 6355.12 万元,完成全年计划的 106.91%。良好的工作氛围与稳健发展的业务得到了樟村镇政府、村民和银行领导的一致好评,极大地推进了总行"村镇银行进乡村"的速度。2019 年 11 月,Y 村镇银行第 2 家乡网点临湖支行顺利开业,第 3 家乡村网点紫湖支行筹备工作进展顺利,并已于 2020 年 3 月开始营业。至此,Y 村镇银行乡镇网点已有 3 家且各项业务发展势头良好,改变了"村镇银行进不了村"的被动局面。

四、简要小结与展望

如前文所述,Y 村镇银行属欠发达地区规模较小的小微法人银行。

自 2014 年 10 月 21 日启动 AFR 微贷项目启动以来,经过 2 年合同合作期和 3 年多的跟踪服务,AFR 微贷项目的运营与 Y 村镇银行的发展给浙江大学 AFR 微贷项目组留下了深刻的印象。AFR 微贷项目运营的自主复制与业务小规模运营的第二阶段、独立复制与"微、普"融合发展的第三阶虽充满了众多挑战,但经过多方面的努力均被逐一化解,有力地促进了 Y 村镇银行微贷业务、"村居、橱柜、挖掘机、铝合金、食品"等行业贷款批量业务的发展,各项经营指标位列全国村镇银行前列,其经验值得同行参考,也为浙江大学 AFR 微贷项目合作单位的"微、普"融合发展提供了强有力的支撑和富有价值的借鉴经验。

（一）简要小结

村镇银行运营时间短,产生于经济金融较快增长阶段,快速发展于金融脱离本源的野蛮成长期,目前处于风险高发期与发展模式调整期,整个行业发展良莠不齐,呈现"三分之一亏损、三分之一保本、三分之一盈利"的局面。经济欠发达地区的 Y 村镇银行在当地主管部门的支持下,通过主发起行及全行员工的持续努力,各项经营指标均处于行业领先水平。从 AFR 微贷项目组的运营角度来看,有以下几点做法或经验值得关注。

1. 适时启用优秀培训生,推动"微、普"融合发展

浙江大学 AFR 微贷项目一期培训生,是先后经过公开报名,行党委讨论确定预培训生,1 个月的预培训后项目组据其预培训期间作业、组织笔试、面试后选拔产生的,7 个月正式培训产生首批脱产生,并封闭实习 3 周后进入微贷中心开展微贷业务试运营、小规模运营等阶段。一期培训生本来就是经过层层选拔的银行优秀员工,经过为期 8 个多月（含预培训）的理论与实践、实习培训和 1 年多的业务试运营与小规模运营,其间每位培训生还须完成周记、项目组组织的月度会议交流纪要与学习小组自行组织的周例会会议纪要、常态化扫街,以及经典案例、行业报告等作业训练,变得更为优秀。Y 村镇银行突破人员紧张、信贷重要岗位起用新人潜在风险大、相关部门阻力大等限制,果断地在 AFR 项目运营到近 19 个月时启用了经过一期培训的优秀微贷客户经理与部分优秀的二期培训生组成 3 个"1＋N"团队,挂靠客户部组建了客户一部、二部、三部,

一期、二期优秀客户经理或培训生担任团队长推进"微、普"融合发展。此举不仅理论上有依据,事实上的运行效果也十分好;在用人机制上也体现了"唯品行、唯才能、唯业绩"的用人观,让"愿做事、肯做事、能做事"的员工有了一个"阳光、透明"的晋升通道,值得相关行社借鉴。

2. 微贷业务小规模发展后期,风控部门须善于常态化监控

如果说微贷中心业务试运营阶段出于微贷理念与微贷技术固化的需要,主管部门不宜专业监管是合情的抑或是必要的,那么固化期结束后监管部门善于且常态化的监管无疑是必需的。事实上,微贷中心早期的业务试运营期间,经过严格培训的微贷客户经理面对市场广阔的需求,不仅可选客户充足,自身也会小心行事,其间存量业务不多,即使出现点问题,AFR微贷项目组也可以通过月度交流及时发现并予以纠正。但随着业务的不断发展,业绩考核压力与市场寻找微贷客户压力增大,其风险无疑也在增大,微贷中心业务小规模运营的后期,监管部门予以常态化的监管日益必要。当然,"监管部门是否具备微贷部门业务素养做到善于监管、微贷部门客户经理能否在内心深处接受监管、监管过度或不当监管是否抑制了微贷客户经理拓展微贷业务的积极性"等问题也是必须顾及的。AFR微贷项目组合作银行中有3家农商银行微贷中心主要负责人在项目合同期结束2~3年期间出现了严重违规违纪事件,除当初推荐人选不当外,与监管不到位也有很大关系。类似事情在Y村镇银行也发生过,好在相关部门及时发现并上报、董事长等领导高度重视后得以化解。

3. "微、普"融合发展须有相应制度的支撑与支持

"微、普"融合发展是AFR微贷项目发展的重要阶段,是项目"三大功能定位"与微贷理念、微贷技术优化发展的现实体现,也是农商银行、村镇银行提高微贷经济与社会效益的重要载体。"微、普"融合是指"微贷理念、微贷技术"在"人员、业务、部门、制度"等方面的全面渗透与发展,微贷理念与技术的固化、优化及其在全行业务发展中全面渗透与发展当然离不开相应的制度支撑与支持。就此方面看,Y村镇银行进行的创新主要体现在以下几方面。一是"绩效考核"与"客户分类管理"。主要内容包括"不同类型贷款客户、不同用途贷款、不同贷款方式"予以区别界定且在绩效考核中赋予不同权重,尤其是注重引导年轻客户经理愿

做、多做"微小企业与个体工商户贷款、经营性贷款、信用贷款、软担保贷款"。二是"绩效考核"与"客户经理（员工）分级管理"。主要内容包括"客户经理级别与业务"界定，在各级别客户经理绩效考核中不同贷款客户权重应有所不同，如原生态客户经理须做实一定量的原生态客户并给予一定的保护期，其他类别的客户经理对不同贷款客户占比也有一定的要求，尤其是注重引导客户经理愿做、多做"原生态客户、首贷客户、本行的新增客户"业务，强调户数和户均，淡化余额规模因子。三是行业发展相关的制度。主要包括行业分类、行业发展报告、行业贷款调查与判断标准等。如 Y 村镇银行"家具行业"团队、"橱柜行业"团队先后完成了较完善的行业发展报告编写规范。以橱柜行业为例，其主要制度有《橱柜门板的行业分析报告》《橱柜（实木）行业快速判断指标明细表》（成本收益、现金流、营业额等）《实木门板生产流程》和《橱柜行业的调查标准》，并在相关部门进行了培训，有力地提升了橱柜行业、家具行业的调查效率，推动了全行橱柜行业、家具行业业务的整体发展水平，并有效地带动了铝合金、挖掘机、橱柜等行业和乡镇居民的"村居贷"批量业务发展。

（二）下一步发展展望

在浙江大学 AFR 微贷项目组合作的 10 多家单位中，邻近浙江衢州地区的农业主导的经济欠发达地区的 Y 村镇银行在 AFR 微贷项目运营中取得了较为理想的成绩，尤其是在"微、普"融合发展、行业贷款批量业务等方面率先进行了尝试，2017 年以来各项业务得以稳健发展并在全国村镇行业中处于领先地位。但与 AFR 微贷项目组预期的还是有一定的距离，Y 村镇银行在员工内训、员工综合素养提升、相关制度建设等方面仍有一定的改进空间。以下几个方面或许值得进一步探讨与试验。

1. 乡镇市场有待进一步拓展

Y 村镇银行自 2018 年年初成立第 1 家乡镇网点以来，各项业务得到稳健发展，积累了一定的拓展乡镇市场、服务"三农"经验。相对而言，县域城区市场竞争较为激烈，乡镇市场村民金融服务可得性远低于县域城区市场。中国社科院 2016 年 8 月发布的《"三农"互联网金融蓝皮书》显示，我国"三农"金融供求缺口超过 3 万亿元，我国农村有 56.8% 的农户表示资金很紧张，有 69.6% 的农户表示农村贷款不便利；我国农户和农业生产的信贷需求满足率仅为 27.6% 和 28.5%。值得关注的还有：浙江衢州地区 4 个县域农村地区农户整村授信面达 80% 左右,用信面达 30% 左右,而与之紧邻的 B 省 S 县农村整村授信面尚处发展初期,Y 村镇银行首个乡镇支行在某村推进的农民"村居贷"批量业务进展顺利,深得村民和政府欢迎,仅半年时间该村农户授信面达 50%、用信面达 10%,双双突破历史纪录,说明乡镇市场空间十分广阔。

2. 内训须强化,员工综合素养尚待进一步提升

Y 村镇银行自 2007 年 11 月成立至今仅 10 余年,员工平均年龄不足 28 岁,与浙江大学 AFR 微贷项目组合作的内训虽经历了四期,其培训内容多是侧重于信贷客户经理条线且培训内容较为初步。另外,银行人力资源紧张,岗位分工较为粗放,岗位员工的综合素养与能力提升需求十分突出,项目固化与优化期间的本土化培训材料须进一步整理、充实与提升。乡镇市场的拓展与业务发展需要一个"爱农、懂农、知农、会农"的团队。因此,分层、分级的员工内训亟待进一步做实,以化解"非客户经理岗位员工的相应岗位内训;前期经过培训转岗的信贷客户经理后续的提升性内训;内训师如何适应中、高级内训需求"等问题,提升 Y 村镇银行员工的综合素养,满足深度拓展乡镇市场业务的需要。

3. 微贷业务的绩效考核与风险控制等制度须进一步完善

综观国内众多微贷业务较为成功的城商银行、农商银行、村镇银行,一个共同特征是都建立了与微贷业务发展相适应的绩效考核与风险控制制度。尽管 Y 村镇银行在这方面做了一些尝试并取得了一定的成效,但与 AFR 微贷项目组所期望的尚有不小的差距。浙江大学 AFR 微贷项目存在并持续发展的基础在于"(原生态)客户经理培训基地、(原生态)客户挖掘与孵化基地、支农支小(知农知小)产品创新与试验基地"三大功能定位,偏重这三大功能定位的小微法人银行在制定绩效考核与风控制度时须体现以下因素。第一,原生态客户绩效权重。考虑到原生态客户搜寻成本较高、但具有规范服务的边际效应与易孵化成忠诚客户进而易产生"四大效应"等因素,其业绩权重应高于其他贷款,并应要求不同级别的信贷客户经理每年须有一定量的原生态客户占比,以此类推,"原生态客户、首贷客户、本行新增客户、经营性与非经营性贷款客户、整贷零还等不同还款方式的客户、抵押、担保、纯信用贷款客户"等绩效权

重均应有所体现。第二,在一定的风险容忍度内实行尽职免责与风险资金池制度。微贷具有无抵押、软担保、整贷零还特点,缺少第二还款来源,微贷客户经理年轻,岗位压力大,岗位流动性大,宜实行一定风险容忍度内的尽职免责与资金池风险管理,即发放贷款绩效时须计提一定比例的风险金,当这笔业务安全回收时退还风险金(尽职免责除外),真正做实微小贷款的全程负责、全员负责与终身负责。第三,为真正落实上述两点,全行还应尽快出台"客户分类管理""客户经理分级管理"等方面的制度,即微贷业务的持续深化发展须界定不同级别的客户经理,须重点完成相应类别的微贷客户业务,从制度层面确保微贷业务、"微、普"融合发展的持续推进。

第三节　AFR 微贷项目运营小结与启示

浙江大学 AFR 微贷项目主要定位于经济欠发达的县域、规模较小的小微法人银行(农商银行、农合行、农信社、村镇银行),通过"微贷理念、微贷技术固化与业务试运营,微贷技术自主复制与优化、业务小规模运营,'微、普'融合发展与跟踪服务"等阶段,践行"客户经理培训基地、原生态客户发掘与孵化基地、支农支小金融产品创新与试验基地"三大功能定位。至 2019 年年底,在合作双方的共同努力下,分布 6 省的 16 家县域小微法人银行虽基本实现了"打造一支具备自主复制能力、独立放贷能力、市场开拓能力的微贷团队;初步架构经济效益明显,社会效益显著的'1+N'微贷运营、培训、管理、考核模式;优化全行客户经理队伍结构,显著提升辖区内微弱客户服务的广度与深度"等项目发展目标,但我们也注意到 AFR 微贷项目的运营过程中尚存众多挑战,尤其是有些合作单位合同合作期结束以后能否坚持定位、持续发展,还有很多不确定性,AFR 微贷项目运营、合作的经验亟待总结与提升。

一、AFR 微贷项目运营小结

综观 6 省 16 家农商银行、农合行、农信社、村镇银行的 AFR 微贷项目的运营情况,尽管在 2 年的合同合作期及后续的跟踪服务期充满了众多挑战,合作单位间效果亦存在不小差距,但"微贷理念、微贷技术自主复制与员工成长,微弱客户发掘与孵化,'1+N'团队架构与'微、普'融合发展,项目运营发展经验"等方面均得到了切实发展。

（一）协助建立了标准化与常态化的信贷客户经理内训体系

近年来,年轻员工与年轻客户经理的内训工作日益受到农商银行、村镇银行的高度重视,但现实中的员工内训整体规划、相应的支撑制度以及培训方式、培训内容、培训效果等方面的总体表现仍不容乐观。诸如"为通过资格考试取得上岗证举办的培训多,微弱情怀与规范服务实战式培训少;短期泛泛而谈的'营销战术与团队拓展'外训多,常态化的'微弱情怀与知农知小'内训少"以及"客户经理准入与退出机制、客户分类管理制度、客户经理分级管理制度"缺乏等问题亟待得以根本性的解决。

AFR微贷项目通过驻地互动式的内训,先后经过"项目组主导的微贷一期固化培训,培训生基本具备内训师应有的微弱情怀、微贷理念、微贷技术及'听、说、写、讲'能力;微贷二期'1+1+1+N'自主复制培训①与业务小规模运营,基本形成一支'能师能战'的内训师团队;微贷三期独立培训与'微、普'融合发展,形成独立稳定的不脱产兼职内训模式、微贷业务拓展路径并探索构建相应的支撑支持制度"三阶段运营,践行AFR微贷项目的三大功能定位。具体而言,项目合作期间通过三阶段的培训及项目运营后期的跟踪服务,在一期1年及后续各期各9个月的兼职培训期间,通过分批下发40余万字的微贷理论,微贷培训生、微贷客户经理与微弱客户互动成长的经典案例等本土化材料,固化、优化、提升年轻员工微贷理念与微贷技术实践的业务素养,培训过程中不仅传授企业文化、业务知识,更注重培育员工的微小金融服务情怀以及坚定的微小金融服务信念;以"没有不还款的客户、只有做不好的银行""改变不了别人就改变自己""贷不贷看人品、贷多贷少看还款能力""扫街、扫村、扫户等主动营销服务"和"微贷款、铁纪律、强服务"等一系列实实在在的微贷服务理念和服务规范,激发年轻员工的潜能与微弱情怀,重拾老农金人

---

① "1+1+1+N":第1个"1"指微贷中心主导,第2个"1"指项目组支撑与指导,"1+N"指1名内训师负责实施本小组N名二期培训生常规性的微贷理论学习与实践的督促与辅导。

的"三水精神"和"挎包精神",努力持续锻造一支主动作为、敢于担当、廉洁自律、"知农知小"的农信铁军;基于各期微贷培训生的"周记、周例会纪要、主动营销"与"微贷客户经理与微弱客户互动成长的经典案例"等常态化作业,不断总结、完善、丰富本土化的培训素材,持续按"人师"标准提升"能战能师"的内训师的综合素养;通过协助合作单位相关部门制定并不断完善"培训整体规划、后备客户经理管理办法、绩效管理与风险控制"等制度,从制度层面确保持续推进客户经理分类与分级内训常态化、培训师内部化、培训材料本土化、培训内容专业化。

(二)协助构建了服务微弱客户的可持续发展机制

经过近 70 年发展的农商银行铸就了"网点遍及乡镇、员工遍及乡村、服务能遍及千家万户,离老百姓最近、与老百姓最亲"等较为独特的优势,是名副其实的老百姓身边的银行,如何将"老百姓身边的银行"提升为真正的"老百姓自己的银行"值得农金人研究,也需要农金人为之努力。AFR 微贷项目认为:"老百姓身边的银行"系物理意义上的地域性范畴,"老百姓自己的银行"则须具备"辖区内老百姓有资金等金融或其他服务性需求时,首先想到某银行,某银行总是能让老百姓获得'简单、方便、快捷、有尊严'的服务"。值得关注的是,随着各大中银行互联网金融的提质与扩面,农商银行固有的"老百姓身边的银行"之优势正在不断弱化。

与国内其他微贷项目相比,浙江大学 AFR 微贷项目主要定位于经济欠发达县域的小微法人银行(农商银行、农合行、农信社,村镇银行),其市场定位、运营过程的基本要求及通过合作单位、项目组的共同努力所要达到的基本目标可用一个公式表示:

微小贷款＝弱势群体＋零隐性成本＋可持续发展利率＋强势服务
　　　　＝微"笑"贷款

通过合作单位和项目组 3 年左右的共同努力,打造一支具备独立放贷能力、市场开拓能力、自主复制能力的微贷团队,不断优化全行客户经理队伍结构,持续提升客户经理拓展服务微贷客户的效能;初步架构经济效益明显、社会效益显著的"1＋N"微贷运营模式,满足虽"四无"但具备"四有""四缘"软信息的目标客户的融资需求,培养忠诚的客户群体。众多县域小微法人银行的经营事实证明,在坚守上述市场定位及扎实工作的基础上,小微法人银行服务金融弱势群体的当前收益表现为利息与服务费用收入。但经过数年的发展,这些客户成长后往往成为银行的忠实客户与核心客户,成为信用卡、理财等中间业务产品交叉营销对象,其亲朋好友圈、上下游生意圈、单位内部员工等往往又成为"存、贷、汇"等业务整体化营销对象,由此带来的综合收益不可低估,服务微弱客户群体可以做到可持续发展。

（三）坚守原则与合作单位中高层支持至关重要

AFR 微贷项目理念、技术固化与业务试运营期间,项目组既要保持一定的独立性也需要合作单位相关部门的配合与支持。

第一,内训师的选拔与培养需要合作单位相关部门的全力支持。一期培训生系合作单位层层选拔出来的优秀苗子,在 AFR 微贷项目运营的一期阶段,既需要合作单位相关部门不徇私情,力荐守规、守纪的优秀员工,也需要项目组在各个环节排除可能的干扰,据互动式培训中各位培训生的表现客观推选出优秀培训生。"经师易得、人师难求",一期培训产生的内训师须具备过硬的"人师"素养。既要言传身教为全行培训、输送微贷客户经理,又要发掘孵化原生态客户、拓展微贷市场,责任重大。因此,一期培训生及内训师的推荐、选拔过程中合作单位相关部门的着力配合、精心考察与项目组的独立性推选非常重要,直接影响着项目后续运营的质量。至 2019 年年底,6 省的 16 家合作单位中正、反案例均证实了微贷一期人选的重要性,3 家合作单位因中心负责人违规放贷所形成的负面影响教训深刻,运营较为成功的合作单位也多是得益于一期全体培训生的不忘初心、持续坚守。

第二,业务试运营期间需要相关部门给予应有的鼓励与包容。经过近 8 个月的兼职培训与实习,微贷中心进入业务试运营阶段。在这一阶段,由于刚入职的原生态微贷客户经理缺少经验,在选择客户时往往较为谨慎,同时寻求符合项目组要求的原生态客户也并非易事,需要相关部门尤其是身边的长者给予一定的鼓励、理解与包容。事实上,此阶段项目组除在业务的数量上有一定的底线要求外,对每位微贷客户经理的扫街寻找典型原生态客户,贷前、贷中、贷后调查中的经验总结及分享交流等均有详细的要求,旨在累积本土化培训素材与"人师"素养的提升,为二期自主复制作准备。

第三,二期培训生报名选拔期间宜出台相应制度并进行广泛动员。经过前期的理论训练与数月的业务试运营,兼任内训师的微贷客户经理基本顺利渡过了从培训初期的怀疑到培训中期的将信将疑,再到一期培训后期(业务试营)的深信不疑三个阶段。在即将进行的二期培训(自主复制能力形成与业务小规模运营)前后,大部分员工耳闻一期培训生利用周末休息时间集中参加学习、平时还要利用休息时间完成扫街、周记、周例会与月度培训会议纪要等多种作业,惧怕兼职培训的艰苦,部分中层及身边的同事仍处于怀疑或将信将疑阶段,再加上 AFR 微贷项目在全行的正向边际影响退去后,兼职参加微贷培训给人的印象是"牺牲、辛苦、付出"与"使命、责任、担当"并存,此时若没有相应制度的引导与支持,二期培训生的报名情况恐怕不容乐观。经验表明,在微贷中心业务试运营 3 个月、二期培训开班前 1 个月,及时出台《后备客户经理管理条例》并进行广泛宣传与动员,让全行员工明确:凡转岗从事客户经理的年轻员工必须经过微贷兼职培训并达到合格水平、在岗的年轻客户经理也必须参加三期及后续的微贷培训,不经过培训或连续两次培训不合格的终身退出本行客户经理岗位,从制度层面明确客户经理准入、退出条件,并确保优秀员工进入二期培训生选拔。

第四,三期培训及"微、普"融合发展期间,支持性制度应跟上。经过二期自主复制培训与微贷业务小规模运营后,来自各支行、各部门的二期培训生经过为期 9 个月的培训后变化明显,微贷中心"1+4"团队从业务零存量开始,一年多时间累放贷款金额应达到 2800 万元(360 笔左右)①,三期培训期间微贷业务宜进入"微、普"融合发展阶段,即选择一期、二期优秀培训生架构数个"1+N"团队(也可以挑选部分三期优秀培训生加入团队)进驻支行拓展微贷业务,进而推进全行微贷业务进入规模发展阶段。在此阶段,为保证微贷项目三大功能定位不走样、业务规

①　AFR 微贷项目组要求微贷中心成立第 2 年必须养活自己,实际运营表明众多合作单位微贷中心按"1+4"架构估算,微贷中心成立后的 15 个月左右三期培训开始时,4 位微贷客户经理从零存量业务开始能达到累放符合项目组要求的微弱客户 360 户左右,累放金额达 2800 万元,余额 2000 万元左右,由于大多是原生态客户,全是行增量客户,对传统客户经理、银行相关部门的影响通常是明显的。

模运营稳健,须及时出台"客户分类管理、客户经理分级管理、绩效考核与风险控制"等支撑支持性制度。

二、AFR微贷项目运营的几点启示

近10年6省16家县域小微法人银行(农商银行、村镇银行)项目合作过程中,越来越多的合作单位高管、县域小微法人银行中高管、一线员工深刻认识到:微贷的功能远重于微贷技术本身;小微法人银行定位草根的重要性及微贷技术的本土化与优化是服务好并黏住草根客户的有效方法之一;"线下,线下线上融合,线上"微贷业务一个都不能少且关键在于持续做实线下。

(一)微贷不仅是技术

微贷首先是一种技术,但更重要的是坚持、坚守微贷理念与微贷技术固化、优化过程中所带来的种种改变与影响。首先,在银行高管与微贷项目组强有力的合作中,通过完整有序的微贷项目运营流程,微贷培训生率先完成"完全怀疑—将信将疑—深信不疑"三个认知阶段的转变进而带动身边同事、全行员工实现认知的改变;其次,项目运营过程中通过"扫街、扫村、扫户主动营销,约40万字的培训材料分批自主互动式交流学习,周记、月度交流、周例会交流与会议纪要等作业,贷前、贷中、贷后中经典案例"等常态化训练提升培训生素养,累积本土化内训素材;最后,通过常态化持续内训,着力优化全行信贷客户经理队伍结构,提升客户经理服务微弱客户效能,做实"辖区内老百姓有任何资金或其他服务性需求,首先想到农商银行,农商银行总是能让老百姓获得'简单、方便、快捷、有尊严'"的服务,推进农商银行由"百姓身边的银行"向"百姓自己的银行"转变。

(二)得草根者得天下

各大中型银行的网点下沉、业务下沉,确实给县域农商银行、村镇银行经营带来较大的挑战。其实担心与惧怕是不必要的,任何时候任何情况下,广大农金人都须明白并突显自身优势、持续践行"做市场需要的、做政府想做的、做自己能做的、做政府放心让你做的"宗旨的重要性。

县域草根客户主要是指广大的"无抵押、无担保、无财务报表、无和银行打交道的经验"（四无）却"有一定从业经验、有真实资金需求、有劳动意愿、有时间"（四有）及"血缘、亲缘、人缘、地缘"（四缘）等特征，长期被传统金融服务边缘化的广大弱势群体。风风雨雨 70 多年的农商银行具备"网点遍及乡镇、员工遍及乡村、服务能遍及千家万户"的客观优势，经过微贷项目培训的信贷客户经理具备"浓浓的微弱情怀与专业技术素养"，易亲近这类客户并能做好这类客户的相关业务。长期坚持做实这类微弱客户服务，边际效应巨大且往往会有众多客户相伴成长为银行的忠实客户与核心客户，"年轻员工与微弱客户互动成长效应、微弱客户邻里示范效应、微弱客户业务乘数效应、民间借贷挤出效应"等潜在收益巨大。这样既避开了与其他银行正面争抢"有抵押、有担保"的常规客户，又突显自身优势做实了其他银行不愿做、来不及做、不善于（敢）做的"四无"微弱客户；既锤炼出了一支"微弱情怀"与"知农知小"兼备的员工队伍，又培育出了一批忠诚的客户群体，进而还会源源不断地收获草根客户带来的"四大效应"，真可谓得草根者得天下！

（三）"线下、线下线上融合、线上"一个都不能少

长期以来，总是有不少的农金人过度迷恋线上业务，其中不乏银行高管，媒体、专家学者更是热衷脱离实际过多、过度宣传线上服务优势。事实上，线上只是一种拓展业务的渠道，脱离时空条件与扎实的线下支撑的线上业务是走不远的抑或要出事的！[①] 商业银行尤其是县域微小法人银行须充分认识并处理好"线下、线下线上融合、线上"业务关系。

县域农村金融首先须做实线下是由服务对象特点与农商银行、村镇银行固有优势决定的。现行政策条件下，微小法人银行受"贷款业务不出县"规定约束（即使没有类似的限制，百姓对农商银行的认可度也远不及其他大中型商业银行），县域辖区内具有完整数据信息的客户是有限的，热衷于线上平台业务的主体又那么多。同时，线上平台更多的是解决广度与便捷性问题，难以满足客户的足额（深度）贷款需求。事实上，

---

　　① 如业内有名的阿里借呗、花呗等"微贷宝"产品离不开融"线下、线上"于一体的淘宝平台，淘宝平台则更离不开线下的快递服务且其服务质量与服务素养至关重要，同时更应值得关注的是，该类产品与服务空间具有无限的广阔性。

如果没有一定的深度,广度与便捷性也是缺乏实际意义的。如即使某个人信用很好,实力也很强,但缺少交易数据信息,阿里等线上平台恐怕也不可能满足其一定深度的融资需求。① 数据信息较完备的客户,贷款的足额问题尚难以在线上解决,数据信息较差的原生态客户或年长客户更是无法获得足够深度的线上服务,类似需求更多的还是通过线下方式予以化解。"做实线下"可以充分发挥农村金融机构的自身优势。以农信社为代表,其具有点多面广、人缘地缘优势。在一些偏远地区填补金融空白、宣传金融知识、参与社区治理等,都离不开农信社提供的"有温度""有情怀"的线下服务。

毋庸置疑,县域微小法人银行在践行"服务'三农'、服务社区、服务微小"使命与责任的过程中,更要正确认清数字化趋势,积极拥抱科技、拓展"线下线上融合,线上"业务空间。事实上,县域辖区内介于完善信息(亮丽客户)与空白信息(原生态客户)之间的客户占主导地位,"信用户、信用村、信用镇"整村授信工作中须积极、善于运用金融科技,着力主攻"线下线上融合"业务以服务更多的百姓。无论是源于责任、自身优势,还是年轻员工与原态客户互动成长的需要,都必须坚持"线下"工匠式服务,满足这类客户的基本金融需求;当这些客户相伴成长为信息完善的客户后,当然必须进一步维护好、服务好。因此,"线上"服务必须有,"线下、线下线上融合、线上"一个都不能少。

---

① 2019 年相关企业年报显示,腾讯、百度、蚂蚁金服等户均贷款仅 2 万元左右,浙江网商银行户均贷款也仅在 5 万元左右。

参考文献

[1] [美]西奥多·舒尔茨,1998.穷人的经济学:诺贝尔经济学奖获奖者演说文集[M].罗汉,译.上海:上海人民出版社.

[2] [孟]穆罕默德·尤努斯,2006.穷人的银行家[M].吴士宏,译.北京:生活·读书·新知三联书店.

[3] [秘]赫尔南多·德·索托,2001.资本的秘密[M].王晓冬,译.南京:江苏人民出版社.

[4] [印]阿比吉特·班纳吉,[法]埃斯特·迪弗洛,2018.贫穷的本质:我们为什么摆脱不了贫困[M].景芳,译.北京:中信出版社.

[5] [英国]E.F.舒马赫,2007.小的是美好的[M].李华夏,译.南京:译林出版社.

[6] Bassett W F,2012. The economic performance of small banks, 1985—2000, statistical data included〔J〕. Advanced Materials Research,1(1):4-6.

[7] Berger A N,Udell G F,2002. Small business credit availability and relationship lending: the importance of bank organisational structure[J]. Economic Journal,112(477): 32-53.

[8] Carter D A,Mcnulty J E,2005. Deregulation,technological change and the business-lending performance of large and small banks[J]. Journal of Banking & Finance,29(5): 1113-1130.

[9] DeYoung R, Hunter W C, Udell G F, 2004. The past, present and probable future for community banks[J]. Journal of Finance Service Research, 25: 85-133.

[10] DeYoung R, Hunter W C, Udell G F, 2002. Whither the community bank? relationship finance in the information age[J]. Chicago Fed Letter, (178).

[11] DeYoung R, 2003. Whither the community bank? aconference summary[J]. Chicago Fed Letter, (189a).

[12] Hakenes H, Hasan I, Molyneux P, 2015. Small banks and local economic development[J]. Review of Finance, 19(2): 653-683.

[13] Hauswald R, Marquez R, 2006. Competition and strategic information acquisition in credit markets[J]. Review of Financial Studies, 19(3):967-1000.

[14] Olson M W, 2003. Community bank performance in the Twenty-fist Century[C]. At the Conference on "Whither the Community Bank", Federal Reserve Bank of Chicago.

[15] Petersen M A, Rajan R G, 1994. The benefits of lending relationships: evidence from small business data[J]. Journal of Finance, 49(1): 3-37.

[16] Petersen M A, Rajan R G, 1995. The effect of credit market competition on lending relationship[J]. The Quarterly Journal of Economics, 110(2): 407-443.

[17] Petersen M A, Rajan R G, 2002. Does distance still matter? the information revolution in small business lending[J]. Journal of Finance, 57(6): 2533-2570.

[18] 巴曙松, 2002. 中国生存社区银行中国生存[J]. 银行家, (7):78-80.

[19] 蔡昉, 王美艳, 2016. 从穷人经济到规模经济:发展阶段变化对中国农业提出的挑战[J]. 经济研究, 51(5):14-26.

[20] 陈端计, 1997. 贫困经济学导论[M]. 乌鲁木齐:新疆大学出版社.

[21] 陈端计, 2004. 中国经济增长的新路径[M]. 北京:经济科学出版社.

[22] 程丹峰,2000.中国反贫困:经济分析与机制设计[M].北京:经济科学出版社.

[23] 杜晓山,宁爱照,2013.社会企业:中国公益性小额信贷机构的一个发展方向[J].金融与经济,(5):9-13.

[24] 国家统计局,2005.2004年中国农村贫困监测公报[N].经济日报,04-22.

[25] 何琛,2015县域普惠金融可持续发展中的金融创新:以J银行微贷款为例[D].杭州:浙江大学.

[26] 何发超,2014.微型信贷业务[M].北京:中国经济出版社.

[27] 何嗣江,史晋川,2009.弱势群体帮扶中的金融创新研究:以台州市商业银行小额贷款为例[J].浙江大学学报(人文社会科学版),39(4):26-34.

[28] 何嗣江,严谷军,等,2013.微型金融:理论与实践[M].杭州:浙江大学出版社.

[29] 胡冬鸣,2018.小微贷细细读[M].北京:中国财政经济出版社.

[30] 黄军民,2019.坚守匠心情怀 专注小微金融「J].中国农村金融,(9):23-24.

[31] 蒋远胜,张磊,徐丽娟,2018.市场竞争对农村商业银行经营绩效的影响:以浙江32家农商行为例[J].农村经济,(10):64-71.

[32] 兰红光,2005.胡锦涛强调:深刻认识构建和谐社会的重大意义[N].人民日报,02-20.

[33] 李镇西,金岩,赵坚,2007.微小企业贷款的研究和实践[M].北京:中国经济出版社.

[34] 李镇西,2011.微型金融:国际经验与中国实践[M].北京:中国金融出版社.

[35] 刘红霞,幸丽霞,2015.商业银行信贷资产证券化融资动机研究:基于2005—2014年信贷资产支持证券试点的实证检验[J].南方金融,(4):4-14.

[36] 刘明康,2014.银行业的风骨与柔情[J].中国银行业,Z1(2):21-28.

[37] 宁爱照,杜晓山,2013.新时期的中国金融扶贫[J].中国金融,(16):80-81.

[38] 潘妍妍,涂文明,2019.破解农村金融发展不平衡不充分问题的经济逻辑与政策路径[J].财经科学,(3):28-38.

[39] 盛曈曈,2019.我国村镇银行的可持续发展研究:以 S 村镇银行为例[D].杭州:浙江大学.

[40] 史晋川,何嗣江,严谷军,2010.金融与发展:区域经济视角的研究[M].杭州:浙江大学出版社.

[41] 史晋川,黄燕君,何嗣江,等,2003.中小金融机构与中小企业发展研究:以浙江温州、台州地区为例[M].杭州:浙江大学出版社.

[42] 史晋川,孙福国,严谷军,1997.市场深化中民间金融业的兴起:以浙江路桥城市信用社为例[J].经济研究(12):46-51.

[43] 王志彬,肖挺,2005."穷人经济学":经济发展中一个应有的视角[J].经济理论与实践,(6):48-50.

[44] 严谷军,2010.社区银行与关系型贷款:优势及成因分析[J].新金融,(4):51-53.

[45] 严谷军,何嗣江,2014.统筹城乡发展背景下农村新型金融组织创新研究[M].杭州:浙江大学出版社.

[46] 杨菲,李卓,2012.国外小额信贷机构[M].北京:经济科学出版社.

[47] 应宜逊,李国文,2005.社区银行:内涵、现实意义与发展思路[J].上海金融(11):32-35.

[48] 曾冉,2014.微贷技术特质性与银行信贷业务边界研究[D].武汉:武汉大学.

[49] 张玉玲,2005.关键在扩大内需[N].光明日报,2005-12-26.

[50] 周振,伍振军,孔祥智,2015.中国农村资金净流出的机理、规模与趋势:1978—2012 年[J].管理世界,(1):63-74.

附录 X 农商银行 AFR 微贷项目相关通知、请示报告、制度等运营资料选编

附录 1 关于公开选拔浙江大学 AFR 微贷项目首期培训生的通知

关于公开选拔浙江大学 AFR 微贷项目首期培训生的通知

各部(室)、支行:

为进一步提高我行核心竞争力,实现业务的可持续发展,经行党委研究并报市办批准,决定与浙江大学经济学院、浙江大学金融研究院、浙江省金融研究院 AFR 微贷项目组合作开展微贷项目(AFR 微贷项目简介,见附件 1)。为确保此项目的顺利开展,计划在行内进行 AFR 微贷培训生的选拔,现将有关事项通知如下。

一、选拔的岗位及人数

1. AFR 微贷预培训生 25～30 名;

2. AFR 微贷预培训小组负责人 5 名;

3. 预培训 1 个月后由 AFR 微贷项目组据各位预培训期间作业、相关部门评价等因素经过笔试、面试最终确定 8 名培训生、1 名组长,成立

AFR 微贷学习小组。

二、报名条件

(一)基本条件：

1. 性格开朗、思维清晰、反应敏捷，具有良好的人际交往能力、沟通协调能力和分析能力；

2. 工作积极主动、充满热情、认真负责，关注金融弱势群体生活和创业情况，富有强烈的同情心，能吃苦耐劳，具有强烈的学习欲望、较强的学习能力和良好的团队协作精神；

3. 愿意且能够利用休息时间参加前期 6～7 个月的兼职学习、培训等活动。

(二)AFR 微贷培训生：

大专及以上学历，年龄在 28 周岁以下的在岗综合柜员(含派遣制员工)；无信贷从业经验，原则上要求从事临柜工作半年及以上，表现良好，无违规违纪情况；

(三)AFR 微贷学习小组负责人：

除上述基本条件外，还须具备：品德高尚、表现优秀，工作期间无违规违纪事件发生；大专及以上学历，年龄在 35 周岁以下，有信贷工作经历和一定的团队管理经验，具有较强的开拓精神，勇于且善于接受新观念、新技术，肯吃苦、爱学习，具有较强的沟通能力和文字组织能力。

三、报名方法和选拔程序

(一)发布公告。在全行发布公开选拔工作的通知。

(二)公开报名。报名时间：2016 年 4 月 1 日至 2016 年 4 月 22 日。符合条件的员工本人手工填写"X 农商银行 AFR 微贷培训生报名表"(附件 2)或《X 农商银行 AFR 微贷学习小组负责人报名表》(附件 3)，与电子表一并上交行人力资源部[预培训生、小组长信息汇总表(见邮件附件中的文件 1)请人力资源部于 4 月 29 日 17：00 前发送项目组]。

(三)资格审查。人力资源部会同相关部门负责对报名人员平时表现、学历学位证书、工作年限、报名表内容等进行审查，确定符合选拔条件人员名单，提交行党委，由行党委讨论决定参加预培训的初选人员(预培训生 25～30 名，预培训小组负责人 5 名)。

(四)AFR 微贷项目预培训。浙江大学 AFR 微贷项目组专家团队组织对初选人员进行为期 1 个月的不脱产兼职预培训(预培训开班时间待 AFR 微贷项目组收到预培训生信息汇总表后商定,另行通知)。

(五)"1+8"AFR 微贷学习小组名单确定。预培训 1 个月后根据预培训学习情况选定 16 名左右预培训生进入笔试、面试环节[预培训 1 个月后的笔试、面试人员和时间,地点另行通知],最终确定"1+8"AFR 微贷学习小组成员。

四、其他事项说明

(一)培训期间不脱岗,每月须参加一至两次项目组组织的定期培训(周六或周日),每周须有一个晚上参与微贷学习小组集体讨论交流活动。各支行、部门工作安排上给予支持,培训生经过 6~7 个月的兼职培训后,经 AFR 微贷项目组考核优秀者,根据行业务发展情况,分批脱产进入微贷中心(筹)专职从事微贷客户经理、后续培训工作。

(二)培训期间须严格遵守培训纪律、宣传纪律及培训生日常行为规范等要求,须签署承诺书和保密协议。

(三)学习小组组长品德高尚、热爱微贷事业和微贷团队管理工作,并全程参与 AFR 微贷业务学习、培训及微贷中心筹建等工作。

附件:
附件 1:AFR 微贷简介
附件 2:X 农商银行 AFR 微贷培训生报名表
附件 3:X 农商银行 AFR 微贷学习小组负责人报名表

2016 年 3 月 27 日
X 农商银行

附件 1:AFR 微贷简介

AFR 微贷简介

"AFR 微贷"系浙江大学经济学院、浙江大学微贷金融项目组、浙江大学金融研究院、浙江省金融研究院、浙江大学 AFR 微型金融研究中心长期跟踪研究国内外微贷理论、成功经验并结合浙江等地县域农村经济、金融实际情况推出的县域微型金融研究项目。2011 年 3 月以来,浙江大学 AFR 微型金融项目组先后与浙江、广西、江西、安徽等地 10 多家农商银行、农合行、农信联社、村镇银行等合作推进 AFR 微贷项目。

"AFR 微贷"面向具有强烈劳动意愿和一定劳动能力,却长期被传统金融服务边缘化、难以获得基本融资服务的个体工商户、微小企业主等金融弱势群体(其他银行不愿做、不敢做或来不及做的"四无""四有"与"四缘"人员)。

产品特征:30 万元(含 30 万元)以下、一般为基准利率的 230%、无抵押、软担保,整贷零还为主;运行目标:通过 3~5 年的持续努力,将微贷中心打造成为"新客户经理培训基地、原生态客户挖掘与孵化基地、支农支小信贷产品创新试验基地"。着力满足微小客户融资需求,培育忠诚客户群体,优化客户经理队伍,实现银行可持续发展。

"AFR 微贷"将客户群体明确定位为有 3 个月以上(含 3 个月)经营实践,需要扩大经营并且具有持续稳定现金流的个体工商户和微型企业主。与主要依靠抵押或担保来确保贷款质量的传统信贷不同,微贷更加注重对客户本人及其经营实体的分析与判断,坚持对客户真实经营情况及真实现金流的分析,把分析的结果当作判断标准和放款依据,同时微贷非常注重和强调贷款对象的还款意愿和还款责任,实行严格的贷款监督和回收机制(回收方式以每月分期还款为主,也可根据客户的经营情况量身定制),对客户"还款意愿风险"实行零容忍。

微贷中心对微贷客户经理在工作中的一举一动、一言一行有着严格的行为规范和准则,微贷客户经理对客户提供上门服务和帮助不能有任何所求,严格遵守"不喝客户一口水,不抽客户一根烟,不吃客户一顿饭,不收受客户任何礼品,不泄露客户任何信息,不增加客户除利息外的任何费用"等铁纪律,否则将受到严肃处理。

浙江大学 AFR 微贷项目组
2016 年 3 月 27 日

附件 2:X 农商银行 AFR 微贷培训生报名表

X 农商银行 AFR 微贷培训生报名表

姓　名		性　别		出生年月		民　族		照　　片
籍　贯		住　址						
所学专业		学　历		何时入党入团				
毕业院校				入行时间				
联系方式				电子邮箱				
所在部门				岗　位				
家庭概况								
个人工作简历								
银行从业资格考试通过情况								
主要荣誉								
自我描述								

签名:

注:本表电子稿 2016 年 4 月 22 日前上交人力资源部。本表手填稿预培训时本人面交项目组。

附件3:X农商银行 AFR 微贷学习小组负责人报名表

X农商银行 AFR 微贷学习小组负责人报名表

姓　名		性　别		出生年月		民　族		
籍　贯		住　址						照　片
所学专业		学　历		何时入党入团				
毕业院校				入行时间				
联系方式				电子邮箱				
所在部门				岗位与职务				
家庭概况								
个人工作简历								
主要荣誉								
自我描述								

签名:

注:本表电子稿2016年4月22日前上交人力资源部。本表手填稿预培训时本人面交项目组。

附录 2:X 农商银行 AFR 微贷项目培训生面试建议名单

X农商银行 AFR 微贷项目培训生面试建议名单

尊敬的 X 农商银行领导:

　　自 2016 年 5 月 21 日预培训以来,7 个小组的 7 位小组长、32 位(第 1 周有 1 位退出)预培训生均准时上交作业,项目运行正常。浙江大学 AFR 微贷项目组在对各位预培训生 4 次作业评定的基础上,综合考虑预培训生学习主动性、作业完成质量、进取精神、微贷兴趣等因素,同时结合各位预培训生意愿、小组长及项目相关合作单位推荐,拟推荐×××等 18 位预培训生入围面试(详见文后名单)(面试时间安排在 6 月 24 日晚上;面试人员确认后请及时告知项目组并通知各位培训生,准时参加面试;面试相关要求见附件 5)。

　　小组长人选基于个人作业、团队建设、对小组培训生作业评定的认真程度及小组长间相互推荐等因素,第 2 小组组长×××、第 1 小组组长×××同志较为突出;第 6 小组组长××同志、第 7 小组组长×××同志;其他三位小组长虽推荐了自己但整体表现一般。综上:敬请行领导结合平时德、事业心、创新意识、团队精神等因素在×××、×××两位同志中确定 1 名同志担任 AFR 微贷项目学习小组组长(各位培训生成绩评定表、小组长作业、培训生作业、小组长对组员作业评定等材料参见附件 1～7)。

　　以上建议妥否? 请领导阅定!

浙江大学 AFR 微贷项目

2016 年 6 月 20 日

　　附件 1:预培训生作业平均分(电子稿);

　　附件 2:组长评定表汇总(电子稿);

　　附件 3:项目组评定表汇总(电子稿);

　　附件 4:面试人员信息概要(电子稿);

附件5:6月24日晚面试暨开班动员仪式方案(电子稿);

附件6:预培训(培训生)作业汇总(面试时带上打印稿);

附件7:预培训(小组长)作业汇总(面试时带上打印稿)。

据2016年6月24日晚现场笔试、面试小组面试成绩,按得分高低确定×××等8人为AFR微贷项目首期培训生(董事长推荐,增加录取得分排序第9名的×××同志,较原计划多录取1名)。

附录3:成立AFR微贷项目领导小组和学习小组的通知

关于成立 X 农商银行
浙江大学 AFR 微贷项目领导小组和学习小组的通知

各部室、支行:

为积极稳妥推进浙江大学 AFR 微贷项目有序开展,经联社办公会议研究,决定成立浙江大学 AFR 微贷项目领导小组和学习小组。

一、领导小组

组　　长:×××

副组长:×××、×××、×××、×××

成　　员:人事综合部、风险管理部、信贷管理部、合规部、审计部、放款中心、市场拓展部、财务会计部、资产管理部、科技部、监察保卫部门负责人

领导小组本着先固化、再优化的原则,全力支持浙江大学 AFR 微贷项目工作并提供必要的培训、研究便利,监督和管理浙江大学 AFR 微贷项目运行和学习小组成员学习纪律、日常行为规范履行等工作(培训生承诺、学习纪律、日常行为规范等制度见培训生《承诺书》),协助浙江大学 AFR 微小贷款产品、制度等设计和实施等工作。

二、学习小组

领导小组下设浙江大学 AFR 微贷项目学习小组,设组长1名,负责具体落实项目各阶段培训学习与管理等工作。

组　　长：×××

成　　员：×××、×××、×××、×××、×××、×××、×××、
×××、×××

技术总顾问：×××　　×××

X农商银行

2016 年 6 月 27 日

附录 4：承诺书及 AFR 微贷项目宣传纪律、　学习纪律、保密协议等

承 诺 书

本人自愿加入 X 农商银行 AFR 微贷项目学习小组，本着"先固化、再优化"的理念努力学习微小贷款技术，学习期间确保按培训计划自主安排时间，不以任何理由影响学习，服从 AFR 微贷项目领导小组、AFR 微贷项目组、学习小组安排，坚持自学为主、定期交流、主动接触市场的原则，准时参加 AFR 微贷项目组、学习小组各项活动，中途不得无故缺席、不得退出微贷学习小组（整个微贷理论学习、见习期间，微贷中心成立、微贷中心分批脱产人员选拔及二期培训生理论培训结束之前，培训生不得内部转岗，确因工作需要内部转岗的培训生，由本人向学习小组组长申请并征得浙江大学 AFR 微贷项目组同意后，报送 AFR 微贷项目领导小组、浙江大学 AFR 微贷项目组讨论决定），因违规、违纪被退出 AFR 微贷项目组、学习小组，愿承担相应损失并接受项目组和 AFR 微贷项目领导小组相应处罚；培训合格进入微贷中心工作者，须为微贷中心服务，年限不得少于 2 年，为本部门培养合格微贷员不少于 3 人且离职或转岗前须事先培养能接替本岗位的培训生 1 人以上；外出见习、实习期间须遵守对方单位各项纪律，注意维护本单位和浙江大学 AFR 微贷项目组声誉并对个人安全负责。

本人将自觉遵守《AFR 微贷培训生培训学习纪律》《AFR 微贷培训

生日常行为规范》《AFR 微贷业务宣传纪律》和《AFR 微贷项目保密协议》等相关制度、协议和规定,不得利用培训生身份之便直接或间接收受客户任何好处;认真学习微贷项目技术资料,按质按量完成项目组布置的各项任务并准时上交周记、会议纪要等作业;不编写虚假的调查报告或凭自己的主观臆断来编写调查报告;在市场调查、宣传和介绍业务的过程中不诋毁同行,不制造和散播对同行不利的言论。

本人在培训学习期间因违反上述承诺、无法按要求完成学习任务,或理论测试、实践考核不合格的,被劝退学习小组者,退出后仍将遵守《保密协议》相关规定并自愿承担相应损失和处罚。本人愿意承担因违约、违规所造成的一切责任。

培训生签名:_____

2016 年 6 月 25 日于 X 农商银行

AFR 微贷培训生培训学习纪律

为了提高 X 农商银行 AFR 微贷项目培训工作的效率及培训效果,规范培训制度,特对首期微贷培训人员制定以下学习纪律,要求各位从严执行。

1. 遵守培训时间安排,不迟到、不早退,特殊情况须书面请假并报微贷学习小组负责人和项目组负责人批准;所有参训人员必须在培训签到表上签名以示出勤(考勤本由小组长专人保管),严禁其他学员代签。

2. 培训人员必须提前 5 分钟进入教室,在指定的座位就座。

3. 培训时一律关闭通信工具,或调至振动状态。否则,将没收代为保管,直至当天培训结束。

4. 保持培训课堂的整洁,不得乱丢杂物。

5. 培训期间坚持自学为主,提前预习学习材料,按要求完成 AFR 微贷项目组布置的任务,严格执行项目学习计划。

6. 培训期间应认真听讲、积极思考与交流,做好课堂笔记,保持课堂安静,不窃窃私语、私下议论,交流讨论时踊跃发言、积极主动参与讨论。

7. 主动在工作之余关注微贷潜在客户的生活、生产、经营及融资需求状况,将理论学习与实践相结合并及时反映到周记中。

8.工作之余认真研读培训资料，主动查阅相关微贷资料，自我感觉收益较大的资料及时在工作例会上进行交流并在周纪中及时反映。

9.鼓励学习小组培训生每天记录学习心得，坚持每周完成一篇周记，按要求完成阶段性小结，按要求参加相关测试，无故不参加学习、不交作业者，视为自动脱离 AFR 微贷学习小组。

11.平时工作、生活中要注意维护微贷学习小组声誉，树立良好的微贷培训生形象（详见：《AFR 微贷培训生日常行为规范》）。

12.履行《AFR 微贷项目保密协议》，学习材料要注意保存，不得借阅、外传，不得用于任何商业性目的。

浙江大学 AFR 微贷项目组

2016 年 6 月 25 日

AFR 微贷培训生日常行为规范

为了规范微贷培训生日常工作、学习、生活等行为，提升 X 农商银行微贷培训生、微贷客户经理形象，特对首期微贷培训生制定以下行为规范，要求各位微贷培训生在工作、学习、生活中严格执行。

一、培训期间严格遵守《AFR 微贷培训生培训学习纪律》。

二、热爱微贷事业，有强烈的事业心、责任心和使命感。

三、团结协作、与人为善、诚实守信、胸襟开阔。

四、充分发挥自主学习能力，要有奋发向上、开拓进取的精神风貌。

五、严于律己，时刻维护微贷培训生的良好形象。

六、不得因微贷学习、培训影响现有岗位工作，确因培训、交流与现有岗位发生冲突的，须事先与同事、相关部门领导友好协商解决，协商不成即时向学习小组长、领导小组汇报请求帮助。

七、市场调查、推广宣传过程中不得诋毁同行，不得制造和散播对同行不利的言论。

八、不得泄露微贷内部学习资料以及客户信息，对外宣传应统一口径（项目启动初期严禁对外宣传！相关规定见：《AFR 微贷宣传纪律》《AFR 微贷项保密协议》以及项目合同中的保密条款）。

九、市场调研过程中不得给予客户任何贷款承诺。

十、走访客户时不得妨碍客户正常的生产经营活动。

十一、不得接受客户宴请、礼物，做到"不喝客户一口水，不抽客户一支烟，不吃客户一顿饭"，如确实推脱不了，应及时向学习小组长或领导小组主要领导报告，并按领导指示和微贷培训生纪律等相关规定，即时妥善处理客户宴请费用及礼品。

十二、与客户打交道时，应与客户建立平等的对话关系，尊重客户，文明调查，注意谈话技巧，不可因客户有求于己而高高在上，不得有任何歧视客户的行为，面对强势的客户，也要做到晓之以理，不卑不亢。

浙江大学 AFR 微贷项目组

2016 年 6 月 25 日

AFR 微贷业务宣传纪律

为了加强和规范 AFR 微贷项目对外宣传工作，维护 X 农商银行和浙江大学 AFR 微贷项目组良好形象，安心固化、优化微贷技术，特制定本宣传纪律，请各位培训生、单位相关部门从严执行（项目运营初期严禁任何宣传）。

1. 对外宣传资料须按统一格式、内容制作，统一口径；整个培训期间 AFR 微贷项目技术资料、研究成果资料均实名发放，X 农商银行相关部门领导若需阅读，须先提出申请，经微贷学习小组长同意并及时上报 AFR 项目组负责人获得批准同意后，到微贷学习小组办理相关登记手续后方可借阅（登记手册由微贷学习小组组长专人保管），阅读期间不可外借、复印、拍照，阅后及时归还。

2. 从事对外宣传工作的人员要严格遵守保密原则。将思想统一到 X 农商银行对外微贷宣传口径上来。各部门领导及主管部门在对外宣传工作中负有领导责任及监督责任。在对外宣传微贷工作中出现泄露 AFR 微贷核心技术，给微贷工作造成不良影响的部门和个人，按规定追究其相应责任。

3. AFR 微贷项目开展初期，X 农商银行各部门人员赴外单位交流、采写、制作的反映 X 农商银行微小贷款和 AFR 微贷项目组微贷工作内容的稿件、图片、录像等，所有外传资料须经微贷学习小组、领导小组和

AFR 项目组负责人审查同意,签署意见后方可进行。

4. 微贷学习小组成员培训期间赴外参观、学习交流,事先须征得项目组同意,出发前须有问题与计划、进行中须有日记、结束时须有书面学习心得或调研报告,返回单位后须主动向主管领导汇报,与相关同事交流。

5. 在媒体、网络等宣传载体上发表个人署名文章,内容涉及微贷核心业务且首次向外界公开的,须经微贷学习小组、领导小组、AFR 项目组审查同意后方能发表;只供内部掌握的信息,不得向外扩散。

6. 以个人或集体名义撰写的新闻宣传稿件,要经学习小组、项目小组负责人审核,必要时报领导小组审批;为媒体撰写新闻稿件和接受采访介绍情况,都要严格遵守《AFR 微贷项目保密协议》(见项目合同相关条款)。

7. 对外宣传时要按照预定的统一口径回答问题,不得超范围或对不属于职权范围内的问题越权作答;涉密文件、资料、讲话等,未经批准不得向外提供,不准公开发表;不得擅自披露内部已决定但尚未向外公开的重大事项。

8. 不得在对外宣传过程中发表有损 X 农商银行、AFR 微贷项目组、浙江大学经济学院、浙江大学金融研究院形象的言论,不得诋毁同行,不得制造和散播对同行不利的言论。

9. 不得从事有偿活动和商业贿赂等违纪违规活动。

10. AFR 项目运行期间,所有宣传稿件、总结性资料,均须标明项目背景及合作概况,显要位置标记"浙江大学经济学院、浙江大学金融研究院"全名,不得擅自出现 AFR 微贷项目组浙江大学方人员姓名。

浙江大学 AFR 微贷项目组
2016 年 6 月 25 日

AFR 微贷项目保密协议

甲方:X农商银行微贷培训生、相关人员

乙方:浙江大学经济学院、浙江大学金融研究院微贷项目组成员

　　甲方自愿加入 AFR 微贷培训项目,经双方协商一致,为确保相应工

作涉及的技术信息和技术资源不被泄露,并防止下述保密信息被滥用,甲乙双方达成如下协议。

一、甲乙双方作为培训工作的承担或参与者,其微贷培训任务依据 AFR 项目组培训计划确定,本协议涉及培训过程中及以后的保密责任。

二、本协议涉及保密的技术信息和技术资料包括:

1. 微贷培训中涉及的技术信息和技术资料,以及有关资料、文件、纪要和决定;

2. 微贷培训工作承担者之间往来的传真、信函、电子邮件等;

3. 微贷培训工作实施过程中产生的新的技术信息和技术资料;

4. 微贷培训工作实施过程中各有关当事人拥有的知识产权,已经公开的知识产权信息除外;

5. 甲方市场调研相关客户等信息资料;

6. 经甲乙双方在该微贷培训工作实施过程中确认的需要保密的其他信息。

三、乙方责任

1. 乙方应根据微贷培训工作的规定,向甲方提供必要的技术资料;

2. 乙方在以书面形式(包括:邮件、传真、磁盘、光盘等)向甲方提供技术信息时,可以进行登记或备案;

3. 甲方市场调研相关客户等信息资料。

四、甲方责任

1. 甲方应遵守《AFR 微贷培训生培训学习纪律》《AFR 微贷培训生日常行为规范》《AFR 微贷业务宣传纪律》《AFR 微贷客户经理工作纪律》等规定,对从乙方以外的其他渠道获得的涉及培训工作的技术信息和技术资料负有保密责任,未经乙方同意不得提供给任何第三方;

2. 甲方为承担本协议约定的保密责任,应妥善保管有关的文件和资料,未经乙方事先的书面许可,不对其复制、仿造等;

3. 在本协议约定的保密期限内,甲方如发现有关保密信息被泄露,应及时通知乙方,并采取积极的措施避免损失的扩大。

五、甲方为实施相关培训工作的需要,除乙方特别声明不能提供给他人的以外,可以将乙方提供的有关信息向本培训工作的有关方面(包括:承担相关工作的其他成员、甲方领导)提供,此行为不视为甲方违约,但须履行登记并告之相关当事人不得外泄等程序。

六、违反本协议的约定,由违约方承担相应责任,并赔偿由此产生的一切损失。

七、本协议要求双方承担保密义务的期限为,自本协议签字之日或者自双方中的一方取得有关文件、资料之日起,以时间在前的为准,至本相关工作全部完成之日止。如在本相关工作实施过程中,甲方提前退出本项目,双方应在终止本相关工作后的五年内继续履行有关保密责任。

八、本协议一式三份,甲方持有一份(合作单位法人),乙方(AFR 项目组负责人)持有一份,学习小组组长持有一份。

甲方(集体签名):＿＿＿＿＿＿

乙方（签字）:＿＿＿＿＿＿

签订地点:X 农商银行

2016 年 6 月 25 日

附录 5:AFR 微贷项目微贷产品征名通知、征名评选结果

关于开展 X 农商银行 AFR 微贷项目微贷产品名称征集的通知

各部(室)、支行:

为在日趋激烈的金融市场竞争中保持领先地位并形成核心竞争力,实现自身的可持续发展,X 农商银行近期的重点工作之一便是微小贷款业务的开展及专业化、标准化、流程化的微贷专业团队的打造,在微贷工作开展初期,微贷业务规范有序的市场营销和微贷品牌的宣传显得非常重要,为集思广益,总行高层经研究决定面向全行员工进行微贷名称的征集,具体征集办法如下:

一、征集要求与活动评定办法

(一)微贷名称要简明易懂、朗朗上口,具有美感和一定的时代感,能

够体现 X 县本地文化传统与特色,让普通老百姓一听就能明白。

(二)符合 X 农商银行"面向'三农'、面向社区、面向中小企业、面向地方经济和社会事业发展"四个面向市场定位和"支农、支小、支微、支散"的服务理念,也可融入"生态 X 县、活力 X 县、幸福 X 县"等文化主题。

(三)微贷名称必须为原创、未经注册的,不能是其他银行用过的,如发现任何抄袭行为,将直接取消参评资格。

(四)本次征名活动由 X 农商银行浙江大学 AFR 微贷项目领导小组成员直接进行评定并报 AFR 微贷项目组。

二、征名活动时间

2016 年 10 月 8 日至 2016 年 10 月 20 日 17:00。

三、征名活动范围

全县农商银行员工均可参加报名。

四、征名提交方式

(一)对所提交的微贷产品名称要有简要的创意说明,并注明征集人姓名、所在部室、支行。

(二)提交至专用电子信箱:×××@×××.com,联系人:×××,联系电话:××××-××××××××。

五、奖项设置

征集活动截止后,由微贷名称征集领导小组对所征集作品进行评审,确定入选名称及正式运行名称,并在第一时间通知入选名称所在部室、支行及作者本人。本次征集选出入选作品 6 条,最终使用 1 条,入选作品每名奖励 200 元,最终使用者再奖励 800 元。(每名参赛者可提报多条征名)

获奖征名作品提交 X 农商银行浙江大学 AFR 微贷项目领导小组决定,供 X 农商银行微贷中心、AFR 微贷项目组制作宣传册时参考。

附:

"AFR 微贷"系浙江大学经济学院、浙江大学金融研究院、浙江省金融研究院微型金融项目组、浙江大学 AFR 微型金融研究中心长期跟踪研究国内外微贷理论、成功经验并结合浙江县域农村经济、金融等实际情况所推出的县域微型金融研究项目。自 2011 年以来,浙江大学 AFR 微型金融项目组已先后与浙江、广西、江西、安徽等地 10 余家县域小微法人银行类金融机构开展合作推进 AFR 微贷项目。

　　"AFR 微贷"专门面向具有强烈劳动意愿和一定劳动能力,却长期被正规金融服务体系边缘化、难以获得基本融资服务的个体工商户、微小企业主等金融弱势群体(其他银行不愿做、不敢做或者来不及做的"四无""四有"与"四缘"人员)。与主要依靠抵押担保来确保贷款质量的传统信贷不同,"AFR 微贷"注重对客户本人及其经营实体的分析与判断,坚持对客户真实经营情况及真实现金流量的分析;强调贷款对象的还款意愿和还款责任,实行严格的贷款监督和回收机制,对客户"还款意愿风险实行零容忍";同时对微贷客户经理在工作中的一举一动、一言一行实施严格的行为规范,对违反"六不准"等职业道德行为采取"零容忍"。概言之,"AFR 微贷"产品的主要特征如下:额度 30 万元以下(含 30 万元)、年利率 10.005%、无抵押、软担保,整贷零还为主。

　　"AFR 微贷"的基本运行目标是:通过 3～5 年的持续努力,将微贷中心(筹)打造成为"新客户经理培训基地、原生态客户挖掘与孵化基地、支农支小信贷产品创新试验基地",在满足微小客户融资需求、培育忠诚客户群体,优化客户经理队伍等方面有所作为,实现银行的可持续发展。

浙江大学 AFR 微贷项目组

X 农商银行〔2016〕263 号 关于公布 X 农商银行 AFR 微贷征名活动评选结果的通知

各支行、营业部:

　　为在日趋激烈的金融市场竞争中保持领先地位并形成核心竞争力,实现自身的可持续发展,经总行党委研究于 2016 年 5 月 21 日正式启动 X 农商银行 AFR 微贷项目。自培训开班以来,各项工作有序开展。为集思广益,2016 年 10 月 8 日－20 日面向全行员工发出了微贷名称征集通知。

　　在征集期间内,全行员工踊跃参与,总行共收到来自各支行及部室的微贷征名投稿 80 份,依照《关于开展 X 农商银行 AFR 微贷项目微贷产品名称征集的通知》相关规则,经总行党委表决,最终推选作品为××支行×××"惠民微贷",给予奖励 1000 元。评选出入围作品 7 份(因投

稿作品名称出现巧合,分别计入),分别为:××支行×××"儒风微贷",
公司业务部×××"速盈微贷",××支行×××"心芽微贷",××支行
×××"融易微贷",××支行×××"融易微贷",××支行×××"信易
微贷",××支行×××"泉源微贷",以上入围作品,给予每名奖励
200元。

二○一六年十月二十九日

主题词:微贷　征名　评选　结果　通知
内部发送:总行班子成员,各部(室)、中心
X农商银行股份有限公司　　　　　　　　　2016-11-03印发

附录6:首批培训生脱产赴Z农商银行实习的请示报告、实习协议、考核办法

关于X农商银行浙江大学AFR微贷项目
首批培训生脱产赴Z农商银行微贷中心实习的请示报告

尊敬的X农商银行领导:

　　自2016年5月21日X农商银行浙江大学AFR微贷项目与培训启动以来,AFR微贷项目运营已有约6个月时间。在行领导及相关部门的全力支持下,AFR微贷学习小组及各位培训生按时、按量、按质完成了制订的各项计划(详见附件),项目运行正常。

　　基于贵行人力资源、AFR微贷项目稳健有序运营及X县微贷市场需求等因素,在结合Z农商银行微贷中心推荐、各位培训生推荐情况基础上,综合考虑各位培训生的周记、周例会纪要、扫街等各项作业以及平时月度例会、周例会表现等因素(详见附件),拟推荐AFR微贷学习小组组长×××,培训生×××、×××、×××、×××("1+4")5名成为首批脱产培训生,待高层批准后赴Z农商银行微贷中心实习14天(含双休日),然后直接进入X农商银行微贷事业部开展微贷业务试运营工作(建议:赴Z农商银行微贷中心实习时间:2016年11月27日至12月10日,适当提前更好)。建议由×××同志全职担任微贷事业部主任,全面负

责微贷中心日常管理、绩效考核、风险控制等制度起草,二期本土化培训材料编写,同时带领首批脱产的 4 位微贷客户经理探索性地开展符合浙江大学 AFR 微贷项目要求的微贷业务(微贷事业部试运营期间考核要点见文后);余下×××、×××、×××、×××4 位培训生进入第二阶段的培训与实习等工作(实习期间考核办法见文后),为保证微贷事业部试运行期的稳定性,建议 2017 年 4 月上中旬考虑第二批脱产培训或内部转岗。

以上安排妥否? 敬请高层阅定!

浙江大学 AFR 微贷项目组
2016 年 11 月 18 日

业务试运行期间考核要点:

考虑到各位是兼职参加培训、早期市场的开拓、二期培训本土化资料编写等工作,2016 年各培训生的收入按原岗位发放;2017 年收入则分段区别:前 6 个月首批脱产者完成下述微贷业务及其他作业(周记、纪要、扫街、未脱产培训生见习指导,经典案例、二期本土化培训资料编写,PPT文稿及试讲等)者收入不低于本行客户经理(或行政岗位)平均收入水平;2017 年 7 月份开始按市场化考核(2017 年下半年考核文件参照兄弟行社及本单位实际情况执行,待完成)。

微贷事业部成立后 4 位培训生前 6 笔贷款要求(对微贷事业部主任无此要求,但须为无抵押、弱担保):"四无"客户、金额 10 万元(含 10 万元)以下、整贷零还(若遇到非原生态客户可推荐给微贷事业部主任做);2017 年 1 月份开始考核(12 月份业务计入下年度考核),考虑到春节因素,2017 年 1、2 两个月每人每月不少于 2 笔;2017 年 3 月份起每人每月不少于 4 笔;至 2017 年 6 月底,业务试运营期间中心每人累放微贷不少于 20 笔,金额 200 万元左右;中心累放(按 5 人计算)100 笔,金额 1000万元左右(建议:试运营期间微贷事业部主任和培训生一起做业务,二期培训开始后再专职从事管理工作)。

未脱产培训生进入见习培训阶段(至 2017 年 5 月底结束后进行统一考核)。未脱产培训生、脱产者进行双向选择组成"1＋1"小组,组内培训生成功营销客户计入脱产者任务,脱产者负责指导等工作;未脱产培训生见习期间除完成原常规性作业外,其他作业及考核办法另行制定。

附件:

附件1:测试成绩、优秀周记、纪要、自评与考评(留存微贷部)

附件2:第一阶段常规性作业统计汇总(留存微贷部)

附件3:考核表汇总(2016年5月21日—2016年11月14日)(留存微贷部)

附件4:周记、会议纪要逐次评定情况(留存微贷部)

附件5:培训生推荐材料(留存微贷部)

附件6:第一阶段周记汇总(留存微贷部)

附件7:第一阶段月度交流、周例会交流纪要(可参见打印稿,留存微贷部)

附件8:X农商银行AFR微贷项目培训生第一阶段优秀作业统计

浙江大学AFR微贷项目组、X农商银行AFR微贷学习小组

2016年11月16日

AFR微贷项目实习协议书(含考核办法)

甲方:Z农商业银行股份有限公司微贷中心

乙方:×××等5至6人

根据浙江大学与Z农商银行关于《X农商银行微小贷款发展研究》科研项目合同书,并经浙江大学AFR微贷项目组授权,Z农商银行微贷中心作为受托方,负责X农商银行浙江大学AFR微贷项目培训生实习指导,为有序、规范、高效完成本次实习活动,明确双方实习期间权利义务关系,经双方协商,特签订如下实习协议:

一、实习原则

Z农商银行微贷中心按照浙江大学AFR微贷项目组要求开展对乙方的实习培训,签订《实习协议》,实习期间甲方对乙方进行理论与实践考核。实习期结束,根据乙方表现及考核结果,对乙方出具书面实习考核意见,报浙江大学AFR微贷项目组及派遣单位备案。

二、实习内容

(一)理论固化。据实习内容和实习效果安排理论学习或案例交流,

并进行测试,测试成绩与交流表现计入最终考评总分。

(二)实习实战。学习"实战"技术,跟随本行培训师进行全流程实践微贷业务。

三、实习方式

微贷中心主任负责实习活动的组织、运行与监督,微贷培训师与实习生组成"1+1"实习小组(1 位培训师帮带 1 位实习生),培训师负责实习期间对实习生的业务指导、实践与交流,微贷中心主任、AFR 微贷项组负责相关测试与考评。

四、实习时间

2016 年 11 月 27 日—12 月 11 日,不少于 10 个工作日。

五、实习考核

实习过程中认真完成浙江大学 AFR 微贷项目组、甲方布置的各项作业,不得无故退出,在实习中因违规违纪或考核测评不合格被清退或淘汰的,甲方上报浙江大学 AFR 微贷项目组并退回实习派遣单位。实习期间考核要点如下:

(一)学习考核(30 分)。

1.安排 2~3 次理论实践测试(含总测试),测试内容以 AFR 微贷项目组下发的资料及本次实习实践学习内容为准。

2.日记、每周周记等作业完成情况,实习纪律、日常工作和生活行为规范、宣传纪律等纪律执行情况。

测试成绩按不同权重计入学习考核,周记、作业完成情况作为加扣分项,最终理论综合成绩低于 60 分的,视为理论实习考核不合格。

(二)实践考核(70 分)

1.客户营销 31 分。实习期间要求:完成客户营销任务 20 户以上且成功营销客户不少于 1 户。考核测评时营销户数每超一户加 0.2 分,反之则扣 1 分,低于 10 户的 0 分;没有成功营销的扣 5 分,成功营销客户每多 1 户加 1 分。

2.微贷实践操作 39 分。实习期间要求:

1)参加微贷调查 4 次,基本分 12 分,超一次加 2 分,少一次扣 3 分;

2)撰写调查报告 2 篇,基本分 10 分,超一篇加 3 分,少一篇扣 5 分;

3)参加审贷会 4 次,基本分 8 分,超一次加 1 分,少一次扣 2 分;

4)贷后走访 4 户,基本分 6 分,超一户加 1 分,少一户扣 1.5 分;

5)系统操作 2 户,基本分 3 分,超一户加 0.5 分,少一户扣 1.5 分。

六、实习测评

在经过理论固化和见习实战培训后,实习生需进行小结并填写由浙江大学 AFR 微贷项目组统一设计的考核表,Z 农商银行微贷中心实习考核小组独立进行综合测评并报浙江大学 AFR 微贷项目组审定。测评基础分 100 分,包括理论、实战考核及加扣分因素等。

(一)实习期间,实习生有违反微贷学习、工作、生活及宣传纪律行为的,情节严重的上报浙江大学 AFR 微贷项目组直接淘汰退回原派遣单位,情节轻微且改正的,一次扣 5 分。

(二)综合考核测评分数 85 分(含)以上,且理论综合测试成绩合格,在实习期内完成全部营销任务及实践任务目标的,成绩为优秀。

(三)综合考核测评分数 60 分(含)以上,理论综合测试成绩合格且实践考核任务完成得分 50 分以上(其中微贷实践操作得分不低于 25 分)的,成绩为合格。

(四)考核结果未达到上述要求的,为不合格。

七、甲方责任

(一)根据浙江大学 AFR 微贷项目组和乙方实习要求,制订详细的实习计划,组织微贷专业人才队伍,系统、有序地对乙方进行微贷实习培训,并提供必要的技术信息和技术资料。

(二)按本协议规定,对乙方的实习学习进行管理和考核(每周须召开周例会且须指定专人完成会议纪要,每个工作日须召开晨会明确当天主要工作),甲方授权培训师具体承担并落实"1 带 1"帮带实习指导(帮带扫街营销、实地调查等微贷全流程,评阅周记、调查报告、案例编写等作业)。

(三)甲方在以书面形式(包括:邮件、传真、磁盘、光盘等)向乙方提供技术信息时,可以进行登记或备案。

八、乙方责任

(一)确保按甲方实习计划参与整个实习过程,时间不少于 15 个工作日,坚持自学为主、定期交流、主动接触市场的原则,按要求参加甲方组织的实习测试及实践活动,不得无故退出。

（二）按质按量完成甲方布置的各项实习任务及团队相关工作和学习计划，认真研读技术资料，主动查阅相关微贷资料，每天记录学习心得，坚持每周完成1篇周记，准时上交周记、会议纪要等作业，不编写虚假的调查报告或凭自己的主观臆断来编写调查报告。

（三）平时工作、生活中注意维护甲方声誉，树立良好的实习生形象，严格遵守保密条款，学习材料注意保存，不得借阅、外传，不得用于任何商业性目的。

（四）遵守实习时间安排，不迟到、不早退，特殊情况确要请假的，须提前一天向培训师说明情况，取得甲方的批准。

（五）严禁利用实习生身份之便直接或间接收受客户任何好处。在市场调查、宣传和介绍业务的过程中不诋毁其他银行同业，不制造和散播对其他银行同业不利的言论。

（六）严格遵守甲方相关规章制度，夜晚不得独自离开实习场所或休息场所，确保人身安全。

九、保密条款

甲乙双方作为实习工作的承担或参与者，在实习过程中及以后的工作中需承担相应保密责任。

（一）本条款涉及保密的技术信息和技术资料包括：

1.微贷实习中涉及的技术信息和技术资料，以及有关资料、文件、纪要和决定；

2.微贷实习工作承担者之间往来的传真、信函和电子邮件等；

3.微贷实习工作实施过程中产生的新技术信息和技术资料；

4.微贷实习工作实施过程中各有关当事人拥有的知识产权，已经公开的知识产权信息除外；

5.经甲乙双方在该微贷实习工作实施过程中确认的需要保密的其他信息。

（二）乙方保密责任：

1.乙方对从甲方或者甲方以外的其他渠道获得的涉及实习工作的技术信息和技术资料负有保密责任，未经甲方同意不得提供给任何第三方。

2.乙方为承担本协议约定的保密责任，应妥善保管有关的文件和资料,未经甲方事先的书面许可,不对其进行复制、仿造等。

3.在本协议约定的保密期限内,乙方如发现有关保密信息被泄露,应及时通知甲方,并采取积极的措施避免损失扩大。

4.甲方为实施相关培训工作的需要,除乙方特别声明不能提供给他人的以外,可以将乙方提供的有关信息提供给本培训工作的有关方面(包括:承担相关工作的其他成员、聘请的专家、甲方行领导),此行为不视为甲方违约。

十、特别约定

1.乙方需严格遵守《实习协议》及附件《Z农商银行微贷实习纪律》,乙方在实习期间违反上述纪律的,甲方有权终止乙方实习生资格,将其清退。

2.乙方未请假或虽请假但未获批准,无故不参加实习工作的,发生一次即视为不合格,失去实习生资格,乙方自动退出。

3.乙方在实习期间无故不参加学习、不交作业或迟交作业的,失去实习生资格,乙方自动退出。

4.乙方不遵守甲方规章制度,或独自离开实习场所、休息场所,或在非实习时间的个人活动中出现相关财产损失或人身损害的,由乙方自己承担全部民事或法律责任。情节较重的,甲方有权终止乙方实习生资格。

十一、其他

1.违反本协议的约定,由违约方承担相应责任,并赔偿由此产生的一切损失。

2.本协议要求双方承担保密义务的期限,自本协议签字之日或者自双方中的一方取得有关文件、资料之日起,以时间在前的为准,至本相关工作全部完成之日止。如在本相关工作实施过程中,乙方提前退出本项目,双方应在终止本相关工作后的五年内继续履行有关保密责任。

3.本协议一式四份,甲方持有两份,乙方持有一份,报送 AFR 微贷项目组一份。

附件:Z农商银行微贷实习纪律

特别提示:甲方已提请乙方注意对本协议各条款做全面、准确的理解,并应乙方的要求做了相应的条款说明,签约各方对本协议的含义认识一致。

甲方(盖章)：

培训师(签字)：＿＿＿＿＿＿＿＿＿＿＿

乙方（签字)：＿＿＿＿＿＿＿＿＿＿＿

2016 年　　　月　　　日

签订地点:Z农商银行

Z农商银行微贷实习纪律

为确保微贷实习效果,规范实习生纪律,特制定以下纪律,要求参与实习人员从严执行。

1. 严格遵守《实习协议》,遵守 Z农商银行微贷中心的实习管理,以积极、谦虚、认真的态度参加微贷实习培训。

2. 实习期间保持实习场所的整洁,不得乱丢杂物,不得损害公物。

3. 遵守实习时间安排,不迟到、不早退,在实习签到表上签名以示出勤,严禁其他人员代签。特殊情况确要请假的,须提前一天向培训师说明情况,取得微贷中心的批准。

4. 实习期间坚持自学为主,按要求完成实习单位布置的任务,每天记录学习心得,每周完成一篇周记。

5. 不得在日常生活中流露出任何对微贷或微贷实习自豪、推崇或厌烦、不满等相关情绪。

6. 尊重和服从培训师的指导和检查监督,与团队微贷客户经理积极互动、交流。

7. 实习材料注意保存,不得借阅、外传,不得用于任何商业性目的。

8. 不得有诋毁同行的言行,不得给予客户任何贷款承诺,走访客户时不得妨碍客户正常的生产经营活动,与客户交流时要注意礼仪。

9. 严于律己,时刻维护微贷实习生的良好形象,不得影响和损害合行、微贷中心及团队声誉。

10.严格做到"六不准"要求。即不喝客户一口水,不抽客户一根烟,不吃客户一顿饭,不收受客户任何礼品,不泄露客户任何信息,不增加客户除利息外的任何费用。

附录7:惠民微贷产品宣传资料

X农商银行

惠民微贷
微贷款 铁纪律 强服务

想扩大经营? 想重新装修? 想补充周转资金? 别急,我们着力解决您的需求!

没有资产抵押? 没有公务员担保? 没有贷款经验? 别担心,我们更看重您的还款意愿和发展潜力!

牵手惠民微贷,您的创业从此无须再等"贷"!

我们的产品

"惠民微贷"是X农商银行携手浙江大学经济学院、浙江大学金融研究院打造的一款新型贷款产品,面向具有3个月以上(含3个月)经营经验的个体工商户、家庭作坊业主、微小企业主、农户及其他从事小规模经营的群体,满足您"小、短、频、急"的金融需求。

产品特点:
- 流程快:手续简便,三天答复;
- 方式活:无须抵押,量身定做;
- 负担轻:仅付利息,零手续费;
- 额度高:高达30万元,分期还款。

我们的承诺

一、不喝客户一口水;

二、不抽客户一根烟;

三、不吃客户一顿饭；

四、不收受客户任何礼品；

五、不泄露客户任何信息；

六、不增加客户除利息外的任何费用。

我们的流程

带上您的身份证到我行小微贷事业部→告诉我们您的资金真实需求和生意真实状况→我们通过实地调查分析，快速做出决定→您来我行签订合同，把钱带走。

我们的目标

为您提供平等的融资机会，让您获得优质的服务，与您建立长期的互惠关系，成为您值得信赖的合作伙伴！

我们的机构

X 农商银行小微贷事业部是 X 农商银行下属专门从事微小贷款业务的专营机构。引进浙江大学 AFR 微型金融课题组开发的 AFR 微贷科研成果，致力于构建先进、新型的贷款模式，培育务实、高效、廉洁的信贷文化，为广大微小客户提供量身打造的创新型融资产品。

我们的地址：X 县××路××号（X 县×××向南 300 米路西）

我们的电话：（××××）××××××××

微贷贷微助民生，普惠惠普见真情！

附：分期还款示例表（以 2016 年 12 月基准利率水平，贷款 10 万元，期限一年为例）

惠民微贷 10 万元等额本息还款明细　　　　　　（单位：元）

期数	月还款	利息	本金	余额
1	8714	694	8019	91980
2	8714	639	8075	83904
3	8714	582	8131	75773

续表

期数	月还款	利息	本金	余额
4	8714	526	8187	67585
5	8714	469	8244	59340
6	8714	412	8302	51038
7	8714	354	8359	42678
8	8714	296	8417	34260
9	8714	238	8476	25784
10	8714	179	8535	17248
11	8714	119	8594	8654
12	8714	60	8654	0
合计	104568	4568	100000	

附录 8:惠民微贷管理条例、惠民微贷操作流程

X 农商银行〔2016〕275 号 关于印发《X 农商银行股份有限公司"惠民"微小贷款管理暂行办法》等两项管理制度的通知

各支行、营业部:

　　为提升微贷业务品牌形象,拓展微贷业务服务范围,促进微贷业务健康发展,总行将于 2016 年 12 月推出"惠民"微小贷款业务,并开始正式运营。为进一步规范微小贷款业务管理,特制定《X 农商银行股份有限公司"惠民"微小贷款管理暂行办法》和《X 农商银行股份有限公司小微贷事业部微小贷款操作流程(暂行)》两项制度办法。现印发给你们,请认真学习并遵照执行。

　　附件 1:X 农商银行股份有限公司"惠民"微小贷款管理暂行办法

　　附件 2:X 农商银行股份有限公司小微贷事业部微小贷款操作流程(暂行)

二〇一六年十一月十八日

附件1:X农商银行股份有限公司"惠民"微小贷款管理暂行办法

第一章　总　则

第一条　为提升微贷业务品牌形象,增强市场核心竞争力,实现自身的可持续发展,推进微贷业务管理制度化、规范化、科学化,依据《个人贷款管理暂行办法》《A省农村信用社信贷管理基本制度》等制度要求,特制定本微小贷款管理暂行办法。

第二条　"惠民"微小贷款业务(以下简称"惠民"微贷)是指X农商银行向个体工商户、家庭作坊业主、微小企业主,以及其他从事小规模生产经营的自然人发放的,有效突破抵押、以借款人经营现金流与家庭可支配收入作为主要贷款条件与还款来源的微小贷款。

第三条　"惠民"微贷坚持"入户调查、眼见为实、自编报表、交叉检验"原则,更加注重对客户本人及其生意的分析与判断,对客户真实经营情况及真实现金流量的分析,把分析的结果当作判断标准和放款依据,注重和强调贷款对象还款意愿和还款责任,实行严格的面谈面签、贷款监督和回收机制,对客户"违约风险零容忍度"。

第四条　"惠民"微贷用于借款人从事生产经营性所需的各类资金周转需求,不得以任何形式流入证券市场、期货市场或用于股本权益性投资。

第二章　贷款条件、担保方式及申请贷款所需提供资料

第五条　借款人贷款条件:

1.借款人年龄加贷款期限原则上控制在65周岁之内,具有完全民事行为能力的自然人;

2.在贷款人处开立个人银行结算账户,并自愿接受贷款人的结算和信贷监督;

3.提供个人真实信息及经营状况,有明确的贷款用途;

4.有强烈劳动意愿和一定劳动能力的实际生产经营者;

5.有固定住所或生产经营场所;

6.从事合法经营行业,具有三个月以上(含)的从业经历,具备按期偿还贷款本息能力;

7.诚实守信,遵纪守法,无不良生活嗜好;

8.贷款人规定的其他条件。

第六条　担保方式：

（一）信用

是指贷款人根据借款人实际经营情况及个人信誉状况发放的贷款。

（二）保证

微贷业务采用灵活多样的担保方式，更加注重保证人在贷款过程中对借款人道德风险和偿债能力的警示作用。

保证人原则上应是有稳定收入，年龄在 20～60 周岁之间，具有完全民事行为能力的自然人、企业法人、其他经济组织。借款人为非 X 县户籍的自然人，但其经营地在本县范围内，原则上要求有当地居民作为保证人。

第七条　申请贷款所需提供资料：

1. 借款人和配偶的身份证、户口簿、结婚证；

2. 营业执照或固定经营场所的相关证明；

3. 借款人相关承诺授权声明书；

4. 其他贷款人认为需提供的资料（如：存折、进货单等能支持借款人经营现金流的相关凭证材料）。

第三章　贷款额度、期限、利率、还款方式

第八条　贷款额度。"惠民"微贷单户贷款金额一般控制在 10 万元（含）左右，最高不超过 30 万元（含），由总行小微贷事业部审贷小组审批，具体贷款金额根据调查、测算与检验情况以及客户的需求，以审慎、安全为原则合理确定，贷款金额确定后客户每月用于还款的金额不得超过其月可支配收入的 70%。

第九条　贷款期限。贷款期限一般控制在三个月到一年（含）以内，可以适当延长，原则上不得超过三年（含），具体可根据借款人生产经营周转情况、还贷能力等综合因素而定。

第十条　贷款利率。贷款利率按中国人民银行公布的基准利率的 2.3 倍执行，可按月、按季、按年（期限超过一年的）调整或不调整（期限必须在一年以内），贷款利息按实际贷款天数计息。

第十一条　还款方式。贷款采用分期固定金额还款方式，可按月、双月或季还款周期分期还款。

第四章　贷款管理

第十二条　贷款人要加强对贷款的管理,严格按照规定做好贷款"三查"工作,保证贷款按期收回。

第十三条　贷款每月应还本息逾期超过 15 日需向总行小微贷事业部总经理作汇报,并向总行风险管理部上交书面报告。

第十四条　贷款本息逾期形成不良贷款后,按总行不良贷款管理办法进行责任追究,其中审贷小组成员按审查岗职责承担审查责任,具有审批权限的审批人承担审批责任。

第十五条　微贷客户经理所管理贷款金额不良率达到 2% 以上,应暂停贷款发放权限,落实清收不良贷款。

第十六条　不良贷款相关责任人所办理的贷款完全按照微贷管理办法执行的,经总行认定后,确实因非主观因素造成不良的,可以尽职免责,但需按相关规定积极开展清收所造成的不良贷款。

第五章　工作制度

第十七条　微贷客户经理每天需详细记录工作日志,重点记录对客户的调查情况及工作感悟;每周记周记,重点对客户的贷款情况、服务需求等进行记录与小结,并制订每周工作计划;每月需有月度工作小结。

第十八条　微贷客户经理需坚持每天晨会制度和微贷小组周例会制度,对营销客户情况、方式方法及取得效果进行定期阐述与交流,通过多种方式对微贷理论进行回顾学习并结合案例进行总结。

第六章　附　　则

第十九条　本管理办法由 X 农商银行股份有限公司负责解释与修订。

第二十条　本办法自发文之日起实施。

附件 2：X 农商银行股份有限公司小微贷事业部微小贷款操作流程
（暂行）

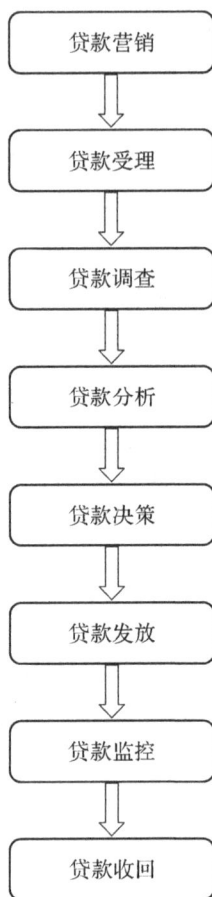

```
┌──────────────┐
│   贷款营销    │
└──────────────┘
       │
       ▼
┌──────────────┐
│   贷款受理    │
└──────────────┘
       │
       ▼
┌──────────────┐
│   贷款调查    │
└──────────────┘
       │
       ▼
┌──────────────┐
│   贷款分析    │
└──────────────┘
       │
       ▼
┌──────────────┐
│   贷款决策    │
└──────────────┘
       │
       ▼
┌──────────────┐
│   贷款发放    │
└──────────────┘
       │
       ▼
┌──────────────┐
│   贷款监控    │
└──────────────┘
       │
       ▼
┌──────────────┐
│   贷款收回    │
└──────────────┘
```

微小贷款流程

一、贷款营销

（一）人际营销

1.定义：人际营销是微贷的初期营销，是指通过人与人之间的信息传递，建立银行微小贷款业务的口碑，使其存在于部分目标客户的潜意识中。

2.方式：主要以"扫街"方式进行，还可以配合组织相应的活动或者公益活动。

（二）媒体营销

1.定义：媒体营销是当微贷业务准备大面积铺开的时候开展的营销，使用传统媒体与网络媒体共同推广，使微小贷款业务为目标客户所接受。

2.方式：网络、电视和墙体广告等。

（三）品牌营销

1.目标：树立微小贷款服务品牌，使其成为人人所知的信贷产品。

2.方式：通过业务的不断扩展和业务量的提升，微贷业务的售后服务和客户关系维护将成为关键，优质高效的产品和高水平的延伸服务，成就成功的银行服务品牌，从而扩大客户群体。

二、贷款受理

（一）获取客户基本信息

1.了解客户贷款需求，掌握客户需要申请哪种贷款。

2.了解客户对产品的疑问，并对疑问给予针对性解释。

3.了解客户贷款用途是资金周转或进货，还是扩大生产或引入新项目。

4.了解基本经营信息：经营年限、经营地点、经营场所权属、营业执照等。

5.了解个人及家庭基本信息：年龄、学历、婚姻状况、家庭成员构成、家庭住址等。

（二）获取客户详细信息

1.获取详细经营信息：过往经营史、申请贷款的用途、损益信息、资产负债信息等。

2.获取更多家庭信息：家庭主要财产、家庭存款及日常支出、其他收入来源等。

3.填写受理信息登记表，初步测算客户还款能力。

4.指导客户或代为填写微贷申请表，并签订授权书、承诺书。

（三）审核客户申请材料

1.审核申请资料完整性。

2.审核申请资料真实性。

（四）查询人行征信系统

1.查询个人征信记录。

2.打印个人信用报告。

3.汇总客户个人信用报告等级。

（五）现场受理结束

1.受理结束前向客户介绍整体贷款流程。

2.告知客户实地调查时需要准备和提供的资料清单。

3.客户临走前送出名片和宣传单并再次确认客户联系方式。

（六）受理分析

1.贷款用途真实性、合理性分析。

2.还款能力分析。

3.还款意愿分析。

4.填写受理信息登记表。

5.通过贷款受理的,受理岗把相关申请材料提交主管审核。

（七）分配调查任务

主管接到受理岗提交的相关申请材料后,应对申请材料和客户情况进行复核,并出具复核意见,复核通过的,主管合理分配调查任务。

（八）客户申请信息录入

受理岗将客户信息录入个人信贷系统,然后提交贷款申请至管户微贷客户经理。

三、贷款调查

（一）调查准备

1.调阅资料。

2.梳理客户信息。

3.根据调查内容、潜在风险点完成贷前准备表。

4.电话约访客户。

（二）实地调查

1.调查开场与客户打招呼并向客户表明来意。

2.详细调查客户基本情况和贷款用途。

3.详细调查经营、资产、负债情况并盘点存货。

4.详细调查经营损益情况。

5.家庭拜访并调查保证人信息。

四、贷款分析

(一)编制财务报表

1.资产负债表的编制方法。

2.损益表的编制方法。

(二)评估贷款用途的真实性

(三)分析客户还款能力、还款意愿

五、贷款决策

(一)审贷会准备

审贷会成员事先阅读贷款申请资料,找出存在的疑问。

(二)贷款陈述

微贷客户经理向审贷会成员陈述贷款申请。

(三)审贷会提问与回答

审贷会成员根据调查报告,对客户的贷款目的合理性、影响客户还款能力和还款意愿因素,以及调查不完整或存在疑问的信息进行提问,由微贷客户经理当面进行回答,审贷会成员可指定主调微贷客户经理或辅调微贷客户经理回答。

(四)决策

审贷会成员根据微贷客户经理回答情况和贷款资料内容独立做出各自的审批决策,需要综合考虑贷款用途的真实性、还款意愿、财务信息、家庭情况、主要风险点等因素,做出贷款决策。只有审贷会的所有成员一致批准通过,贷款方为审批通过。

六、贷款发放

(一)合同签订

需留存借款人及其配偶/共同还款人签字影像资料,如有担保人,需留存担保人及其配偶/共同还款人签字影像资料,打印后附至客户个人档案。

(二)贷款发放

贷款审批后,及时和借款人联系办理相关手续发放贷款,此过程不超过三个工作日。信贷资金发放具体可参照总行《贷款资金支付监督管理实施细则(试行)》有关办法执行。

七、贷款监控

(一)贷款到期提示还款

1. 系统提示：信贷系统对即将还款的客户进行短信提醒；我行信贷系统可以提前 7 天提示，手动操作，手机要全号。

2. 人工提示：对于没有手机的客户，由管户微贷客户经理进行电话提醒。

(二)贷后检查

1. 贷后检查分类

(1)首期检查

新发放的贷款：微贷客户经理应在新贷款发放后的 5 天内到客户生产经营现场进行首期贷后检查，填写《贷款贷后首期检查表》，保存至客户个人档案。

(2)常规检查

方式：包括电话访谈和见面访谈、实地检查、查询人行征信系统、监测贷款还款账户等。

(3)特别检查

逾期超过一天的贷款：管户微贷客户经理必须与贷后管理岗或业务主管一同去客户住所或生产现场进行贷后特别检查与贷款逾期催收。在出现较大的市场风险或政策导向发生重大变化时，或获知客户生产经营或家庭发生重大变化，可能会影响客户还款能力时，也应立即对客户进行实地贷后特别检查。

(三)异常情况处理

1. 贷款用途变更

在首次检查和经常性检查中，微贷客户经理发现借款人将贷款挪作他用时，要根据不同情况进行不同的处理。

2. 贷款逾期

(1)逾期催收：在逾期催收过程中，微贷客户经理必须始终保持严肃性和原则性，只有催收力度超过了逾期客户的心理承受能力，才能够催收成功。

(2)催收方式：还款前提醒；人工电话催收；上门送达催收函；对借款人和保证人进行联合催收；发律师函催收；向地方法院申请支付令；法律

诉讼。

（3）预防与管理贷款拖欠：通过运用有效的方式方法促使客户养成良好的还款习惯，引导客户按时还款。

（四）业务移交

如遇管户微贷客户经理变更，新管户微贷客户经理和原管户微贷客户经理之间应做好档案交接，原则上新老管户微贷客户经理应共同拜访客户一次，至少新管户微贷客户经理应拜访客户一次，并作为贷后检查登记。

（五）档案管理

遵循"明确职责、科学管理、有效利用、确保安全"的基本原则，需指定专人负责微小贷款信贷档案的审核、整理、保管、移交等工作，档案管理人员及其他相关人员需严格执行档案调阅、保管与保密等工作制度，有效保护和利用信贷档案。具体可参照总行《信贷档案管理实施细则（试行）》办法要求执行。

八、贷款收回

（一）微小贷款用的是"笔笔清"制度。

（二）微小贷款一律不得展期。

（三）最常用的是按月等额还本付息法。

附录9：二期培训计划、培训生考核方案

二期培训计划

一、培训目的

自 2016 年 5 月份 X 农商银行与浙江大学经济学院、浙江大学金融研究院合作开发《X 农商银行微小贷款发展研究项目》（下文简称 AFR 微贷项目）以来，目前已取得阶段性成果。为进一步巩固前期成果和固化、优化微贷技术进而形成自主复制能力，打造小微贷事业部核心可持续发展的团队，为 2017 年 X 农商银行全面推进微贷业务积蓄力量，现开展第二阶段微贷培训工作。

二、培训形式

1. 理论培训阶段（2～3个月）

理论培训阶段培训生以不脱岗（兼职）的形式，利用休息时间，每周五晚上集中授课交流，培训流程如下：

（1）理论培训

上一周学习内容测试（30分钟）；

集中授课，主讲微贷理念、营销、贷款流程等内容（60分钟）。

（2）小组讨论，集体交流

团队讨论＋集体讨论，微贷总经理、一期微贷客户经理指导。

2. 见习阶段（6个月左右）

每周参加周例会，周例会召开方式自行讨论决定并报AFR微贷项目组审核；

每周实习一天并完成小组长、小微贷事业部安排的相关任务和作业。

三、培训内容

1. 初期（理论与理念固化阶段）

微贷客户经理培训生学习纪律与要求、培训生日常行为准则、微小贷款客户群分析、微贷项目实施情况、微贷客户经理管理办法、微贷客户经理职位描述、微贷客户经理工作纪律及对外宣传纪律、资料学习、本单位信贷流程介绍、金融基础知识、法律基础知识等。

2. 中期（理论与实务性案例交流）

AFR微贷项目介绍；为什么我们要争取客户；市场营销；基本交流技巧；如何接待和受理贷款申请；如何拒绝贷款申请；如何进行财务分析；如何做好现场调查；资产负债表；损益表；现金流量表；财务比率；交叉检验；贷后监控；服务性或贸易性行业案例分析；生产性行业案例分析；信贷系统；微贷流程；微小额贷款管理办法；贷款合同签订流程；信贷系统操作流程；案例讨论等。

3. 后期（理论与模拟操作性阶段）

专题研讨、案例讨论与交流：贷款营销专题、权益交叉检验专题、编制三表专题等。

4.见习阶段内容

每周须参加周例会,周例会召开方式自行讨论决定并报 AFR 微贷项目组审核;每周实习一天并完成小组长、微贷总经理安排的相关任务和作业(市场营销、贷款受理、现场调查、编制报表、贷后回访等)。

四、培训补充说明

1.二期微贷培训生中表现优秀并经考核合格的,于 2017 年 12 月底前首批脱产进入小微贷事业部试用(试用期相关考核办法另行制定)或由小微贷事业部推荐至人力资源部;不合格者延长见习期或退回原岗位;

2.各阶段具体所需时间、培训内容视情况而定,工作进程视全行客观条件、工作安排等情况而定,但培训程序、内容、方式相对稳定;

3.培训期间注意案例与经验总结,尤其是典型案例;

4.培训期间培训生从严管理,要求每位参训人员写周记,内容主要包括所学、所思、所感、所悟、下周安排等;

5.从第二周开始,每周集中培训前培训生须参加统一测试,以检查上周及前期培训期间微贷知识掌握情况,测试成绩按一定权重计入总分,作为脱产时参考依据之一;

6.二期培训资料,请各位一期微贷客户经理以一期培训资料、各自周例会主讲内容及微贷业务运营中的感悟(微贷流程、案例等)、各项纪律、有价值的网络资料等进行汇编,具体分工请总经理协调,培训生学习资料时须在资料空隙处添加疑惑、感悟等内容(集中培训时抽查);

7.二期培训生培训期间考核、脱产条件等制度另行制定。

浙江大学 AFR 微贷项目组 X 农商银行小微贷事业部

X 农商业银行浙江大学 AFR 微贷项目二期培训理论课课程安排
（可根据实际情况调整）

课程	日期	主题	内容	目的	注意点	授课人	下发资料
开班	上半场	微贷项目介绍及微贷理念培训	1.银行领导开班讲话 2.微贷项目、微小贷款、微贷客户简介 3.微贷理念培训	重视微贷培训,肩负责任对微贷有初步的认识;了解微贷理念;了解业务发展情况及一些做法	每人记会议纪要汇总	银行领导项目负责人	
	下半场	作业及培训安排、要求	1.作业要求 2.学习微贷各项纪律 3.签订承诺书等 4.理论培训的流程安排及要求	让各位培训生清楚作业的情况 了解各项纪律及行为准则,为后期培训打下基础			
	课后任务	寻找资料书中的问题,为下次的集体讨论做好准备					
第一周	上半场	小测试	对资料一至三中的内容及上期培训内容进行小测试;了解上期学习效果				
		微小贷款业务流程和技术要点	1.微贷业务全流程 2.微贷技术:重分析、轻抵押;交叉检验;违约成本;准私人;正向激励 3.拒绝	了解微贷全流程和微小贷款的技术特征;了解拒绝的重要性	需准备PPT;轮流安排记会议纪要汇总	各小组长	
	下半场	点评周记	对培训生的周记进行点评及其他要注意的问题	通过周记的点评激励各位培训生,同时有效地了解培训生	要有文字稿,并提交小微贷主任审核		
		小组讨论、集体交流	讨论 2~4 个学习资料中遇到的问题	思想碰撞、集思广益	每人都要发言讨论,并轮流做总结性发言		
			1.上周学习工作情况回顾,本周小组成员学习工作情况交流 2.讨论还款意愿与还款能力哪个更重要,以及如何拒绝客户贷款申请				
	课后任务	寻找资料中的问题为下次的集体讨论做好准备					

续表

课程	日期		主题	内容	目的	注意点	授课人	下发资料
第二周	上半场		小测试	对资料二中的内容进行小测试	了解上期学习效果			
			微小贷款的市场营销	1.了解微贷营销的三个阶段及途径 2.营销过程中的注意事项	初步掌握微贷营销各阶段的特点与方式,并了解在业务介绍过程中的注意事项	提出互动问题,要有 PPT		
	下半场		点评周记	对培训生的周记进行点评及其他要注意的问题	通过周记的点评激励各位培训生,同时有效的了解培训生	要有文字稿,并提交微贷总经理审核	各小组长	
			小组讨论、集体交流	学习讨论 2～4 个资料中遇到的问题 1.上周学习工作情况回顾,本周小组成员学习工作情况交流 2.讨论微贷与小额农贷的区别	思想碰撞、集思广益	每人都要发言参与讨论,并轮流做一次总结性发言		
	课后任务		1.寻找资料中的问题,为下次的集体讨论做好准备 2.由此每周每人完成至少 3 户的扫街信息登记					
第三周	上半场		小测试	对发放资料中的内容进行小测试	了解上期学习效果	提出互动问题,要准备好 PPT 和文字稿		
			微小贷款业务受理	1.贷款受理流程 2.商户贷款受理重点 3.贷款受理中重点注意的事项 4.贷款受理分析	了解贷款受理的流程,能够模拟贷款受理并了解注意事项			
	下半场		点评周记	对培训生的周记进行点评及其他要注意的问题	通过周记的点评激励各位培训生,同时有效的了解培训生	要有文字稿,并提交审核	各小组长	
			小组讨论、集体交流	学习讨论 2～4 个资料中遇到的问题 1.上周学习工作情况回顾,本周小组成员学习 2.工作情况交流,讨论如何学习资料	思想碰撞、集思广益	每人都要发言参与讨论,并轮流做总结性发言		
	课后任务		寻找资料中的问题,为下次的集体讨论做好准备					

课程	日期		主题	内容	目的	注意点	授课人	下发资料
月度交流第一次	上半场		小测试	对资料中的内容进行小测试	了解上期学习效果			项目负责人
			扫街营销专题及案例分享	1.了解扫街意义和目的,扫街营销的准备工作,扫街的注意事项,扫街的话术储备 2.结合培训生周记、自己当初扫街讲营销	重视微贷扫街工作;强大内心,能够从容应对扫街过程中可能出现的各种状况	提出互动问题,要有PPT		
	下半场		微小贷款理念	1.点评主讲课程 2.风骨与柔情 3.新生代员工 4.浙江农信的一些做法				
	课后任务		寻找资料中的问题为下次的集体讨论做好准备					
第四周	上半场		小测试	对资料三中的内容进行小测试	了解上期学习效果			资料四至六
			微贷实地调查与案例分享	1.了解微小贷款的主要风险 2.了解商户贷款调查的主要内容和一般流程 3.了解调查工作的准备步骤及不同行业的关注重点	了解调查工作的准备事项并掌握商户贷款调查的流程	提出互动问题,要有PPT		
			点评周记	对培训生周记进行点评及其他要注意的问题	通过周记的点评激励各位培训生,同时有效地了解培训生	要有文字稿,并提交小微贷主任审核		
	下半场		小组讨论、集体交流	1.学习讨论2~4个资料中遇到的问题 2.上周学习工作情况回顾,本周小组成员学习工作情况交流 3.分析实地调查中遇见的问题及解决办法	思想碰撞、集思广益	每人都要发言参与讨论,并轮流做一次总结性发言	各小组长	
	课后任务		寻找资料问题,为下次的集体讨论做好准备					

续表

课程	日期		主题	内容	目的	注意点	授课人	下发资料
第五周	上半场		小测试	对资料中的内容进行小测试	了解上期学习效果			资料七至十
			IPC 信息处理机制及交叉检验	信息获取、信息验证、信息分析	学会多种方式获取信息,多角度验证信息真伪;掌握交叉检验的理论及常见手段	提出互动问题,要有 PPT		
	下半场		点评周记	对培训生周记进行点评及其他要注意的问题	通过周记的点评激励各位培训生,同时有效的了解培训生	要有文字稿,并提交审核	各小组长	
			小组讨论、集体交流	1.上周学习工作情况回顾,本周小组成员学习工作情况交流 2.讨论交叉检验中遇到客户家里调查的问题,以及营业额的多种检验方式	思想碰撞、集思广益	每人都要发言参与讨论,并轮流做一次总结性发言		
	课后任务		第一次模拟编表					
第六周	上半场		小测试	对资料之四中的内容进行小测试	了解上期学习效果			邮储权益检验资料十一至十四
			编制调查报告	调查报告的模块;编制资产负债表、损益表的原则和方法	掌握调查报告编写的原则和方法;掌握调查报告需要反映哪些核心内容	提出互动问题,要有 PPT 和文字稿		
	下半场		点评周记	对培训生周记进行点评;对编制的调查报告进行点评	通过周记的点评激励各位培训生,同时有效地了解培训生	要有文字稿,并提交小微贷事业部主任审核	各小组长	
			小组讨论、集体交流	1.上周学习工作情况回顾,本周小组成员学习工作情况交流 2.分析模拟编表中主要遇到哪些问题,如何处理	思想碰撞、集思广益	每人都要发言参与讨论,并轮流发言		
	课后任务		寻找资料中的问题,为下次的集体讨论做好准备					

课程	日期		主题	内容	目的	注意点	授课人	下发资料
第七周	上半场		小测试	对下发资料中的内容进行小测试；了解上期学习效果				
			权益交叉检验专题	了解权益交叉检验的目的和意义，权益交叉检验的公式，案例分析	掌握权益交叉检验的方法；通过权益检验了解客户在一个较长时期内的资本积累和大项开支情况	提出互动问题，要有PPT	各小组长	
	下半场		点评周记	对培训生的周记进行点评及其他要注意的问题	通过周记的点评激励各位培训生，同时有效地了解培训生	要有文字稿，并提交小微贷事业部主任审核		
			小组讨论、集体交流	1.上周学习工作情况回顾，本周小组成员学习工作情况交流 2.讨论几种情况的权益检验的处理	思想碰撞、集思广益	每人都要发言参与讨论，并轮流发言		
	课后任务		1.寻找资料中的问题，为下次的集体讨论做好准备 2.寻找资料中的问题并进行解答					
第八周	上半场		小测试	对资料之六中的内容进行小测试	了解上期学习效果			资料七至八
			贷款审核与发放	审贷会流程；审贷会原则；审贷会陈述与提问；审贷会决策；贷款线上流程；贷款线下流程	了解审贷会流程；掌握审贷会决策的依据；流程及材料收集	提出互动问题，要有PPT		
	下半场		点评周记	对培训生的周记进行点评及其他要注意的问题	通过周记的点评激励各位培训生，同时有效地了解培训生	要有文字稿，并提交小微贷事业部主任审核	各小组长	
			小组讨论、集体交流	1.上周学习工作情况回顾，本周小组成员学习工作情况交流 2.讨论编表报表中的若干问题	思想碰撞、集思广益	每人都要发言参与讨论，并轮流做总结性发言		
	课后任务		1.寻找资料七中的问题，为下次的集体讨论做好准备 2.寻找资料中的问题并进行解答 3.找出资料七至八中案例的错误					

续表

课程	日期	主题	内容	目的	注意点	授课人	下发资料
项目组月度交流第2次	上半场	小测试	对资料中的内容进行小测试	了解上期学习效果		各小组长	
		贷后监控及贷款收回	1.贷后监控的内容和方式 2.异常情况处理	掌握贷后管理的方式方法；学会维护客户，建立准私人关系；处理异常情况	提出互动问题，要有 PPT		
	下半场	点评周记	1.对培训生的周记进行点评 2.点评第二次模拟编表	通过周记的点评激励各位培训生，同时有效的了解培训生	要有文字稿，并提交小微贷事业部主任审核		
		小组讨论、集体交流	1.上周学习工作情况回顾，本周小组成员学习工作情况交流 2.讨论何为风险与风险暴露，讨论资料七、八中的两个案例	思想碰撞、集思广益	每人都要发言参与讨论，并轮流做总结性发言		
	课后任务	1.寻找资料中的问题，为下次的集体讨论做好准备 2.寻找资料中的问题并进行解答					
第九周	上半场	小测试	对下发资料中的内容进行小测试	了解上期学习效果		各小组长	
		微小贷款业务流程中的沟通要点	1.营销中的沟通 2.申请中的沟通 3.调查中的沟通 4.拒绝与批准沟通	明确微小贷款业务流程中的沟通目标，并初步掌握技巧与要点	提出互动问题，要有 PPT		
	下半场	点评周记	对培训生的周记进行点评及其他要注意的问题	通过周记的点评激励各位培训生，同时有效地了解培训生	要有文字稿，并提交小微贷事业部主任审核		
		小组讨论、集体交流	1.上周学习工作情况回顾，本周小组成员学习工作情况交流 2.讨论资料七、八中的两个案例，学习总结	思想碰撞、集思广益	每人都要发言参与讨论，并轮流做总结性发言		
	课后任务	1.总测试 2.理论培训总结 3.第二阶段实践培训安排及要求					

X农商银行AFR微贷项目二期培训生考核管理办法

为了使本行AFR微贷项目二期培训生(以下简称培训生)培训和学习更加的公平、高效、优质,根据《X农商银行信贷客户经理管理办法》及项目组培训要求特制定本管理办法。本考核管理办法分为特别约定、理论培训和见习阶段等三方面内容。

一、特别约定

1.小微贷事业部所有员工承诺:所有考评、考核确保公平、公正、公开;见习等实践期间培训师须实地指导,但不得包办业务,弄虚作假者须接受处罚。

2.各位培训生签订并严格遵守承诺书等相关规章制度,如承诺书、学习纪律及要求、日常行为规范、宣传纪律、保密协议、培训期间培训生考核办法。对于违反"六不准"者实行零容忍度。

3.考评合格者,进入X农商银行信贷客户经理人才库,经信贷客户经理建设领导小组同意,小微贷事业部享有优先选择权。

4.理论培训和学习为每周的周五晚上19:00开始(具体开始时间可以根据季节变化适当调整);实习阶段每周须利用一天时间到小微贷事业部实习并完成相应的作业(或每月不少于4次);每周五晚上参加小微贷事业部周例会。

二、第一阶段:理论培训(2个月左右,2017年5—7月)

(一)总体约定

1.理论培训共9周;前8周每周周五晚上集中培训,培训内容主要为微贷理论;第9周总测试。

2.其间违规违纪者视为自动退出后续培训;第一阶段结束时总成绩考核不合格者退出后续培训。

3.其间开班授课及项目组2次月度交流共三周,不计入9周理论培训安排。

(二)考核办法

1.笔试(30%)

(1)在每次培训前以闭卷形式测试开班以来所讲内容、上次所发资料中的内容,成绩取8次测试的平均分数;试题、试卷批阅由小微贷事业部负责完成。

（2）在第 9 周进行所学理论知识的总测试，满分 100 分。

（3）笔试总评成绩：平时 8 次测试平均分×60％＋总测试×40％。

2.实践（50％）

（1）考勤情况（50 分）。由周五晚上培训、参加周例会的迟到早退情况；见习参加情况；"六不准"等各项规章制度遵守情况；周记、会议纪要等作业是否按时上交、完成的完整程度情况组成。迟到早退、缺席、违纪、作业迟交及漏交等一次扣 5 分直至扣完为止。

（2）有信息记载的客户营销明细信息表（40 分）。从第 3 周开始进行扫街，每周须完成 3 户，并详细记录客户信息明细表，少 1 户扣 2 分；营销明细信息表的填列要由各位小组长进行评级，分为：合格、不合格，合格不扣分，不合格每户扣 1 分，扣完为止。

（3）成功营销户数 1 户（10 分）。其间须推荐到小微贷事业部并成功发放 1 位客户，未成功营销不得分。

3.作业完成情况（20％）

周记和会议纪要由各位小组长进行评级，分为：优秀、A、B、C、D；对应的分数为：优秀，4 分；A，2.5 分；B，2 分；C，1.5 分；D，0 分。作业有抄袭的，每次扣 10 分。优秀周记和会议纪要在当周完成，如没有召开周例会，则不需要强行评定。

4.第一阶段总评成绩：笔试总评成绩×30％＋实践总评成绩×50％＋作业完成情况得分×20％。

三、第二阶段：见习阶段（5 个月，2017 年 8—12 月）

（一）实践考评内容

1.考勤情况（25 分）。由参加周例会的迟到早退情况；见习参加情况；"六不准"等各项规章制度遵守情况；周记、会议纪要等作业是否按时上交、完成的完整程度情况；完成小组长及小微贷事业部布置的其他任务组成。迟到早退、缺席、违纪、作业迟交及漏交等，一次扣 5 分，扣完为止。

2.有信息记载的客户营销明细信息表（20 分）。见习期间每周须完成 5 户，并详细记录客户信息明细表，少 1 户扣 2 分；营销明细信息表的填列要由各位小组长进行评级，分为：合格、不合格，合格不扣分，不合格每户扣 0.5 分,扣完为止。

3.成功营销户数 5 户(30 分)。见习期间须推荐到小微贷事业部并成功发放 5 位客户,户均不低于 5 万元,每户 6 分;如户均低于 5 万元,按户均比例进行计分,实际户均/5×所得总分数;多营销 1 户加 5 分,累计加分不超过 15 分。其中原生态客户不少于 1 户,未成功营销得 0 分。

4.参与客户调查不少于 5 户(15 分)。在参与调查的客户中,作为主调不少于 2 户,独立完成调查报告 5 户,调查少 1 户、调查报告少 1 篇各扣 3 分;作为主调少 1 户扣 2 分;扣完为止。

5.作业完成情况(10 分)。周记和会议纪要由各位小组长进行评级,分为:优秀、A、B、C、D;对应的分数为:优秀,2 分;A,1.5 分;B,1 分;C,0.5 分;D,0 分。作业有抄袭的,每次扣 5 分。优秀周记和会议纪要在当周完成,如没有,则不需要强行评定。最高分不超过 15 分。

(二)微贷知识测试

1.见习阶段每两周测试一次(满分 100 分)。测试试卷由小微贷事业部总经理统一安排一期培训生(微贷客户经理)完成命题并报浙江大学 AFR 微贷项目组审定。

2.总测试(满分 100 分)。测评试卷由微贷总经理负责命题报浙江大学 AFR 微贷项目组审定。

3.微贷知识测总评成绩:每两周测试成绩平均分的 60%＋总测试总评成绩的 40%。

(三)总评合格者条件

1.总分不少于 70 分且整个培训期间成功营销客户须达到 3 户,总分:实践考评成绩的 70%＋微贷知识测评成绩的 30%。

2.总评不合格者退出或延长见习期(延长期间考核办法另行制定)。

3.延长见习期须经本人申请、小微贷事业部讨论并报信贷客户经理建设工作领导小组同意后,延长见习期期限 3 个月;如再次考核不合格视为自动退出培训和学习。

(四)在理论阶段要特别注意点

1.理论阶段要实现两个目标:一是养成培训生在学习、工作中遵守纪律的良好习惯;二是掌握微贷理论知识,了解微贷的一些基本概念。

2.对理论阶段的考核要设置明确的淘汰的条件,如:结束总成绩不低于70分。

3.对授课人员来讲,在授课时要突出一个"讲"字,对授课内容要充分准备,不要照搬照抄资料中的内容,在PPT中以提纲形式列出后结合实际操作进行讲解,其中一定要加入案例与培训生有交流互动。

4.对于每周的小测试,题目不要过于复杂,以简单明了为主,掌握概念性的知识为好。

5.授课人员一定要认真查看培训生每周的周记,对培训生在周记中提出的疑惑或问题要及时进行解答,掌握培训生的思想动态。

6.在理论阶段不同时期,要布置各种作业,以提高培训生掌握学习微贷知识力度,作业要包括但不限于:培训生登记表、设计宣传资料、给父母的感谢信、编制贷款操作流程、资料中卖肉及钉子厂的案例的解读等。

7.对于团队讨论的题目,要经过认真挑选、甄别,更应倾重于培训生的所想、所惑方面的内容。

(五)在实习阶段要特别注意点

1.实习阶段要掌握四方面的内容:一是要学会寻找客户;二是能独立完成调查报告;三是掌握关于信贷方面的日常操作;四是能演讲PPT。

2.培训生来实习前一定要带着问题,并随身带笔记本,穿工作服,按照想问题、找问题、议问题、解问题的思路进行实习。

3.在实习阶段更应注重实践,特别是调查客户、书写调查报告、贷款决策、放贷流程等;在出去调查客户后一定要形成调查报告,完成后和小组长的调查报告进行对比;可以用小组长的柜员号在信贷管理系统中进行操作,但小组长要在旁边监督、指导;在查看调查报告时,要看各个行业的调查报告,而后结合调查的情况进行编制,最后看行业小结及经典调查报告。

4.对成功营销客户的考核不放宽,要严格执行。

5.对培训资料应不断学习,做到理论结合实践;对案例要分析透彻,对利润率、权益、营业额的交叉检验要掌握,这个可以在周例会上组织专门讨论。

6.理论培训阶段贷款流程编制存在不足的,要重新进行编制,以便培训生能更全面地掌握贷款操作流程。

7. 对于每周一天的实习,一定要有收获,在周记中进行反映;扫街只是客户经理的必备技能、作业,不能取代实习,但可以作为实习的一部分;小组长要对培训生每周的实习情况及时进行记录,并在周例会上进行总结,指出不足之处。

8. 对于下发的资料中的内容要认真学习,结合其他内容进行 PPT 内容的讲解,以加深对资料学习的印象;对两周一次的测试内容,侧重于实践知识,如存货的盘点、应收账款的分析、店面是否属于客户本人的判断、交叉检验等,测试题不一定要多,但要有针对性。

9. 在实习阶段的最后几周可以请信贷管理部等部门讲解,内容包括:报表的编制、征信报告的解读、常用文件制度的学习等。

浙江大学 AFR 微贷项目组、X 农商银行小微贷事业部

附录 10:"惠民养老贷"宣传资料

X 农商银行

惠民微贷——养老公益贷
微贷款 铁纪律 强服务

为解决我县城镇下岗失业职工养老保险缴费难问题,X 农商银行依托浙江大学 AFR 微贷项目组,携手 X 县人力资源和社会保障局合作推出"惠民微贷——养老公益贷"!

一、申请对象:具有 X 县户籍且按规定参加了城镇职工基本养老保险,因下岗失业等原因无力继续缴纳养老保险费的人员。

二、资金使用:只能用于缴纳养老保险费或补缴以前年度中断缴费期间的养老保险费,不得挪作他用。

三、额度期限:根据贷款对象的缴费能力和缴费水平合理确定,最高可贷 8 万元,期限最长 5 年。

四、办理程序:

(一)符合条件的贷款对象可携身份证、户口本、社保卡原件等直接

向 X 农商银行小微贷事业部提出书面贷款申请。

（二）符合条件的贷款对象可电话申办。

联系电话：×××××××××××

监督电话：（××××）××××××××

我们的地址：X 县××路××号

微贷贷微助民生，普惠惠普见真情！

X 县人力资源和社会保障局

X 农商银行股份有限公司

附录11：“惠民养老贷”管理办法

X 农商银行股份有限公司惠民微贷
——养老公益贷款管理办法

第一章　总则

第一条　为提升农商银行业务品牌形象，拓展业务服务范围，促进信贷业务健康发展，同时践行国家普惠金融号召，解决我县下岗失业城镇职工基本养老保险缴费难问题，加快实现人人享有社会保障的目标，根据《A 省农村信用社信贷管理基本制度》《个人贷款管理暂行办法》等有关规定，结合我县实际，特制定本管理办法。

第二条　养老公益贷款实行“一次性申请、一次性办理、一次性放贷、灵活性还款”的原则。

第二章　贷款对象、条件和方式

第三条　养老公益贷款发放对象：具有 X 县户籍且按规定参加了 X 县城镇职工基本养老保险的国有、集体企业解除劳动关系间断缴费和因下岗失业及享受城镇居民最低生活保障等原因无力继续缴纳养老保险费的人员。

第四条　贷款对象应具备的条件：

（一）信用等级在 A 级（含）以上，无重大不良信用记录或虽有过不良信用记录，但并非主观恶意，且本次申请贷款前已全部偿还了不良信用，对外提供担保无不良贷款余额。

（二）贷款用途真实、明确，从事合法经营行业或岗位，具有三个月以上（含）的从业经历，具备还款意愿和按期偿还贷款本息能力。

（三）在邻里或同行中口碑良好，无不良生活嗜好，家庭和睦稳定。

（四）在 X 农商银行处开立账户，自愿接受农商银行的信贷监督和结算监督。

（五）贷款人规定的其他条件。

第五条　贷款方式：

（一）信用：是指贷款人根据贷款对象实际情况及个人信誉状况发放的贷款。

（三）保证：注重保证人在贷款过程中对借款人道德风险和偿债能力的警示作用，保证人原则上应是有稳定收入，年龄在 18 岁至 60 周岁之间，具有完全民事行为能力的自然人、企业法人。

第二章　贷款用途、额度、期限及利率

第六条　养老公益贷款只能用于缴纳基本养老保险费或补缴以前年度中断缴费期间的基本养老保险费，不得挪作他用。

第七条　贷款额度根据贷款对象的缴费能力和缴费水平合理确定，最高不能超过应缴纳养老保险费总额。

第八条　贷款利率按中国人民银行公布的同期贷款基准利率加上浮 45％。

第九条　贷款期限原则上不超过 5 年，贷款期限加借款人年龄最长不得超过 65 年。

第三章　贷款办理程序

第十条　具体程序为：

（一）符合条件的贷款对象携身份证、户口本、社保卡原件等向 X 农商银行小微贷事业部提出书面贷款申请。

（二）客户经理填写受理信息登记表并在 3 日内入户调查，获取贷款对象家庭主要财产、家庭存款及日常支出、其他收入来源等信息，初步测算客户还款能力。

（三）审核通过后，贷款对象携由社保机构计算并出具的缴费单据，到 X 农商银行小微贷事业部签订贷款合同发放贷款。

（四）缴纳养老保险费开户行为本机构的，一律采用受托支付方式；为他行的，可采取自主支付方式，但需在缴费后第一时间将回执原件或复印件放入合同档案。

第四章 贷款还款方式

第十一条 贷款对象可选择以下还款方式：

（一）自贷款当月起，按照贷款协议约定采取按月等额本息方式还贷。

（二）贷款对象有偿还能力的，可一次性偿还贷款本息。提前偿还的，按贷款实际期限和利率计算利息，不加收除应付利息之外的其他任何费用。

第十二条 贷款对象特殊情况下的偿还方式：

贷款对象在未还清贷款前死亡的，其基本养老保险个人账户储存额余额应优先用于偿还贷款，不足部分由共同借款人或担保人代偿。

第十三条 经办机构应加强贷款后的跟踪检查和回收工作，如遇管户微贷客户经理变更，新管户微贷客户经理和原管户微贷客户经理之间应做好工作交接，原则上新老管户微贷客户经理应共同拜访客户一次，至少新管户微贷客户经理应拜访客户一次，并作为贷后检查登记。

第五章 管理和监督

第十四条 风险预防与管理：

（一）通过运用有效的方式方法促使客户养成良好的还款习惯，引导客户按时还款。

（二）常规检查包括：电话访谈和见面访谈、实地检查、查询人行征信系统、监测贷款还款账户等。

（三）特别检查：当政策导向发生重大变化时，或获知客户个人或家庭发生重大变化，可能会影响客户还款能力时，应立即对客户进行实地贷后特别检查，并采取行之有效的针对性措施。

（四）催收方式：还款前提醒；人工电话催收；上门送达催收函；对借款人和保证人的联合催收；发律师函催收；法律诉讼。

第十五条 遵循"明确职责、科学管理、有效利用、确保安全"的基本原则，指定专人负责养老公益贷款信贷档案的审核、整理、保管、移交等工作，档案管理人员及其他相关人员需严格执行档案调阅、保管与保密等工作制度。

第六章　其他

第十六条　养老公益贷款实行专款专用,任何单位和个人不得提供虚假证明骗取资金。如有通过各种手段虚报骗取资金的,一经查实,将追回其贷款本息,并按法律法规追究其相关法律责任。

第十七条　本管理办法由 A 省 X 农村商业银行股份有限公司负责解释与修订。

第十八条　本办法自发文之日起实施。

后　记

1997年,笔者有幸参加了史晋川教授负责的浙江大学中小金融机构可持续发展研究课题组,相继调研了台州、温州等地农信社、城信社的运营与发展。1998年起,课题组开始与浙江台州银行合作,其间全程跟踪研究了该行于2005年年底在全国率先引进的德国IPC微贷技术的本土化与优化发展过程。受益于浙江台州小微金融的成功经验,在史晋川教授的鼓励、指导和浙江大学经济学院、浙江大学金融研究院的大力支持下,2011年3月以来,笔者先后与浙江、山东、广西、江西、安徽和甘肃等6省(区)的16家县域小微法人金融机构合作推进AFR微贷项目。本书就是在对AFR微贷项目进行总结和梳理的基础上完成的。

本书由严谷军、何琛、何嗣江等分工撰写完成。其中,第一章由何嗣江、严谷军撰写,第二章由何琛撰写,第三章由严谷军撰写,第四章由严谷军撰写,第五章由严谷军、何嗣江撰写,第六章由何琛撰写,附录由何琛整理。全书最后由严谷军统稿。

本书出版之际,要感谢各家合作单位为我们推广微贷技术所提供的平台和对浙江大学AFR微贷项目组的信任,尤其要特别感谢A省×农商银行"劳模和工匠人才创新工作室"对员工内训的坚持及富有成效的工作。在项目合作过程中,合作单位的不少高管亲自过问项目进展,并给予了大力支持和配合,克服了AFR微贷项目成功落地中的各种困难与障碍。也要感谢各家合作单位的众多微贷培训生、微贷客户经理及其家人在推进 AFR 微贷项目过程中的坚守、付出、努力和支持,以及所提供的与微贷项目相关的丰富素材和实践反馈。

微贷技术是重在实践的技术,也是需要不断优化的技术。本书作为"支农支小"金融服务创新丛书的第三本,写作中可能存在不当乃至错误之处,敬请广大读者不吝批评指正,以利于我们进一步提升、完善。

2020 年 8 月